"十三五"江苏省高等学校重点教材
编号：2017-2-130
江苏省高校品牌专业一期工程项目（PPZY2015B105）

思想政治学科教学论

主编 王志国 高汝伟

南京大学出版社

图书在版编目(CIP)数据

思想政治学科教学论 / 王志国,高汝伟主编. —南京：南京大学出版社，2018.12(2023.6 重印)

ISBN 978-7-305-21388-5

Ⅰ. ①思… Ⅱ. ①王… ②高… Ⅲ. ①政治课-课堂教学-教学研究-中学 Ⅳ. ①G633.202

中国版本图书馆 CIP 数据核字(2018)第 291747 号

出版发行	南京大学出版社
社　　址	南京市汉口路 22 号　　邮　编　210093
出 版 人	金鑫荣

书　　名	思想政治学科教学论
主　　编	王志国　高汝伟
责任编辑	贾　辉　钱梦菊
照　　排	南京紫藤制版印务中心
印　　刷	常州市武进第三印刷有限公司
开　　本	787×1092　1/16　印张 12.5　字数 302 千
版　　次	2023 年 6 月第 1 版第 3 次印刷

ISBN 978-7-305-21388-5

定　　价　38.00 元

网　　址	http://www.njupco.com
官方微博	http://weibo.com/njupco
官方微信	njupress
销售热线	(025)83594756

* 版权所有,侵权必究

* 凡购买南大版图书,如有印装质量问题,请与所购图书销售部门联系调换

前言

　　党的十九大提出新的历史时期我国所处的历史方位和主要矛盾已经发生变化，中国特色社会主义已经进入新时代，社会主要矛盾已经成为人民日益增长的美好生活需要与不平衡不充分的发展之间的矛盾。历史方位和主要矛盾的变化对当前思想政治教育提出了更多更高的要求。编写一本注重从新时代出发的思想政治学科教学论的教材，是适应专业发展和人才培养新目标的要求；是为了适应思想政治教育省品牌专业、省重点专业建设中教材建设项目之需；是适应本专业课程改革需要，以强化具有知识理论的综合性、应用性、拓展性课程建设。思想政治学科教学论是高等师范院校思想政治教育专业的教师教育类必修课程，是专业课程体系中重要的基础理论课程，编写一本适合本专业课程教学需要的教材，有利于学生对以往学习过的思想政治教育学原理、思想政治教育方法论、伦理学、教师专业发展等知识理论进行综合运用和能力提升。

　　本书每章由四个部分组成，即内容提要部分、内容主体部分、思考与讨论题、参考文献部分。"内容提要"部分侧重介绍本章的逻辑思路、理论知识重点和难点以及有探讨价值的主要论题等。这部分既是内容提示，也是教与学的重点与难点。内容主体部分结合内容，追溯历史渊源，阐释基本概念，解读基本理论，适当融入教学实践，并穿插一些案例，激发学生思考问题。"思考与讨论题"的设计做到结合每章内容，安排不同形式的探讨研究性问题，注重形式多样。针对每章理论，收集中学思想政治教学中的材料、典型论题观点材料，提高学生理论综合分析、探究能力。参考文献大部分都是精心选择与章节内容相关的文献，也是学生课外阅读的材料线索。

　　本书编写有以下特点：

　　1. 体系新：教材将中外教学理论按照学理内在逻辑有机融入到相关思想政治教育体系中，更好地体现教材学理性特征。着眼学术理论前沿和学术研究成果，重在现代思想政治教育教学理论体系梳理，论述思想政治教育教学工作内在机理和机制。

　　2. 角度新：从思想政治教育学角度阐析思想政治教育的应然范畴、原则、规范，对现有从思想政治教育学视角探讨思想政治教学论的教材有些原则规范体系做适当调整。本书坚持以马克思主义为指导，坚持习近平新时代中国特色社会主义思想，立足理论传播与践行视角阐析教学课程、教学方法、教学设计、教学资源、教学评价等思想政治教学论的相关内容和内在价值。

　　3. 设计新：着力培养和提高学生问题探究能力。现有教材大部分章节后没有设置思考题和讨论问题，本教材将在每章后设置本章核心的问题以供课堂教学和学生课前课外收集资料进行讨论研究。问题的设计着重于应用、反映时代要求、提高学生技能,以期充分激活学生学习积极性。

4. **应用性强**:面向思想政治专业师范本科生,便于提高教师技能,提高社会竞争力。现有教材比较侧重概要介绍理论,重点是罗列基本规范。本教材提高模拟授课、说课等实践课的比例,注重配以适当前沿性、现实性、可多角度评价的案例,并附加一定的活动设计作业,力求提高师范生基本功,为学生将来走上教师岗位打下良好的基础。

本教材汇集多名专家教授的智慧,在多次共同研讨的基础上完成。本书由王志国、高汝伟担任主编。高汝伟负责全书的总体设计、初审工作,王志国负责各章编写、修改工作。宋敏和顾莉老师也对书稿进行了认真的审阅和相关章节的修订工作。本书还得到苏州大学姜建成教授、东南大学袁久红教授、同济大学周敏凯教授等多名国内知名专家学者的指导,并提出许多宝贵的建议,在此我们一并表示衷心的感谢。另外,在本教材的编写过程中,我们吸收了国内外最新的研究成果,引用和参考了许多专家学者的相关论著和资料,谨此致谢。由于编写时间有限,又限于编者水平,本书难免有不足之处,谨请读者批评、指正。

王志国

2018年12月

目录

绪论

第一节　中学思想政治教学论的研究对象 …………………………………… 1
　　一、教育的本质和职能 ……………………………………………………… 1
　　二、德育和思想政治课 ……………………………………………………… 3
第二节　中学思想政治教学论的研究领域 …………………………………… 5
　　一、课程研究 ………………………………………………………………… 5
　　二、教学规律研究 …………………………………………………………… 5
　　三、学法指导研究 …………………………………………………………… 5
　　四、师资队伍研究 …………………………………………………………… 5
第三节　中学思想政治教学论的学科性质 …………………………………… 6
　　一、理论性 …………………………………………………………………… 6
　　二、应用性 …………………………………………………………………… 6
　　三、综合性 …………………………………………………………………… 6
　　四、师范性 …………………………………………………………………… 7
第四节　思想政治学科教学论的教学形式 …………………………………… 7
　　一、理论讲授 ………………………………………………………………… 7
　　二、教育观察 ………………………………………………………………… 7
　　三、教育调查研究 …………………………………………………………… 8
　　四、教学训练 ………………………………………………………………… 8
　　五、微格教学 ………………………………………………………………… 8
　　六、教育实习 ………………………………………………………………… 9
第五节　学习中学思想政治课教学论的意义和方法 ………………………… 9
　　一、学习中学思想政治课教学论的意义 …………………………………… 9
　　二、学习中学思想政治课教学论的方法 …………………………………… 12

第一章　思想政治课的性质、功能和任务

第一节　思想政治课的性质 …………………………………………………… 14

一、认清思想政治课性质的重要性 …………………………………… 14
　　二、思想政治课性质问题讨论的回顾 ………………………………… 15
第二节　思想政治课的功能 ……………………………………………… 17
　　一、思想政治学科具有导向性功能 …………………………………… 17
　　二、思想政治学科具有规范性功能 …………………………………… 19
　　三、思想政治学科具有个性化功能 …………………………………… 20
第三节　思想政治课的任务 ……………………………………………… 21
　　一、完成基本知识和基本理论教育的任务 …………………………… 22
　　二、完成能力教育的任务 ……………………………………………… 23
　　三、完成情感态度价值观教育的任务 ………………………………… 25

第二章　思想政治课的课程设置

第一节　思想政治课程建设的探索历程 ………………………………… 30
　　一、中学思想政治课名称的演变 ……………………………………… 30
　　二、中学思想政治课起源 ……………………………………………… 32
　　三、中学思想政治课的设置 …………………………………………… 33
　　四、中学思想政治课目标的转向 ……………………………………… 35
第二节　思想政治课程目标及课程模块 ………………………………… 38
　　一、课程目标的陈述技术 ……………………………………………… 38
　　二、思想政治课程标准中的学习水平与行为动词 …………………… 42
　　三、思想政治课课程目标的具体定位 ………………………………… 43
　　四、思想政治课程的模块设计 ………………………………………… 44

第三章　思想政治新课程的基本教育理论

第一节　素质教育理论 …………………………………………………… 48
　　一、素质教育的内涵与实质 …………………………………………… 48
　　二、素质教育与"应试教育"的区别 ………………………………… 49
　　三、中学素质教育的主要内容 ………………………………………… 50
第二节　现代德育理论 …………………………………………………… 53
　　一、德育的概念 ………………………………………………………… 53
　　二、德育的价值功能 …………………………………………………… 53
　　三、现代德育的几个重要观念 ………………………………………… 54
　　四、现代德育改革综述 ………………………………………………… 55
第三节　多元智能理论 …………………………………………………… 57
　　一、八种智能 …………………………………………………………… 57

二、多元智能理论的基本观点 …………………………………………… 58
　　三、多元智能理论对教育的启示 ………………………………………… 59
第四节　建构主义学习理论 …………………………………………………… 61
　　一、学习的含义 …………………………………………………………… 61
　　二、学习方法 ……………………………………………………………… 62
　　三、学习观 ………………………………………………………………… 63
　　四、教学模式和教学方法 ………………………………………………… 63
　　五、建构主义学习理论对教师的启示 …………………………………… 64

第四章　思想政治课的教学方法

第一节　思想政治课教学方法概述 …………………………………………… 67
　　一、思想政治课教学方法的含义与本质 ………………………………… 67
　　二、思想政治课教学方法的优选 ………………………………………… 69
第二节　思想政治课常用的教学方法 ………………………………………… 71
　　一、启发式教学 …………………………………………………………… 71
　　二、目标教学 ……………………………………………………………… 79
　　三、创新教学 ……………………………………………………………… 85
　　四、合作探讨式教学 ……………………………………………………… 94
　　五、体验式教学 …………………………………………………………… 96
　　六、活动教学 ……………………………………………………………… 97
　　七、研究性学习 …………………………………………………………… 99

第五章　思想政治课的教学设计

第一节　思想政治课的教学准备工作 ………………………………………… 102
　　一、思想政治课教学准备的内容 ………………………………………… 102
　　二、传统与现代教学理念下备课的差异 ………………………………… 106
第二节　思想政治课的教案设计 ……………………………………………… 108
　　一、教学目标的制定 ……………………………………………………… 108
　　二、教学方法的选择 ……………………………………………………… 111
　　三、教学过程的设计 ……………………………………………………… 112
　　四、教学内容的组织 ……………………………………………………… 112
　　五、作业的设计 …………………………………………………………… 115
　　六、课前或课后活动的设计 ……………………………………………… 115
　　七、板书的设计 …………………………………………………………… 116
第三节　思想政治课的说课 …………………………………………………… 116
　　一、说课的内涵和特点 …………………………………………………… 116

二、说课的主要内容及其要求 …………………………………………… 117
　　三、说课应注意的问题 …………………………………………………… 118
　　四、说课与上课的关系 …………………………………………………… 118
　　五、说课的误区 …………………………………………………………… 119
第四节　思想政治课的模拟授课 ……………………………………………… 120
　　一、模拟授课的含义 ……………………………………………………… 120
　　二、"模拟授课"与"上课"的区别 …………………………………… 120
　　三、"模拟授课"与"说课"的区别 …………………………………… 120
　　四、模拟授课的作用与功能 ……………………………………………… 121
　　五、如何更好进行模拟授课 ……………………………………………… 121

第六章　思想政治课教学组织形式

第一节　思想政治课的课堂教学 ……………………………………………… 123
　　一、课堂教学的含义与地位 ……………………………………………… 123
　　二、课堂教学的类型 ……………………………………………………… 124
　　三、课堂教学的基本结构 ………………………………………………… 125
　　四、课堂教学的基本要求 ………………………………………………… 128
第二节　思想政治课的课外活动 ……………………………………………… 141
　　一、思想政治课外活动的含义和作用 …………………………………… 141
　　二、思想政治课外活动的主要形式 ……………………………………… 142
　　三、开展课外活动的基本要求 …………………………………………… 144
第三节　思想政治课的社会实践活动 ………………………………………… 145
　　一、在思想政治课教学中开展社会实践活动具有重要意义 …………… 146
　　二、社会实践活动的主要形式 …………………………………………… 146

第七章　思想政治课的学法指导

第一节　思想政治课学法指导的意义、原则和要求 ………………………… 149
　　一、思想政治课学法指导的意义 ………………………………………… 149
　　二、思想政治课学法指导的基本原则和要求 …………………………… 151
第二节　思想政治课学习指导的主要方法 …………………………………… 154
　　一、教学生"会读" ……………………………………………………… 154
　　二、教学生"会听" ……………………………………………………… 156
　　三、教学生"会问" ……………………………………………………… 157
　　四、教学生"会练" ……………………………………………………… 158
　　五、教学生"会思" ……………………………………………………… 159

第八章 思想政治课的教育评价

第一节 思想政治课评价的特点、原则与实施的基本程序 …… 162
- 一、思想政治课教育评价的内涵和特点 …… 162
- 二、思想政治课评价的原则 …… 163
- 三、思想政治课教育评价实施的基本程序 …… 164

第二节 思想政治课学习的平时评价 …… 167
- 一、平时评价的地位和作用 …… 167
- 二、改进思想政治课学习的平时评价 …… 167

第三节 思想政治课的学科考试与综合能力测试 …… 169
- 一、命题 …… 169
- 二、学科考试的类型和方法 …… 170
- 三、综合能力测试 …… 171
- 四、考试质量分析 …… 172

第四节 学生思想品德评价 …… 173
- 一、思想品德的考核方法 …… 173
- 二、思想品德的评价方法 …… 174

第九章 思想政治课程资源及其开发利用

第一节 思想政治课程资源开发利用的意义 …… 176
- 一、课程资源的内涵 …… 176
- 二、思想政治课程资源的特点 …… 177
- 三、思想政治课程资源开发利用的意义 …… 178

第二节 思想政治课程资源开发利用中的问题 …… 180
- 一、思想政治课程资源开发使用的误区 …… 180
- 二、思想政治课程资源开发使用存在误区的原因 …… 182

第三节 思想政治课程资源开发利用的原则和方法 …… 183
- 一、思想政治课程资源开发利用的原则 …… 183
- 二、思想政治课程资源开发利用的策略 …… 184

绪 论

> [学习要求] 明确中学思想政治教学论的研究对象和任务，认识学习中学思想政治教学论的重要意义，掌握科学的学习方法，树立正确的学习态度。

想成为一名教师在我国现行的教育制度下，需要学习学科专业知识、通识教育课程、教师教育课程，通过教师资格认证成为教师。但在欧美国家，以德国为例，本科教育完成后，想要成为教师的人要通过申请，经过教师课程培训，通过第一次考试，考试通过进行为期18个月左右教师实习训练，通过第二次考试，等待地方政府颁发教师资格证书，安排工作学校。德国小学教师可能担任小学全科教师，他很有可能就是一位拥有心理学或者教育学或者某学科的博士学位的高才生。我国教师制度也向国际靠拢，现在教师资格证制度越来越完善，教师培养将从专业培养变成职业培养。教师在教学上要获得成功，成为一名优秀的教师，只掌握本学科的专业知识是不够的，还要掌握相关教学的科学理论和教学艺术。教学论是以研究教学科学和教学艺术为对象的学科，是研究优化教学活动的理论，是教学科学的组成部分。作为教师，不但要掌握基本教学理论，还要随着时代的发展，不断地补充新的教学理论和信息。研究任何一门学科，首先要知道它的研究对象和研究内容，其次要明确学习这门学科的意义，选择科学的方法。本章主要探讨中学思想政治教学论的研究对象、研究领域以及学习思想政治教学论的意义和方法。

第一节 中学思想政治教学论的研究对象

确定一门学科的研究对象，实际上就是研究该门学科所反映对象的特殊矛盾的性质，而要分析该对象矛盾的特殊性又离不开分析矛盾的普遍性。思想政治教学论是普通教育学的一个分支。为此，首先必须了解我们所研究的问题与教育学学科之间的关系，同时还要了解它与德育、思想政治课等相关学科之间的关系，从而准确揭示这门学科的研究对象。

一、教育的本质和职能

什么是教育，我想每位同学一听都觉得很简单，细细想来，一下子很难给教育下个准确的定义。曾经看过这样的报道：留美博士黄全愈在一次国际教育会议上，关于这个问题，请教一位英国的教育家，却没有下文。可见，这个问题并不是那么简单，关于什么是教育，中外的教育家、思想家和其他人士都有自己不同的见解。

孔子："大学之道，在于明德，在亲民，在止于至善。"

许慎《说文解字》"教，上所施，下所效也；育，养子使作善也"。

鲁迅："教育是要立人。"儿童的教育主要是理解、指导和解放。

陶行知："教育是依据生活，为了生活的'生活教育'，培养有行动能力、思考能力和创造力的人。"

黄全愈："教育重要的不是往车上装货，而是向油箱注油。"

钟启泉："教育是奠定'学生发展'与'人格成长'的基础。"

马克思、恩格斯："教育是促进'个人的独创的自由发展'。"

爱因斯坦："当你把受过的教育都忘记了，剩下的就是教育。"

蒙台梭利："教育就是激发生命、充实生命、协助孩子用自己的力量生存下去，并帮助他们发展这种精神。"

亚米契斯："教育是'爱的教育'。"

夸美纽斯在他的著作《大教学论》中说："教育是艺术中的艺术，因为人是一切生物之中最复杂、最神秘的。"苏联教育家苏霍姆林斯基也指出："教学与教育过程有三个源泉：科学、技巧和艺术。"

夸美纽斯和《大教学论》

我们是教师，从事着教育的事业，对教育又有自己的见解，不同的时代，不同社会，不同国家对教育的诠释有所不同，也就是说，教育的内涵是随着时代背景变化而发展的，随着课程改革发展，随着教育观念的转变，各位同学对教育是否又有了新的认识呢？有人从不同的角度对这一问题作了阐述：

● 教育首先是一种保护，保护学生的自尊心，保护学生的主体地位，保护学生创造的天性、丰富的潜能，保护学生的好奇心、求知欲，甚至还应善意地保护学生恶作剧那样"可爱的错误"。

● 教育也是一种唤醒，就是要唤醒人们沉睡的主体意识和巨大潜能：唤醒，首先意味着对学生要充满信心。唤醒还意味着发现，唤醒还需要有效的刺激。让我们牢记住：教育需要唤醒！

● 教育应当是一种享受，不仅要使孩子们的明天幸福，也要使孩子们在今天就享受到幸福；今天幸福，明天才会更幸福——这才是教育的本意和真意，才是教育的一种追求。正如我们校训所说："让今天快乐，为明天准备！"

● 教育应该是一种发展，只有教育完成了它的发展功能，把一个生物人变成一个社会人，教育才发挥和显示出了它的社会功能。因此，教育要培养真正的人，才能促进社会的发展。

● 教育也应该是一种服务。我们老师每天的备课、上课，还有网上搜集的资料、批改学生的作业等，都体现了我们在为学生服务，我们只有把自己放在服务者的角度，学生的主体地位才可以真正落实，学生的成长才真正会出现极限发展。

● 教育应该教人追求真善美。"求知是人类的本性"，求知亦即求真。教人求真，是教育的基本职能之一。教人为美,是教育的又一基本职能,教育之教人求美,就是培养主体的审美人格,教育的终极目的不是一个给定了的终点,而是一种非终极的无限发展。

● 教育应该是一种发现。教师应该能从每一个学生身上发现他独特的东西,尤其是那些优秀的成分,只有发现了学生身上的优秀的东西、闪光的东西,你才能肯定他,从而促进学生的发展,这就是以学生为本的教育,非常简单,仅此而已!

● 教育是真挚的爱。有人说,教师们的最大欣慰莫过于"桃李满天下",而陶行知却告诫教师要"爱满天下",或许,这一告诫就体现了教育的秘诀。

有一家杂志要编一本书,请冰心老人写一句决定她一生的话,并请她再阐释500字,冰心老人的回答极其爽快,她只是送给了来访者一句话:没有爱就没有世界。

在西方,"教育"一词源出于拉丁文 Educare,原意是"导出",也就是通过教学进行某种引导。

现代教育学把教育区分为广义的和狭义的两种概念,广义的教育是自有人类社会以来就已存在的,它泛指一切有目的地增进人们的知识和技能,影响人们思想品德的活动。狭义的教育是指社会通过学校有目的、有计划、有组织地对受教育者的身心施加影响,把它们培养成一定社会(或阶级)所需要的人的活动。后者是到奴隶社会才出现的,主要是指学校教育。人的成长取决于自然和社会诸多因素的作用,其中教育是最重要的因素之一。在阶级社会中,教育是根据一定社会或阶级的要求,以一定的内容,采取一定的形式和方法,把人"加工"成为该社会或阶级所需要的,即具有一定思想品德和生产劳动技能的人。因此,教育是培养人的一种活动,它的本质就是培养人,造就人,促进人的身心发展。

从以上关于教育的定义和本质的分析中,可以自然地引申出教育的职能。考察历史后发现,从奴隶社会到资本主义社会,教育都具有两种社会职能,即传递生产知识和经验的生产服务职能和传递社会意识的社会服务职能(在阶级社会里则表现为阶级服务职能)。在社会主义——共产主义历史阶段,教育除了具有以上两种职能外,还具有个人全面发展这一根本职能或最高职能,而且这个职能还决定着其他两个职能的发展方向。

思想政治教学论属于教育学的一个分支学科。为使先进的思想、理论能最大限度地影响和说服中学生,它的基本要求之一,是必须掌握和遵循教育的规律,以及科学的育人方法和教学方法,这些正是普通教育学所阐明的。普通教育学强调的各种教育影响的一致性,正是思想政治课的立体教育管理所特别要注意的。当然,思想政治教学论更应该注意研究具有思想政治课特色的教育规律。它们二者之间是共性与个性的关系。

二、德育和思想政治课

德育是个体社会化的有效途径。学校的德育是指教育者按照一定社会或阶级的要求,有目的有计划地对受教育者施加系统的影响,把一定的社会思想和道德规范转化为个体的思想意识和道德品质的教育。所谓个体社会化,是个人在与他人交往中学习并掌握其所在社会的社会规范,逐渐形成与社会一致的社会态度、价值观、信念、行为模式及人格特征,成长为社会合格成员的过程。讲到人有社会性,并不意味着个体一出生就已具备了这种特性;它是在人类种系遗传的前提下,通过后天的社会生活条件的影响(如社会文化、家庭,特别是学校教育),经历了社会的学习与锻炼(有时是有目的的,有时是潜移默化的)而形成的。德育的特殊性质表现为教育者按照个体思想品德形成的规律,有意识地把一定的社会意识、一定的社会政治观点、法制观点和道德准则转化为个体的思想品德。为什么需要这种转化呢？这是因为二者虽同属思想意识,但毕竟有很大的区别,政治思想和道德规范是社会存在的反映,受社会制约,其中道德是舆论力量所支持的行动规范；是社会分辨善恶的尺度,它不依赖于个体的存亡而存亡,也不因个别人的品德好坏而转移。思想意识和道德品质则是个体现象,它一方面受社会制约,同时也依赖于个体的心理活动规律,依赖于个体的存在而存在,是个人的世界观、人生观和道德品质。可见,德育是实现个体社会化的重要途径。

德育是各个社会形态共有的社会现象。它包括思想教育、政治教育、道德教育、法纪教育和健康心理素质教育。在阶级社会中,德育具有鲜明的阶级性。任何社会的统治阶级都要求学校培养自己所需要的德才兼备的人才为社会的政治、经济服务。在德与才两个方面,德是解决为谁服务的方向问题,才是解决服务的本质问题；德调节着才的运用和发挥,起着灵魂和方向的作用。因此,重视德育,通过德育来实现教育目的,这是古今中外学校教育的普遍规律。当然,在人类历史上确实存在着一些人类共有的思想道德规范。但是,在阶级社会里,社会总是按照统治阶级的思想和道德准则去教育未来一代的。从大德育观看,学校、家庭和社会都承担着对青少年进行思想政治、道德品质教育的责任。在我国社会主义学校中,对青少年实施的是社会主义——共产主义的德育。思想政治课是进行思想政治教育的基本式,是中学开发的一门主课,以前称为"政治课",1985年《中共中央关于改革学校思想品德和政治理论课程教学的通知》将其易名为"思想政治课"。这一名称比较全面地体现了德育的内容和要求,对于克服这门课程长期存在的理论脱离实际的倾向,对于明确这门课程的教育目标,无疑将产生深远的影响。

思想政治课是中学德育的主渠道,它主要以课程的形式,有确定的时间和阵地,有统一的教材和专门的教师队伍,通过马克思主义常识和社会科学基础知识的教育,达到提高思想政治觉悟,指导学生行为的目的。因此我们既不能把德育归结为思想政治课,也不能以思想政治课包揽全部德育内容,更不能以日常思想政治工作和时政教育代替思想政治课。

思想政治教学论研究的对象是思想政治课教育领域里特有的矛盾运动,通过研究来揭示其教学过程的特点和规律。思想政治课教学过程的特殊性,突出地体现在它不仅是传授知识的过程,还是根据思想政治课教育目标和个体思想品德形成的规律进行思想政治教育的过程,它不仅存在懂与不懂的矛盾,还有信与不信、行与不行、爱与不爱的矛盾,要研究具体的知、信、行的转化过程。同时,教与学的过程中,不但有教师与学生对抽象的科学规律的掌握运用,而且在教学操作时要伴随着情感、价值、策略等因素。研究教学,不但要研究它的科学规律,也要研究它的艺术,教学的魅力来自它的艺术。所以说,思想政治学科教学论是研究思想政治学科教与学的科学规律和艺术的一门学问。

第二节　中学思想政治教学论的研究领域

一、课程研究

首先必须深入研究思想政治课的性质、地位和作用,特别要研究在社会主义市场经济条件下,思想政治课具有的其他课程所不可替代的作用。要从新中国成立几十年来思想政治课几度沉浮的历史轨迹中得到启示:不按课程设置的客观规律办事,对思想政治课的本质功能没有共识,以某些个人意志决定这门课程的存亡,都是不科学的,也是非常有害的。同时也要认识到优化思想政治课的课程设置是个历史过程,优化的途径在于改革。要探索优化课程设置的制约因素和编制原理。

二、教学规律研究

由于影响思想政治课教学过程的各种因素不同于其他学科,也由于教学过程所要解决的矛盾不同于其他学科,所以制约思想政治课教学过程的规律也有别于其他学科,它不仅要受教学过程一般规律的制约,还要受思想品德形成与发展规律以及思想教育规律的制约。思想政治课的教学过程必须遵循包含其自身特点的教学原则,有恰当的教学组织形式,并且要坚持启发式教学,因此,本课程还介绍了思想政治课的常用教学方法及多媒体教学手段的使用、教学模式、教学准备工作、课堂教学的规范技巧、思想政治课的教育评价和课程资源的开发与利用等内容。

三、学法指导研究

由于思想政治课比较特殊,因此学习这门课程的方法也不同于其他学科所使用的方法。作为思想政治课的教师应认真研究中学生的心理和思想特点,指导学生采用科学的学习方法。

四、师资队伍研究

学生是学习的主体,教师是指导者。但是,思想政治课的教师不仅应具有一般教师的优良品质,还须有其自身的特点。本书把研究教师的素质放在应有的位置上,分析社会主义市场经济条件下思想政治课教师面临的严峻挑战,突出教师提高自身修养的重要性。

为了能深入研究以上理论,我们将以教育目标为研究的逻辑起点,并以它作为主线贯穿全书。

第三节　中学思想政治教学论的学科性质

从目前思想政治学科教学论的学科定位和内容来看，这一学科既具有理论科学的性质，又具有应用和研究科学的性质，属于理论科学与应用理论科学的边缘交叉学科。

一、理论性

思想政治学科教学论反映了思想政治学科教学的客观规律，用思辨的逻辑方法把教学的范畴和命题，如教学原则、教学目标、教学组织、教学方法、教学规律、教学模式、教学评价等描述出来，构成了本学科的教学知识体系，论证了教育学中的有规律性的课题，并从哲学认识理论上解答了教学中的一些问题，能够对思想政治课教学进行理论指导，从而确立了本学科的理论地位。

二、应用性

思想政治学科教学论是一门实践性很强的应用学科。思想政治学科教学论的理论来源于教学实践，是广大从事思想政治学科教学和研究人员的劳动结晶，是在教育理论、教学论理论和教学实践相结合的基础上形成和发展起来的。它成为独立的理论学科后，又能为指导思想政治学科教学实践服务，能为教学提供理论、方法、技能和技巧，能为提高教学质量、推动教学科研服务。思想政治学科教学论为教学实践传授了实用性知识，回答了教学中怎样教和怎样学的重要问题，富有可操作性，对提高教学效果起到应有的作用。所以思想政治学科教学论有很强的应用性，属于应用性理论学科。

三、综合性

思想政治学科教学论属于综合性边缘学科。思想政治学科教学论的基础学科是马克思主义教育哲学、教育科学、美学、心理学等，而其教学目标和教学内容的知识范围，还涉及到哲学、经济学、法学、政治学、历史学、伦理学等方面的知识，因此，思想政治学科教学论是一门综合性很强的交叉边缘学科。这门课程跨越许多学科，而且还能填补学科边界的空白。在诸多学科中，与其联系最为密切的是：① 马克思主义哲学：教学本身是充满辩证法的，如教学中存在诸多矛盾：上下（课上与课下）、左右（政治学科与其他课程）、前后（思想政治学科本身的衔接）等。② 教育学：提供大的指导原则、方法。③ 心理学：为了解学生的心理特征奠定基础。没有心理学的发展就没有教育科学的发展。

四、师范性

这门学科就其本质讲是教育学的一个分支,有较强的师范性,它不仅要阐明这门学科的教育思想、教育目标、教学过程、教学原则、教学组织形式、教学方法、教学模式等,还要阐明作为政治教师必备的素质,以及获得这些素质的途径。从这个意义上说,它是师范院校政教系学生的必修专业课程。

第四节 思想政治学科教学论的教学形式

由于各个学校的情况不同,教学条件不一,所以学习思想政治学科教学论的形式也不会相同,我们学习这门课程采用以下几种教学方式。

一、理论讲授

思想政治学科教学论是一门理论课,这门课的功能和作用主要是通过它的理论性体现出来。由于这门课程专业性强,教学专业术语、概念很多,所以对未从事过教学工作的学生来说是陌生的、抽象的。教学论同其他学科一样,它是教学实践者和教学研究者对人类教学经验的总结并形成系统的理论。教师要向学生介绍这门学科的理论框架、研究对象、研究范围、主要理论观点、概念和问题等。通过教师的讲授,学生也会掌握教授思想政治学科的教学规律、原则、方法和技能,学生也会了解先进的教学理论和经验,学生也会知道如何学习和借鉴西方学校德育的经验和如何面对西方学校的教学模式及价值观的冲击。不论什么课程,讲授都是必要的,讲授并不等于"灌",教师讲授也是在认识问题上对学生的一种引领和启导。

二、教育观察

思想政治学科教学论这门课程和教学实践结合得非常密切,它来源于实践,学习这门理论时又必须很好地同实践结合起来。学习教学的理论之后也要观察教学的实际情况。人们常说,百闻不如一见。见一见,看一看,观察他人的教学实际情况,对于学好这门课程非常重要。经过教学观察,就会对课堂上讲过的理论产生真情实感,体会就会深刻。在教学观察阶段,可以结合本学科的教学内容,有目的、有计划地组织学生观看一些教师成功教学的录像片,也可以组织学生到中学参观一些教学活动等。这样可以让学生亲眼观察教与学的实际情况,使他们把课堂上学到的教学理论与教学实际联系起来。

三、教育调查研究

调查主要是对客观事物的考察、查核和计算,这是了解客观事实真相的一种感性认识活动。研究,则主要是通过对调查的感性材料进行审查和思维加工,以求得认识社会现象的本质及其发展规律的一种理性认识活动。教育调查研究,是人们有目的、有意识地进行的一种了解教育事务的认识活动,它也是一种实践的学习方法。调查研究这种学习方法,是把感性认识事物和理性认识事物结合起来的学习方法,它是教育实习期间不可缺少的一种学习手段,是一种有计划、有目的的教学活动。在调查前教师要向学生布置调查内容,主要包括搜集中学思想政治学科教学活动中存在的问题、学生的政治思想动态、中学思想政治学科教师的教学经验和教训等。通过调查,学生可以对本专业存在的一些问题及现象产生一些感性认识,验证和丰富教师课堂上讲授的内容。另外,学生也可以就调查中发现的一些问题进行研究,既可以作为自己的科研课题,也可以作为自己毕业论文的研究题目。

四、教学训练

教学是一项既要有专业知识又要掌握专业技能的工作,所以学生在校期间,既要向他们传授专业知识,又要训练他们的专业技能,只有专业知识没有专业技能的人也不会成为一名好教师。为了给学生教育实习和未来的教学工作打好基础,必须在教育实习前进行教育训练。训练的内容是根据教育实习的需要和中学教师的工作需要而确定的。教学训练既是教育实习前的准备形式,也是对学生教学能力的检查和了解。如果在训练中发现学生在知识方面或在技能方面存在哪些不足,教师要对学生进行有针对性的指导,以保证教育实习的质量和毕业生的质量。教学训练的内容主要有:编写教案、组织"模拟课堂"、试讲、评课等。

五、微格教学

微格教学是一个缩小了的、可控制的教学环境,它使准备成为或已经是教师的人有可能集中掌握某一特定的教学技能和教学内容。微格教学实际上是提供一个练习环境,使日常复杂的课堂教学得以精简,并能使练习者获得大量的反馈意见。

随着现代化科技、教育学和心理学的发展,在教师教学技能训练方面出现了一种新的训练方式,称为"微格教学",也称为"微型教学"或"小型教学"。"微格教学"是美国斯坦福大学推出的一种新型师资训练方式,它旨在训练师范生的教学技能和提高在职教师的基本教学技巧。微格教学作为师资培训的一种新型模式,已为很多国家高师院校所采用。所谓"微格教学",就是将复杂的教学过程分解成许多容易掌握的具体的单一的技能,如"导读技能"、"结尾技能"、"讲授技能"、"提问技能"等。在训练每种技能时,对每种技能都提出训练目标,在较短时间内对师范生或在职教师进行反复训练。这种训练模式每次训练一项技能,时间5—20分钟,便于对学生个别指导和在短时间内掌握一项教学技能。训练的内容主要是课堂教学的基本技能。微格教学的一个重要的特征是运用录像设备将教学技能训练实况记录下来,使受教育者获得其教学行为的直接反馈,并运用慢速、定格等手段在课后进行反复讨论和分析。由于这种训练方式持续时间短,教学内容和参与人数少,可以减轻受教育者的心理紧张程度,增强成就感,所以它的训练效果较好,深受学生欢迎。

六、教育实习

教育实习,是在上述各种教学活动的基础上进行的综合性教学实践活动。通过教育实习,一方面可以全面地考查学生学习教学理论的实际效果,另一方面也可以培养学生从事中学思想政治学科教学工作的能力和做班主任工作的能力。通过教育实习,使学生加深对所学理论的理解,做到理论与实践相结合,提高他们运用所学知识的能力。教育实习,是师范生短时间的角色变换,也是认识自己未来所从事的工作的极好机会。

第五节 学习中学思想政治课教学论的意义和方法

一、学习中学思想政治课教学论的意义

思想政治课教学法直接用以指导思想政治课教学,加强这门课程的学习和研究具有重要意义。

1. 实现师范院校政教专业培养目标的需要

师范院校政教专业的培养目标,简单地说就是为中学培养合格的政治教师。要把学生培养成为合格的中学政治教师,除了使他们具有坚定正确的社会主义政治方向、具备本专业的基础理论知识和为振兴中华教育事业而献身的精神之外,还应当具备组织和实施思想政治课教学教育活动的本领,基本掌握教学教育理论,特别是思想政治课教学法的基础知识。事实证明,有些政治理论水平很高的人,到了中学,却教不好,甚至不会教思想政治课。这是由于这些同志还缺少一项本领,即从事思想政治课教学的基本能力。教学能力的强弱会直接影响教学效果。因此,"只要政治理论水平高,自然就会教,学不学思想政治课教学法无关紧要"的看法,显然是很片面的、有害的。一个合格的中学政治教师,无疑地应该有较高的政治理论水平。常言道,教给学生一杯水,教师得有一桶水。但是,掌握政治理论知识,不学习研究思想政治课教学法,仍然难于胜任思想政治课教学工作。理论知识不能等同于思想政治课教学法,它同思想政治课教学法只能互相补充,而不能彼此替代。因为理论知识是个教学内容问题,要把这些内容传授给学生,还需要适当的教学原则和方法。没有这个基本条件,掌握的理论知识不管多么渊博,思想政治课也是难以教好的。教而无方,教不得法,自然不会收到好的教学效果。因此,一名师范院校政教专业的

学生,要把自己培养成为合格的中学政治教师,就必须认真学好思想政治课教学法这门必修课程。

但又不能认为"学了思想政治课教学法就可以运用自如了,思想政治课一定能教好了"。当然,学习这门科学的目的是在于应用。学习思想政治课教学法,对搞好思想政治课教学,有重要指导意义。但是,要达到运用自如,不单纯只掌握理论知识的问题,而且包括"技能"的培养和训练的问题。"技能"虽然具有知识的因素,但和理论知识并不等同,不能单凭课堂讲授来获得,需要有一个反复练习的过程。要具体地掌握思想政治课教学的理论和方法,还有待于经过创造性的反复实践和锻炼。即使是思想政治课教学法这门课程内容本身,也有一个不断发展、不断完善的问题,希望通过一次学习就可以解决一切问题,这种想法本身就是不正确的。

据此,又有人认为"学习思想政治课教学法理论主要依赖于毕业后的教学实践,现在学不学关系不大",这种看法也是很片面的。对于思想政治课教学法的理解和掌握,固然主要依赖于今后教学工作实践经验的不断积累和总结,但是在校期间,学习思想政治课教学法,了解前人或别人在思想政治课教学实践中总结的经验与教训,初步掌握思想政治课教学的特点和规律,无疑有助于缩短从当"学生"到做"合格政治教师"的距离,为毕业后担任中学思想政治课教学工作准备了有利条件,并对指导今后思想政治课的教学实践有着重要的意义。

由此可见,师范院校政教专业的学生,应该既重视提高专业理论水平,又要注重学习思想政治课教学法等教育科学理论,更要在今后的教学实践中锻炼提高,努力把自己培养成为合格的中学政治教师。这是实现高等师范政教专业培养目标的需要。

2. 完成思想政治课教学任务,提高教学质量的需要

思想政治课的教学任务直接依靠政治教师去完成;思想政治课的教学内容,也直接依靠思想政治课教师传授给学生;青少年的公民意识和世界观、人生观、价值观的形成与巩固,也有待于思想政治课教师的教育与培养。因此,思想政治课教师对思想政治课的教学任务和内容的理解及完成教学任务的状况,决定了思想政治课的教学质量的高低,直接影响着青少年学生的思想政治品德。只有通过思想政治课教学法的学习,才能明确思想政治课教学的任务,把握教学的方向;才能把思想政治课的内容准确、完整地传授给学生,使他们既能掌握马克思主义的基本常识,又能运用这些"常识"武装自己的头脑,提高思想政治素质,正确指导自己的行动。因此,学习思想政治课教学法不仅是完成思想政治课教学任务的重要手段,而且是提高思想政治课教学质量的必要措施。当前,思想政治课在中学教育的作用日益明显,然而这门学科的教学质量又亟待提高。影响教学质量提高的原因很多,其中教师的教和学生的学都不甚得法是一个重要原因。例如,教师照本宣科,学生死记硬背的现象仍普遍存在,是个严重的弊端。要尽快消除这种现象,就必须改进思想政治课的教学方法。事实上,一堂课的成功或失败,教学质量的高低,都同教师能否正确掌握和运用教学规律,采用的教学方法是否恰当有直接关系。实践证明,同样的教材,同样一个班级的学生,由不同的教师采用不同的教学方法进行教学,效果就大不一样。方法对头,就能事半功倍;方法不对头,就会事倍功半,甚至失败。可见,学习和研究思想政治课教学法,了解和掌握思想政治课教学规律,是完成思想政治课教学任务,提高教学质量的

需要。

　　成功的教学是一种艺术创造，思想政治课教学也是如此。听一堂成功的思想政治课，就是一次艺术享受。但是，只有政治教师的教学符合思想政治课的教学规律时，才能形成教学艺术。思想政治课教学，一方面是主客观多种因素交织在一起的复杂过程；另一方面又是有规律可循的必然过程。因此，既要发挥政治教师的主观能动性和创造精神，又要努力探索思想政治课的教学的客观规律，将主观与客观有机地结合起来。思想政治课教学法，就是为政治教师提供思想政治课教学的有关知识，指出探索思想政治课教学规律的途径和手段，并在此基础上，发挥政治教师的主观能动性和创造精神，以便在教学实践中，大胆地试验和改革，创造出丰富多彩的教学艺术来。

　　3. 完善和发展思想政治课教学论学科建设的需要

　　思想政治课教学论学科建设是一项长期而艰巨的任务。新中国成立以来，我国在师范院校政教专业普遍开设了中学政治课教学法课程。1956年东北师范大学出版了第一本《中学政治课教学法》教材。于是，中学政治课教学法初步建成一门独立的学科。此后，这门课程的开设在师范院校逐步展开，无论是教学还是教材建设，总的说来成效良好。它对于培养合格的中学政治教师，为基础教育服务做出了应有的贡献。但是，应当承认，由于历史的偏见，人们轻视"教学法"，不承认它是一门独立的学科。"文化大革命"期间，师范院校的教育学、心理学课停开了，各科教学法被砍掉了，教学教育实习取消了。政治教师不研究教学法，从而造成政治课教学无"法"可依，教学质量下降。党的十一届三中全会以后，政治课开始走上轨道，师范院校政教专业又开设了教育学、心理学和中学政治课教学法课程。1984年7月，教育部组织力量编写并委托北京师范大学出版社出版了师范专科学校的《中学政治课教材教法大纲》，各地根据大纲编写了一些教材。这对提高师范院校政教专业的教学质量，培养合格的中学政治教师无疑起了积极的作用。这些年来思想政治课教学改革步步深入，特别是1985年之后，中共中央几次发出有关指示，根据中央要求，思想政治课教学改革不断深化，在课程设置、教材建设以及教学方法、考试制度等方面都作了大量探索。然而当前思想政治课教学论的教材状况还是不令人满意，教学内容和教学方法仍严重地脱离思想政治课改革的实际，脱离学生的实际，这就很难完成思想政治课教学法课程的教学任务。何况思想政治课教学法作为一门独立的学科还很年轻、很不成熟，其中有许多科学道理和科学方法，还未被发现、被认识，有关规律性的认识还较肤浅，对特殊矛盾的分析仍嫌粗略，在理论体系方面还有一个很大的未被认识的必然王国，科学研究的使命还远未实现。因此，从这门学科的实际出发，理论联系实际地进行教学和研究，不断总结广大思想政治课教师和从事这门学科研究的专家在实际教学和科研工作中所取得的新经验、新成果，以充实它的基础理论和完善它的理论体系。在学习思想政治课教学法时，一定要将学习与创新结合起来，既学有成效，又为这门新兴学科的丰富发展提供条件。

　　综上所述，学习和研究思想政治课教学法是掌握教学规律、实现师范院校政教专业培养目标、完成思想政治课教学任务及提高教学质量、完善和发展思想政治课教学法学科建设的需要，是做个合格的思想政治课教师的一个必备条件。必须克服种种不正确的想法，高度重视、充分认识学好这门课程的重大意义，认真掌握这门课程的要领。

二、学习中学思想政治课教学论的方法

根据思想政治课教学法的上述特征,要学好它就必须以科学理论为指导,以思想政治课教学实践为基础,遵循教育学、心理学的基本原理去探求思想政治课教学过程及其规律。在学习方法上必须以辩证唯物主义认识论作为方法论的基础,遵循"实践—认识—再实践—再认识"的认识规律,坚持理论联系实际的原则,将学习思想政治课教学法理论同综合运用各门专业知识结合起来,同参加思想政治课教学实践结合起来,做到理论与实践的统一,认真研究过去与现在思想政治课的教学经验,使之不断地得到总结和提高。作为思想政治课教学法的课堂学习,需要注意:

第一,要明确学习目的,端正学习态度,认真听讲,积极思考,学习教材所规定的基本内容,掌握基础理论。同时一定要努力学好各门政教专业课程、教育理论的基础知识。因为,不学好基础理论课程就不能掌握思想政治课的教学内容,就无法吃透教材的精神实质、难点、重点和结构体系等,更不能正确选择教学方法,因此,深入学习基础理论课程是学好思想政治课教学法的一个重要前提。由于教育理论知识为思想政治课教学法提供了指导原则,因此,要弄清这门课程的特殊内容,既要从教育学、心理学中去追根溯源,又要同教育学、心理学作对比分析。只有这样,才能把这门课程教与学提高到一定的水平。

第二,要结合本学科的有关教学内容的学习,有目的、有计划、有准备地深入到思想政治课教学的第一线,进行调查研究,开展见习观摩或观看优秀的思想政治课课堂教学录像等活动。通过这些活动,一方面可以丰富我们的感性认识,从而加深对思想政治课教学法基本原理的理解;另一方面从大量的亲身获得的感性材料中,进行综合分析,总结、概括出带有规律性的东西,以丰富自己的理性认识。另外,要适当做一些作业。如研究思想政治课课程标准、分析教材、编写教案、组织试讲等,这是具体训练从事思想政治课教学的基本技能和技巧、培养独立工作能力的重要环节和方法,是对政教专业学生掌握专业理论知识和学习思想政治课教学法课程有无成效的检查与考核,也为参加教学实习作好准备。

毛泽东同志指出:"读书是学习,使用也是学习,而且是更重要的学习。"这对于一切学习都是适合的,对于思想政治课教学法的学习更是如此。应用学科的价值不在于深奥的道理,其难学之处也不在于理论的艰深,而贵在于"用",其难也在于"用"。紧密地结合思想政治课的教学实践,应该是学习思想政治课教学法课程的根本途径和基本方法,这一点做得如何,对学习成效的大小有着决定性的影响。为此,必须十分注重教育实习。通过实习,一方面可以比较全面地检验学习思想政治课教学法基础理论的实际效果;同时可以具体培养学生从事思想政治课教学教育能力,并在亲身参加教学实践的基础上加深对思想政治课教学法的理解。

总之,学习和研究思想政治课教学法是一个不断深化的过程,学习有法,学无定法,可以因人而异,它必将随着教学实践和教育科学的发展,不断地增加新的内容和学习手段,展现出新的面貌。

论教育的内在尺度

【思考题】

1. 思想政治教学论研究对象和研究任务是什么？是怎样确立的？怎样去把握这一研究对象和任务的特殊性？怎样阐明这一特殊对象和任务的确立过程？

2. 微格教学需要具备哪些设施与功能？思想政治教学论中应当如何有效地使用微格教学法？

3. 有人认为，思想政治教育专业学生只要能够掌握一定技能与方法即可成为一名政治教师，至于教学法理论学不学关系不大，你如何看？为什么？

【阅读书目】

1. 罗越娟.思想政治课程与教学论.广东高等教育出版社,2013年版。

2. 孟瑶,范华岭.微格教学视域的思想政治教师讲解技能培养策略.中学政治教学参考,2017年第7期。

3. 高峰.新媒体时代大学思想政治课教学变革的趋势.生活教育,2016年第11期。

4. 李年栋.浅谈提高学生学习思想政治课兴趣的方法.课程教育研究,2015年第2期。

第一章 思想政治课的性质、功能和任务

> [学习要求] 明确思想政治课的性质、功能和任务，正确认识思想政治课在思想政治教育工作中的重要作用，纠正对思想政治课地位和功能的错误认识。

研究思想政治课教学论，加深理解它的研究对象，首先要明确思想政治课的性质、功能和任务。这样才能在思想政治课教学中坚持正确的方向，树立正确的指导思想，运用正确的教学原则和方法，提高教学的质量，充分发挥思想政治课在中学教育中的作用。

第一节 思想政治课的性质

毛泽东同志说："不论做什么事，不懂得那件事的情形，它的性质，它和它以外的事情的关联，就不知道那件事的规律，就不知道如何去做，就不能做好那件事。"正确认识和把握思想政治课的性质，是搞好思想政治课教学的前提条件。思想政治课在新中国成立后一直称为"政治课"，直到1985年《中共中央关于改革学校思想品德和政治理论课程教学的通知》(以下简称《通知》)才将其易名为"思想政治课"。2001年6月，《基础教育课程改革纲要(试行)》颁布，初中开设思想品德课，高中开设思想政治课，通常仍称政治课。那么政治课到底是一门什么性质的课程？它要解决的特殊矛盾，它的特殊本质究竟是什么？这些问题尽管有不少研究思想政治课教学论的教材以及其他论著都作了回答，但仍有不少问题值得商榷，有必要认真探讨。

一、认清思想政治课性质的重要性

(一) 有助于区分思想政治课教学与日常思想品德教育、形势政策教育

思想政治课与中学日常思想品德教育、时事教育相比较，有许多共同的地方，如都是对学生进行思想政治教育，都要转变学生思想，培养良好行为习惯，都要帮助学生树立科学的人生观、世界观、价值观等。如果不注意区分它们的特殊性，将思想政治课等同于日常思想品德教育或时事教育，放弃思想政治课教学应有的特点和规律，就会背离国家开设思想政治课的目的，是完全错误的。

(二) 有助于区分思想政治课与中学其他以智育为主的课程

思想政治课与中学其他课程相比,有许多共性。二者都要向学生传授知识,或者是社会科学知识,或者是自然科学知识,都有教材、教学计划、教学形式,都要进行考核,学生学习掌握教学内容都需要记忆和理解,都要培养能力,都具有德育的任务和功能,如此等等。但思想政治课不仅和其他课程传授的知识内容不同,培养的能力不同,更在于思想政治课是一门以德育为直接和根本任务的显性德育课程。那种片面追求高考分数和升学率的做法,导致学生思想政治课"考试得高分,表现得低分",就是背离思想政治课性质的表现。

(三) 正确地制定中学思想政治课教师教育目标的需要

思想政治课教学质量的提高主要依赖于培养培训合格的政治教师。在什么是合格的政治教师这个问题上,也存在不同的看法。有人强调合格政治教师关键是政治合格,认为只要政治上可靠,什么人都可以当政治教师;有人则认为政治教师知识丰富、理论扎实就可以,忽视其他要求,轻视对学生做思想教育的能力和责任心;也有人认为政治教师只要热情高,干劲大,会做学生工作就可以。由于认识上存在不同看法,因而在政治学科教师教育的目的、要求和政治教研活动的内容等方面也就存在片面做法。这样必然造成政治教师知识结构、能力结构和素质发展的片面性,很难完成思想政治课的教学任务。

(四) 保证思想政治课教学任务完成的关键

正确认识课程性质,关系到教学目的要求的正确制定,教学方法的合理选择,教学质量考核评价标准的制定,以及教学改革的方向等一系列问题。如果对课程性质的认识发生错误,必然导致整个教学过程的偏差,危及课程目标的实现。

总之,弄清这些问题,对于我们把握思想政治课教学论的理论体系,正确地进行政治课的教学教育实践与改革,相对稳定课程设置、教材教参和师资队伍,提高教师的素质、教学教育质量,全面完成教学任务有着深远的意义。因此,要特别重视思想政治课性质的研究。

20世纪末,扬州大学的赵老师对江苏145所中学860名思想政治课教师进行调查,有3.5%的教师认为思想政治课是单纯文化知识课程,有69.8%的教师认为是"德智交织"课程,反映出本学科专职教师中竟有73.3%的人对课程性质的认识是错误的。由于对课程性质错误定位,在教学实践中助长了教学目标偏离课程目标倾向,造成了重课程认知教育,轻情意教育和能力教育,削弱了课程的德育功能。

二、思想政治课性质问题讨论的回顾

(一) 四种代表性观点

关于中学思想政治课的性质问题,多年来几度开展了热烈的讨论。尽管众说纷纭,但归纳起来大致有四种看法:

一是一门智育课。
二是一门德育课。
三是智育和德育的统一即智育基础上的德育课。

四是德育性质的课程。

这些不同意见的争论,在一定的历史条件下,都有其合理的成分,反映了人们在中学思想政治课教学教育实践的不同阶段上,对其不同侧面中某一特点的认识。

政治课是一门智育课,因为它同样传授知识,高考中处于重要地位。

政治课是一门德育课,因为它的内容和教学过程的特点体现德育内容。

政治课是一门智育基础上的德育课,因为它既传授知识,又进行品德教育。

政治课是一门德育性质的课程,但并不等于德育课,主要任务进行品德教育,同时传授知识。

以上四种观点都不够科学,因划分学科的性质应是按学科的研究对象进行的,而以上是将教育工作中德智体几方面培养目标的共同要求分割开来。其实德育和智育总是在教学中交织在一起的,是无法区分的,以上争论没有实际意义。

这场讨论持续到1985年10月,北京师范大学政治教育研究中心的"中学政治课研究"教研室根据1980年教育部制定的《改进和加强中学政治课的意见》(以下简称《意见》),认定中学政治课"是对学生进行马列主义、毛泽东思想基础知识教育的课程",简言之,中学政治课是马列主义常识课,这是中学政治课历来经验的总结,是中学政治课自《通知》发出以后易名为"思想政治课"性质问题讨论的一个进步。1996年和1997年,国家教委分别颁发《全日制普通高级中学思想政治课课程标准》和《九年义务教育小学思想品德课和初中思想政治课课程标准》,明确指出"思想政治课是对中学生进行公民道德和马克思主义常识教育的必修课程"。这一规定揭示了中学思想政治课的公民思想政治品德教育性质,为我们理解现代中学思想政治课的课程性质提供了新的思路。

(二) 正确把握思想政治课程的性质

2004年颁布的初中思想品德课和高中思想政治课标对课程的性质做了新的界定。

初中课程性质:本课程是为初中学生思想品德健康发展奠定基础的一门综合性的必修课程。

主要有以下特点:思想性,即以马列主义、毛泽东思想、邓小平理论和"三个代表"重要思想为指导,紧密联系社会生活和学生思想实际,帮助学生逐步形成良好的道德品质和心理素质,养成遵纪守法和文明礼貌的行为习惯,增强爱国主义、集体主义的思想情感,逐步树立中国特色社会主义的共同理想,为学生逐步形成正确的世界观、人生观和价值观奠定基础。人文性,即注重以民族精神和优秀文化培养学生,关注学生的成长需要与生活体验,尊重学生学习与发展规律,不断丰富学生的思想情感,引导学生确立积极进取的人生态度,培养坚强的意志和团结合作的精神,促进学生人格健康发展。实践性,即注重与学生生活经验和社会实践的联系,通过学生自主参与的、丰富多样的活动,扩展知识技能,完善知识结构,提升生活经验,促进正确思想观念和良好道德品质的形成和发展。综合性,即从学生适应社会公共生活和思想品德形成与发展的实际出发,以成长中的我、我与他人的关系、我与集体、国家和社会的关系为主线,对道德、心理健康、法律和国情等多方面的学习内容进行有机整合。

高中课程性质:高中思想政治课进行马克思列宁主义、毛泽东思想、中国特色社会理论的基本观点教育,以社会主义物质文明、政治文明、精神文明和社会文明建设常识为基本内容,引导学生紧密结合与自己息息相关的经济、政治、文化生活,经历探究学习和社会实践的过程,领悟辩证唯物主义和历史唯物主义的基本观点和方法,切实提高参与现代社会生活的能力,逐步树立建设中国特色社会主义的共同理想,初步形成正确的世界观、人生观、价值观,为终身发展奠定思想政治素质基础。

从核心价值来看,这是一门进行马克思主义基本观点教育的课程;从基本内容来看,这是一门提高认识、参与当代社会生活能力的课程;从培养目标来看,这是一门培养学生思想政治素质的课程。因此,对高中思想政治课的课程定位,既需要在学科系统中把握,又需要在德育系统中把握。

作为学科课程,思想政治课是集理论教育、社会认识和公民教育于一体的综合性课程,相对于一般学科课程,既具有更为宽泛的学科背景;又具有更为重要的德育功能。它的设置,是其他任何课程都替代不了的,也是其他国家的课程所无法类比的。

作为德育课程,应该说,它是学校德育工作系统中的一个重要环节,具有不同于一般德育工作的课程特点。增强德育工作的针对性、实效性和主动性,就要使德育工作真正做到无时不有、无处不在,使各种形式的教育活动和社会实践,都成为德育的重要载体。在这中间,本课程起着奠基和导航作用,但不能包揽全部德育任务。总之,高中思想政治课的设置,集中体现了开展未成年人思想道德建设的根本方针、根本目标、根本任务、根本途径和根本举措。我们应该从这个高度理解和把握思想政治课的性质。

正确把握思想政治课的性质

高中思想政治课与初中思想品德课和高校政治理论课相互衔接,与时事政策教育相互补充,与高中相关科目的教学和其他德育工作相互配合,共同完成思想政治教育的任务。

第二节 思想政治课的功能

功能是指事物本身所具有的效能。思想政治学科的功能是指思想政治学科本身所具有的效能。对思想政治学科的功能进行分析和研究,有助于对思想政治学科的教学的价值和重要意义的认识、理解。关于思想政治学科的功能,可以做以下几个方面的表述。

一、思想政治学科具有导向性功能

思想政治学科的导向性功能,是指思想政治学科的教学能够在某种程度上对中学生进行某种性质的引导。思想政治学科的导向性功能主要包括目标导向、价值导向和行为导向。

(一)目标导向

任何一种活动总会指向一定的目标,并按照一定的目标去行动。而目标又制约着人们对行动的内容、方法等要素的选择与确定。思想政治学科的教学也要按照一定的目标来进行,并希望它的活动趋向它所预设的目标。因此,思想政治学科的教学过程也就具有一定的目标导向功能。

目标导向是指思想政治课教师通过教学活动把中学生的政治、思想、道德品质等发展的倾向性向教师预设的目标进行引导，并产生教师所期望的教育效果。

思想政治学科目标导向的内容是非常丰富的，必须按不同层次的目标进行导向。第一层次：要引导中学生以学会做人、遵守社会公德、热爱他人与社会、具有完美的人格和积极的人生态度等为目标；第二层次：要引导中学生以具有较高的理论修养、正确的政治方向、高尚的道德品质等为目标；第三层次：要引导中学生以树立崇高的理想和具有坚定的共产主义信念等为目标。最终，无论哪个层次的目标导向，当其引导的目标达到时，其所要引导的内容就将逐步被学生所认同和接受。当然，要引导每个中学生都达到这一目的是有一定难度的。

（二）价值导向

价值是一个表示主客体关系的范畴，是指客观事物对主体的作用性和意义性。客观事物对主体人或社会的存在和发展有积极作用和意义，它就有价值，否则就没有价值。

思想政治学科的价值导向，是指通过思想政治学科的教学，把教育内容向有用性的意义性的方向引导。教育内容被引导到有用性和有意义性的方向，其教育的价值意义才大，否则便没有价值意义。思想政治学科在教学中价值导向的内容有：第一，马克思列宁主义、毛泽东思想、邓小平理论、"三个代表"重要思想和科学发展观，这是价值导向的核心；第二，我国改革开放以来在各方面所形成的新思想和新观念；第三，我国的优秀文化传统和人类的一切先进文明成果。思想政治学科价值导向的功能是具体的，主要表现为：一是表达一定阶级、阶层、社会集团的利益、要求和愿望；二是通过教学说明一定的价值观念和价值目的，激发学生的行为动机和行为倾向。

思想政治学科在教学中进行价值导向，必须与中学生的价值取向有机地结合起来。因为思想政治学科在教学中的价值导向是一元的，而中学生价值取向在客观上存在着多元的状况，只有处理好这两者的关系，价值导向才能获得成功。

（三）行为导向

人的行为，是在环境的影响和刺激下，内在生理变化的外在表现。人的行为就自身来说有自主性和选择性，然而这种自主选择与外界的引导又密切相关，正确的引导易于使人采取正确的行为，错误的引导易于使人采取错误的行为。思想政治学科所要完成的任务就是要对中学生进行正确的引导，这就是它的行为导向功能。

思想政治学科的行为导向，是指通过它的教学对中学生的某些行为进行某种倾向性的引导，使其行为具有某种积极意义，即达到真、善、勇、美。思想政治学科的行为导向从内容上来说包括人格导向和行为方式导向两种。

人格导向是指通过树立榜样，以榜样的人格魅力来感召中学生。榜样的力量是无穷的。行为导向的核心是先进楷模，这些先进楷模可以是群体性楷模，也可以是个体性楷模。以此作为行为导向的目标，就可以使中学生选择正确的和积极的行为。一般来说，人格导向对中学生影响的时效性较长，尤其是当中学生通过学习榜样，将榜样的人格力量内化为自己的意识和行为动机时，这种人格力量就会长期影响他们的思想和行为，并使他们的人格走向完善。

行为方式导向是指引导中学生效仿一系列已整合好的行为,并使中学生按此行为去行动。某一个体行为,其正确性和积极性若得到了群体的效仿和社会的确认,那么这种良好的行为就被提升到行为方式的程度。思想政治学科的教学目的,就是要引导中学生按照这种行为方式去行动。

二、思想政治学科具有规范性功能

任何一个人生存在社会上,其思想和行为都不可能随心所欲,它必然会受到一定社会的思想意识的制约,并被该社会的思想意识所规范。由于思想政治学科的教学内容是我国社会主义社会思想意识的重要体现,因而它对学生的思想和行为便具有极为重要的规范性功能。

这一规范性功能是通过它的规范作用来实现的。思想政治学科规范性功能的内容表现为以下几个方面。

(一) 对政治方向的规范

所谓政治方向,是指政治理想、政治信念、政治立场、政治态度、政治品质等的综合表现。对政治方向的规范,就是要使中学生在政治方向上能达到一定的要求。也就是要使中学生基本做到或努力做到:政治理想远大,政治信念持久,政治立场坚定,政治态度鲜明,政治品质优良。

对政治方向的规范,在不同的历史时期又表现出不同的具体内容。在现阶段主要表现为:坚持四项基本原则,拥护党的方针政策,坚持走建设中国特色社会主义道路,坚持和高举邓小平理论的伟大旗帜,"三个代表"重要思想,全面贯彻科学发展观。

对政治方向的规范,又是分层次的。由于思想政治学科的教学内容和教学对象不同,因而对中学生的政治方向进行规范也应该有所不同,既要有共同的基本要求,又要有具体的、有差别的要求。这样才能使不同层次的学生都能在各自被设定的规范内保证自己政治方向的正确性。

(二) 对思想观念的规范

人们的行为总是靠思想观念来指导的,思想观念正确,人们的行为便可能正确。因而思想政治学科对中学生思想观念的规范,对于一个人的行为的正确性便具有重要的指导意义。

对中学生思想观念的规范,就是要求他们要更新传统的旧观念、旧意识,树立与现代社会相适应的新观念、新意识。在目前,对中学生思想观念规范的内容主要表现为要求他们具有:正确的政治思想意识,马克思主义的科学的世界观、人生观、价值观,建设中国特色社会主义的共同理想,崇高的道德风尚,坚定的共产主义信念等。

对中学生的思想观念进行规范,要坚持解放思想、实事求是,坚持一切从实际出发和"三个有利于"的标准,这是对思想观念进行规范所必须遵循的基本原则。

(三) 对道德行为的规范

人的行为是在一定外界环境刺激下所作出的反应。它表现在某种语言和动作上。人不能随意去行为，因为他的行为总会受到一定社会规范的制约。当人的行为被动地受这种规范所制约，并执行这一规范时，这叫做"他律"；当人主动认同这一规范，并按这一规范去行为时，这叫做"自律"。一个比较完美的人，其行为不是按他律去行动，而是按自律去行动，总之是按规范去行动。而思想政治学科对人的行为规范的确立则具有特别重要的意义。

实际上，无论从思想政治学科的教学目标上来说，还是从它的教学内容上来说，亦还是从它的教学过程来说，思想政治学科的教学对中学生规范的内容是多方面的，它除了对学生的政治方向和思想观念进行规范外，更为重要的是还要对他们的道德行为进行规范，学会做人，同时也能学会成才、学会生活。这是思想政治学科规范性的最重要的功能。

对人的行为进行规范，是教育的根本目的。思想政治学科对中学生的行为进行规范，其目的就是要求他们按一定的要求学会做人。做什么样的人呢？要做品德高尚、遵纪守法、爱党爱国、人格完善、身心健康和具有良好生活习惯的人。这样的人，其行为才具有道德意义。

思想政治学科的规范性功能，从其实际的意义上说有两个：一是预防，二是禁止。思想政治学科对中学生的思想和行为作出的正面规定，就是要预防他们在行动时无章可寻，这同时也是在提示他们，并禁止他们的行动向错误的方向发展。当然，并非所有的人都能按规范去做，不按规范去做和达不到规范要求的人也总是存在的。这也正说明了思想政治教育的艰巨性。

三、思想政治学科具有个性化功能

思想政治学科在素质教育中极为重视中学生的个性化教育。心理学、社会学、伦理学、公民等马克思主义常识和社会科学常识的教育，表明这一学科具有很强的知识性。但知识性只是这一学科的一般属性，而并非根本属性，只有思想政治学科的功能才反映它的根本属性即德育性。也就是说，知识性的教学并不是这一学科教学的根本目的，它只是一种手段，它要服务于德育这个根本目的和根本属性。虽然知识性也是思想政治学科的属性之一，但它却不能与德育性相等同。

个性，是指人的个性倾向和个性心理特征。人的个性倾向包括动机、需要、理想、信念、世界观、价值观等。而个性心理特征则主要包括人的能力、兴趣、气质、性格等。两者共同构成人的心理品质和思想品质，它们是决定人对现实的态度和积极性的基本动力。实现人的这一个性化，可以说既是思想政治学科教学的基本任务，也是它的基本功能。

思想政治学科的个性化功能，是指思想政治学科对中学生的个性发展所产生的实际影响和作用。在当今社会，人的个性化发展已成为时代要求，因而中国的素质教育应当对思想政治教育个性化功能的发挥予以高度关注。思想政治学科个性化功能的内涵是极其丰富的。

（一）对个性化发展具有定向作用

人的世界观、人生观、价值观、道德观以及理想、信念等，既是人的个性心理品质结构和思想品质结构的核心要素，同时也是思想政治教育的核心内容，思想政治学科正是通过对中学生进行这部分内容的教育，才进而对他们的整个个性化发展起影响作用。这一影响作用，正是思想政治教育对中学生个体生存所作出的贡献。之所以如此，一是由思想政治教育的性质所决定。一个人生存在世上，总要有一定的思想和价值追求。从最一般的意义上讲，思想政治教育逻辑现实的出发点和归宿点，都是从人的需要、动机、思想、行为、人生目标等出发而有效地作用于人，以达到转变人的思想、调节人的行为、改变人的"生存状态"的目的。二是由个性理论和方法本身的性质所决定。每个人在社会生活中都有意无意地再塑着自己的个性。个性理论是着眼于人们现实与历史的状况，运用一定的理论和方法，为人们提供再塑个性发展价值"参照系"和方法，启发人们追求个性的完善。

（二）对个性发展具有合理建构作用

心理学研究表明，人的个性化发展是由各方面特质建构而成的统一整体。如果这一整体的某一方面特质有问题，那么受教育者的个性化的和谐发展就会受到影响。因而发扬个性化发展中的某些积极因素，克服个性化发展中的某些消极因素，就显得特别重要。而思想政治学科的教学则可以使中学生充分认识到其在个性化发展中的积极因素和消极因素，进而使其不断进行自我调整，以促进个性化不断发展。

（三）对个性化发展具有个体享用作用

所谓个体享用作用，是指思想政治学科的教学使受教育者的个性得到了充分发展，这会使他们从中体验满足、快乐、幸福，从而获得一种精神上的享受。在现实生活中，许多人把做人的价值放在自然生命的价值之上，把奉献看作一种幸福的人生而不视为自我"牺牲"等，就是个体享用作用的现实体现。这也是受教育者实现个性化发展的精神需求。

第三节 思想政治课的任务

思想政治学科的教学任务，主要是指思想政治课在对学生进行思想政治教育中所担负的职责。这一职责在原国家教委颁布的一系列文件中曾有明确的规定。1981年9月在《改进和加强中学政治课的意见》中指出："中学政治课的任务，是以马列主义、毛泽东思想的基础知识武装学生，提高学生认识问题的能力和政治觉悟，培养学生的共产主义道德品质，教育学生坚持又红又专的方向，逐步树立无产阶级世界观和人生观，立志为人民服务，为实现祖国的社会主义现代化而献身。"另外，1985年8月《中共中央关于改革学校思想品德和政治理论课程教学的通知》也指出，在思想政治教学中，"必须面向现代化、面向时代、面向未来；同时必须紧密联系青少年不同时期的思想、知识、心理发展的特点，循序渐进，由浅入深，从具体到抽象，从现象到本质，引导他们逐步树立正确的人生观和世界观，运用正确的观点和方法去积极地思考并回答自己所面临的重大问题，认清和履行我国青年一代的崇高责任。"思想政治课《课程标准》中对上述内容也有明确的规定。这些文件的各种规定,实际上是要求思想政治课的教学要完成以下几个方面的任务。

一、完成基本知识和基本理论教育的任务

(一) 初中思想品德课程主要知识点

了解青少年的身心发展特征和促进身心健康发展的途径,认识个体发展与社会环境的关系;了解我与他人、我与社会、我与自然的道德规范;知道基本的法律知识,了解法律的基本作用和意义;了解我国的基本国情、基本路线、基本国策和世界概况。

(二) 高中思想政治课程主要知识点

知道中国共产党始终代表中国先进生产力的发展要求,代表中国先进文化的前进方向,代表中国最广大人民的根本利益;理解发展社会主义市场经济、社会主义民主政治、社会主义先进文化的意义;了解辩证唯物主义和历史唯物主义的基本原理和方法;理解当代中国的公民道德建设和法制建设的基本要求;获得正确选择人生发展道路的相关知识。

现代教学论主张把传授知识和能力培养结合起来,尤其强调学生能力的培养。但从本质上说,知识与能力是互为条件、相互促进的,教学既要重视知识传授,又要重视能力培养。教学具有较强的目的性、组织性和较高的效率,它是知识传授和能力培养的重要手段和基本途径,虽然并不就是唯一途径。当今社会是信息社会,知识更新周期越来越短,要在有限的生命之内亲身实践去获取无限的知识,更是不可能的了。因此,教学更成了学生获取知识和能力的一条重要途径。如何才能提高教学效率,使学生高效率地获取高质量的知识,关键在于教师怎样教。如,高中思想政治课具有理论性强和比较抽象的特点,如果教学方法不当,学生很容易把思想政治课当成空洞的说教。因此,思想政治教师要上好一堂课,在进行教学设计时,必然要涉及到如何看待高中思想政治的知识和对知识进行分类的问题。在此基础上,以培养学生的知识运用能力为出发点,精心进行高中思想政治的教学设计,创新课堂的教学模式,才能使思想政治课教学策略得到优化。

"知识"一词,在日常生活中的使用频率较高,但对其基本涵义目前仍有争议。完整的知识应当包括人类知识和个体知识,知识可分为广义与狭义两种理解。广义的知识是指人类认识客观世界及其自然实践经验的总结,它可以通过语言文字、各种媒体长期贮存,供后人学习和借鉴。狭义的知识是指个体通过与客观外界环境相互作用所获取的各种信息及其技能。还有,按照现代心理学的理解,知识可以分为陈述性知识(指个人具有的有关世界是什么的知识)和程序性知识(指个人具有的有关怎么办的知识)。课堂教学要优质高效地达到目的,完成预期任务,需要进行细致的安排和周密的设计。这就需要将教学诸要素有序、优化地安排,形成教学方案的过程。任何教学设计都必须以一定的知识分类理论为基础,由于知识类型的不同,教学的策略也应有所变化。如果置知识类型不顾,都采取同一种形式、同一模式进行教学,则其教学效果就不会好。

一般而言,陈述性知识适用于讲授式教学,程序性知识则较适合以活动教学的形式进行教学。讲授式教学和活动式教学在尊重学生、重视学生学习的主体性方面能各得其所,各显其能,利用多媒体学习,有助于提高学生的学习效率,缩短了学生预习和准备的时间。

通过定标、设问、讨论、自结等环节的实施,学生主动参与教学,更广泛地吸收信息的同时,学生对知识的识记和保持将会大大优于传统教学效果,充分体现了教育资源共享,满足了学生个性化学习的要求。

(三) 方法

第一,处理好教学中知识的广度和深度。中学思想政治课所涉及的马克思主义、毛泽东思想、中国特色社会主义理论的教学,应是一个适合中学生接受能力的中等程度的知识和理论的教学。一方面,与小学课相比,它具有一定的理论性、系统性和逻辑体系。另一方面,与大学政治理论课相比,中学思想政治课讲的是基本的内容,是"常识",不追求理论体系的完整和严密,不强调观点原理的深层次研究和掌握。所以教师在教学中既不能脱离中学生实际随意加宽、拓深教学内容,随意提高要求,也不能随便降低理论要求,把中学思想政治课降到小学课水平。

第二,紧密结合实际讲懂讲活理论。教学中,既不能脱离教材内容去随意发挥,又不能脱离活生生的实际生活,教条地机械地进行讲授。我国正处在深刻的社会变革之中,新旧体制的交替,新旧观念的冲突,传统文化与外来文化的碰撞,国际上风云变幻,都在中学生思想上引起震动和思考。这就要求思想政治教师要善于引导学生运用所学的知识、观点和方法去正确地认识、分析这些纷繁复杂的社会现象,探究热点问题,解决疑难问题,从而真正学懂学活知识、理论。通过这种生动的紧密联系实际的教学,使学生感到他们所学的是具有理论意义和现实指导意义的活生生的马克思主义,是能够帮助他们正确认识分析自身和外部世界,找出正确答案的马克思主义,从而促使学生热爱思想政治课,喜欢思想政治课教师,提高思想政治课的实际效果。

第三,结合批判形形色色的反马克思主义的错误观点教学。真理是同谬误相比较而存在,相斗争而成长。用马克思主义、毛泽东思想、中国特色社会主义理论武装学生,必须同时批判形形色色反马克思主义的、假马克思主义的错误观点和思潮。当前尤其要注意对青少年影响大的一些观点,例如资产阶级自由化思潮,资产阶级的人生观、价值观、人权观,腐朽没落的享乐观,封建主义的迷信观等,紧密结合教学内容进行批判和鉴别,使学生在学习中能分清真与假、善与恶、美与丑,为提高自己的识别能力奠定知识基础。

二、完成能力教育的任务

能力是一种个性心理品质,是人们在活动中表现出来的直接影响活动效率的心理特征。人的能力不是天生的,是在先天生理条件的基础上,通过后天环境和教育的影响及主观努力而形成、发展起来的。人的能力是多方面的,不同的人具有不同的能力结构。

学校的各门课程都讲究培养能力,但各门课程培养能力的要求是不尽一致的。思想政治学科所要培养的能力,有其特定的含义,不像其他课程培养专业技能,而是要培养学生运用马克思主义的立场、观点和方法,正确认识、分析和解决实际问题的能力。这一能力概括来说,一是指正确认识和改造客观世界的能力,二是指认识和改造主观世界的能力。

关于思想政治学科培养学生能力问题,有关文件和课程标准有明确的规定。

(一) 思想品德课主要培养的能力

- 培养爱护自然、鉴赏自然、保护环境的能力。
- 发展观察、感受、体验、参与社会公共生活的能力,初步培养交往与沟通的能力。
- 初步认识和理解社会生活的复杂性,具有基本的道德判断和辨别是非的能力,能够负责任地做出选择。
- 增强自我调适、自我控制的能力,学会理智地调控自己的情绪。
- 能够逐步掌握和不断提高搜集、处理、运用社会信息的方法和技能,学会独立思考、提出疑问和进行反思。
- 能够理解法律的规定及其意义,理解社会生活中的必要规则,能遵纪守法,增强寻求法律保护的能力。

(二) 思想政治课主要培养的能力

- 提高用马克思主义立场、观点和方法面对实际问题,做出正确的价值判断和行为选择的能力。
- 提高主动参与经济、政治、文化生活的能力。
- 提高在社会生活中正确处理竞争与合作关系的能力。
- 培养为未来生活而自主学习、选择、探索的能力。
- 增强依法办事、依法律己和依法维护自身权益的能力。
- 发展采用多种方法特别是现代信息技术,收集、筛选社会信息的能力。

(三) 方法

第一,结合不同教学内容培养学生不同能力。思想政治课对学生的能力要求是多方面的。从学生掌握基本知识看,包括记忆能力、思考能力、自学能力等;从培养学生思维方法看,包括综合能力、分析能力、归纳能力、演绎能力等;从学生对所学知识的运用看,包括对大是大非的辨别能力,对错误观点的批判能力,对复杂社会现象的分析能力,对所遇问题的解决能力等。不能指望每一堂课都能对这众多的能力进行全面培养并获得显著成效。如果我们不结合教学内容,不突出思想政治课的特点和重点,一味追求任何时候任何课型都全方位多要求,不但实现不了能力的培养,也失去了思想政治课应有的不同于其他课程的在培养学生能力中的特殊作用。所以必须紧密结合教学内容,遵循青少年认知规律,有计划、有层次、有重点地逐步培养学生的不同能力。

第二,引导学生通过各种实践活动来培养、锻炼和提高能力。掌握知识是能力形成和提高的基础,但知识不等于能力。教师的能力有助于帮助学生锻炼能力,但教师的能力不可能传授给学生。学生任何能力的形成和提高都离不开自身的锻炼,尤其是参加各类实践活动的锻炼。因此,如果我们把培养学生能力仅仅作为一种书面上、口头上的要求,天天讲、时时讲而不引导、组织学生去实际参加校内外各种各样的实践活动,就不可能达到培养和提高能力这一要求,正像无论学习掌握了多少游泳的理论和知识,却不下水去游,是永远学不会游泳的。教师要善于创造条件,引导学生参加多种多样的实践活动,如进行研究性学习,开展社会调查,写思想政治课小论文、参加公益活动、参加校内外论辩、办墙报等,使学生在各类实践活动中展现自己特点,发挥自己才干,增强能力。

第三,重点培养学生运用马克思主义去认识、分析实际问题的能力和辨别大是大非的能力。由于思想政治课教学内容和目的要求的特殊性,以及中学生实际生活的特殊性,所以应重点抓住运用马克思主义、毛泽东思想、中国特色社会主义理论,去认识、分析与中学生关系密切的重要的社会实际问题和学生自身的思想品德问题。中学生由于以学为主,接触了解社会的时间与空间有限,缺乏社会经验,过高地要求中学生去分析他们不熟悉的、太难太深的问题是不现实的,要他们去解决这一类问题更是不可能的,比如深化经济体制改革问题等。但是中学生对许多社会问题是比较关切和感兴趣的,也可以结合自己所学理论去分析和认识,如大公无私与人不为己、天诛地灭的关系,个人理想、价值的实现与国家民族需要的关系,理想与现实的矛盾,早恋问题,追星问题,中美关系问题,一些突出的不良现象或丑恶现象,如见死不救、吸毒贩毒、假冒伪劣等。对这些问题的认识、分析,恰恰是思想政治课教学理论联系实际的重要体现,是培养学生辨别大是大非问题的重要途径。

三、完成情感态度价值观教育的任务

思想政治学科属于德育课程,这一课程要通过教学提高学生的思想政治觉悟和道德水平,并引导学生逐步树立科学的世界观、人生观、价值观。这是对学生思想和行为方面的要求。

(一)思想品德课程主要培养的情感态度价值观

- 热爱生命,自尊自信,乐观向上,意志坚强。
- 亲近自然,爱护环境,勤俭节约,珍惜资源。
- 孝敬父母,尊重他人,乐于助人,诚实守信。
- 热爱劳动,注重实践,热爱科学,勇于创新。
- 尊重规则,尊重权利,尊重法律,追求公正。
- 热爱集体,具有责任感、竞争意识、团结合作和奉献精神。
- 热爱社会主义祖国,热爱和平,具有世界眼光。

(二)思想政治课程主要培养的情感态度价值观

- 热爱中国共产党,坚定走中国特色社会主义道路的信念。
- 热爱祖国,热爱人民,关心祖国命运,增强民族自尊心、自信心和自豪感,弘扬中华民族精神,树立为实现中华民族伟大复兴而奋斗的志向。
- 关注社会发展,积极参加社会实践,诚实守信,增强社会责任感和民主法制观念,培养公民意识。
- 热爱集体,奉献社会,关心他人,乐于助人,倡导团结友善的精神。
- 乐于学习,尊重科学,追求真理,具有科学态度和创新精神。
- 热爱生活,积极参加健康有益的文化活动,保持昂扬向上的精神状态,追求更高的思想道德目标。
- 热爱和平,尊重世界各民族的优秀文化,关注全人类的共同利益,培养世界眼光。

新课改要求在课堂上把"知识、能力、情感态度价值观"三维目标整合起来,而往往我们在教学中落实的只是知识的目标,有些老师在教学中也会设置达成情感态度价值观目标的环节,但是很多时候都是流于形式,学生口号式地把这些知识掌握了,教师就觉得学生已经能够在情感上接受了,其实,他们只是"在考试卷上接受"了,在他们的心里全然是不同的想法。因受多种因素的影响,情感、态度、价值观的设计和实施成为政治课教学的薄弱点,究其原因主要有以下几方面因素:

首先,教师对情感、态度、价值观目标的重要性认识不足。教师的认识和观念支配着教师的教学行为和教学过程,影响着学生的情感、态度和价值观。由于长期以来教师教学目标的设计和实施偏重于知识与能力的要求,轻视人生观、价值观教育,忽视过程与方法目标要求。特别在课时比较紧张、面临严峻的考试和升学压力下,使原本用于落实情感教学目标的时空被"知识与技能"的传授所挤占,诸如"热爱祖国,热爱人民,关心祖国命运,增强民族自尊心、自信心和自豪感,弘扬中华民族精神,树立为实现中华民族伟大复兴而奋斗的志向"的人生观教育目标自然形同虚设、成为可有可无的摆设。即使教师发表一些程式化、抽象的"官话"、"套话",也不能激起学生情感共鸣,无法达成思想政治课情感目标的多层目标。正如苏联教学家斯卡特金所说的,我们建立了很合理的、很有逻辑性的教学过程,但它给积极情感的食粮很少,因而引起了很多学生的苦恼、恐惧和别的消极感受,以致严重影响了政治课教学效果。由此可见,教师对情感、态度、价值观目标实施重要性的认识不足,是影响其落实的主要因素之一。

其次,情感、态度、价值观目标难以量化和进行客观有效的评估。由于情感、态度和价值观目标的测评是个动态的过程,而且考核不易具体量化,目前还没有一整套切实可行的评估系统和机制。尤其在"全民护考"的今天,以高考为中心的考试评价机制,高考考试目标仅能体现政治课教学要求和特点,检验学生创新精神和实践能力,考查学生初步运用马克思主义立场、观点和方法认识和解决实际问题的能力,而情感、态度、价值观教学目标在现实的考试试卷上是难以考查的,由此造成了课堂教学情感、态度、价值观教学目标的弱化、虚化现象。因此,社会风气、氛围,现行的评价机制的导向作用,是影响和制约情感、态度、价值观目标达成的重要因素。

最后,情感、态度、价值观目标的设计和达成缺乏可操作性。高中政治课情感、态度、价值观目标具体表现有"感受、体验、参与、交流、讨论;认同、接受、关注、珍惜、反应;养成、追求、树立、发展、增强"等多层目标要求,但还是过于笼统、抽象,缺乏达成上述目标的途径、手段和策略的设计和指导。再加上教师自身的专业学识水平、敬业精神等方面的个体差异,使课堂情感目标的具体设计和实施得不到很好落实。如,"第五课创造价值,追求理想"的情感、态度、价值观目标要求有:"懂得青年正处于世界观、人生观、价值观形成的关键时期,树立正确的人生观、价值观和培养高尚的道德情操对青年的健康成长至关重要;学习以马克思主义世界观为指导,分析价值观和人生观,努力以正确的价值观、人生观武装自己,预防和克服各种错误的甚至腐朽的价值观和人生观的不良影响。"但对如何实现这一教学目标的建议和指导,仅提出了"以价值观和人生观为主线开展探究性学习"的教学建议,更多的是知识点的释义解惑、加深补充理论内容。可见,教学"软"目标所存在的不可操作性,是造成情感、态度、价值观难以达成的又一重要因素。

(三) 方法

如何在思想政治课堂上真正达成情感态度价值观的目标呢？有这样几个方面可以尝试：

第一，转变教学理念。我们倡导素质教育很多年，然而在现实中，对于教学成果的评价体系大多仍然是以考试成绩作为根据和尺度。如果只是一味地关注学生的分数，那是很难落实情感态度价值观目标的。如在讲《揭开货币的神秘面纱》这一课，对于货币和纸币的含义本质老师一般会强调学生将其记住，并通过一些练习强调如何解题得高分，缺乏对其进行情感、态度、价值观的教育和帮助学生树立正确的金钱观。因此，在讲《揭开货币的神秘面纱》这一课时，可从学生身边的具体材料入手，如用纸币知识认识假币的违法性，提高辨别假币的能力，并确立与市场经济相适应的商品货币观念，正确认识金钱、使用金钱等。这与学生实际生活接近，能大大提高学生的学习兴趣和学习效果。所以，我们要转变以"一切为了分数"的教育理念，注重帮助学生树立正确的世界观、人生观和价值观，建立可行性强的有关学校、教师教学效果和学生学习效果的评估机制，使老师和学生从考试、分数的框框中解脱出来，从而提高思想政治教学中情感、态度、价值观教育的实效性。

第二，丰富教学手段。"我说你听"的教学模式让学生越来越觉得政治课枯燥无味，而政治课是理论性、逻辑性较强的一门课，如果能在教学手段上作些改进，将大大缓解学生的疲劳，达成情感态度价值观目标。在课堂上可以采用多种手段进行教学，转变以往机械灌输的教学方法，尽可能多地运用多媒体、课堂辩论、讨论、演讲、小品表演等方式，激发学生的学习兴趣，"让所有紧张地等待标准答案和分数的学生，去掉嗷嗷待哺的心态，把自己的头脑燃烧起来……"充分投入到课堂教学中。比如，在讲解"树立正确的就业与择业观念"的时候，可以播放近年大学毕业生招聘会的视频资料给学生看，让学生直接感受到就业的严峻性，这比空洞地讲现在找工作多难效果要好得多，学生在观看过程中不仅很容易了解我国目前的就业形势，而且很自然地形成竞争就业、多种方式就业等这样的观念。同时，同学们了解就业形势，也有助于在分科的时候选择适合自己的学科，因为他们选什么样的学科是直接关系到自己考什么样的科系，从事什么样的行业。又如，在讲解"正确对待金钱"综合探究的时候，采用辩论会的形式进行，确立辩题"金钱是万能的"与"金钱不是万能的"，课后组织学生选出辩手、分配任务、查找资料，课堂上进行正式辩论，经过这样的一次辩论，学生在查找资料的过程中已经为"树立正确的金钱观"找到了依据，并且能在辩论的过程中为自己的论点找到论据，老师已经不需要多讲如何树立正确的金钱观了，如此，情感态度价值观目标的达成已经水到渠成。

第三，举例触及生活。举例是在上课过程中分析知识点的必要手段，但是举什么样的例子往往影响达成的效果，例子不同效果也不一样。比如，在讲解"价值观、人生价值"的时候，老师们经常会举历史人物的例子，如邱少云、黄继光、董存瑞等，近一点的人物如人民公安的楷模任长霞的事迹等，无疑，这些人物的事迹很能说明问题，确实很好地实现了人生价值。但是在上课过程中教师发现，举这些例子并没有达到很好的效果，学生们对这些事迹、人物好像并没有崇敬之情，可谓效果一般。后来，教师重新找了两个例子，即2017年感动中国的两个人物。廖俊波，1968年8月出生，福建浦城人，曾任福建省南平市委常委、常务副市长、武夷新区党工委书记。2017年3月18日傍晚，廖俊波出差途中遭遇车祸,经抢救无效因公殉职,年仅49岁。廖俊波把"肝胆干事、干净做人"作为座右铭。只要"朋友关系"、不要"利益关系"。他到武夷新区任职后公开表态:"打着我的旗号搞工程的,我没有这样的亲戚!"生活中,他廉洁自守,注重家风家教,爱人工作27年,至今仍然在教学第一线。一家人都住在普通居民楼里,家中装修简朴、陈设简单。廖俊波出身普通家庭,毕业后当过中学老师、乡镇干部,在县乡两级做过主要领导,在政和县工作的几年,始终牵挂群众,惦记着群众的冷暖安危,他把群众当亲人,用心用情为群众办实事、解难事,用自己的"辛勤指数"换来群众的"幸福指数"。廖俊波经历的岗位,都是"背石头上山"的重活累活,需要比别人付出更多的艰辛和努力。但他始终把工作当事业干,乐在其中。离开政和时,全县财政总收入翻了两倍多,连续3年进入全省县域经济发展"十佳",实现了贫困县脱胎换骨的蜕变。2017年6月20日,中共中央宣传部向全社会公开发布廖俊波的先进事迹,追授他"时代楷模"荣誉称号。王珏(1970—2017),男,生前系温州市洞头区大门镇岙面村卫生室医生。他曾化名"兰小草",给急需帮助的孤儿寡母捐款,每年2万,坚持了15年。缺席了无数次公益奖项颁奖,坚持公益捐款十多年,2017年7月,王珏被检查出肝癌,去世之前,他的身份最终得以大白。王珏用汗水和仁义守护着海岛百姓的平安,用努力和敬业塑造着妙手仁心的医者形象。在这个物质时代,王珏用纯净的心灵赢得了当地村民的赞誉,用纯粹的情感书写着大爱无疆。慈善机构收到了捐款,想要寻找到这位好人,多次联络,王珏都没有现身。家人曾问王珏,为何以"兰小草"的名字行善?王珏当时说:平凡、善良的奶奶特爱画兰花,并且在村里很受尊重,取名时将"平凡小草"与"高洁兰花"结合。通过这样的举例,学生在讨论中进行道德反省,进行自我评价,审视自己在道德上的长处和弱点,衡量不同的观点并且逐渐确定立场,同时也很好地提升对生命意义的认识,激发社会责任感,达成的情感态度价值观的目标效果似乎更好。

第四,注重课后延伸。教学效果目标的完成不应仅限于课堂之上,还可以把它延伸到课堂之外。比如,在讲"培养理性投资理财"时,给学生安排一个家庭作业,根据所学的几种投资渠道:银行储蓄、债券、股票、保险的特点,让学生回家当一次"管家",掌握家庭"经济大权",为期一个月,让学生根据家庭的收入与开支情况拟一个家庭理财计划,并且要做跟踪记录,到期后,由学生自己来汇报理财的过程与结果,期间要解释如此理财的理由。通过模拟家庭投资理财计划,学生加深对家庭消费、投资的理解,特别是对影响家庭投资的因素认识更深刻,并能很好地掌握各种投资方式的特点,让学生形成理性投资的理念。情感态度价值观教育是高中政治课教学的中心和灵魂之所在。因此在教学实践中我们应不断探索行之有效的教育方法,以适应新时期的学生特点和德育要求,从而提高实效性,这也是高中政治课教学的出发点和归宿点。

核心素养四个要素在内容上互相交融、在逻辑上相互依存,构成一个有机的整体。

政治认同(有立场、有理想的中国公民)决定着学生成长的方向,是理性精神、法治意识、公共参与的共同标识和魂魄;科学精神(有理想、有理智的中国公民)是达成政治认同、形成法治意识、实现公共参与的主观(主体性)要求;法治意识(有自尊、守规则的中国公民)是公共参与的必要前提;公共参与(有担当、有情怀的中国公民)是法治意识的必然表现,也是政治认同和科学精神的必然结果(行为)。

【思考题】

1. 传统政治课程功能观把基点放在社会。这对思想政治课教学产生了怎样的影响？当前思想政治课确立"以人为本"的功能，依据是什么？

2. 思想政治课为什么要坚持"理论联系实际，谋求科学世界与生活世界的整合"的课程理念，如何体现和贯彻该理念？

3. 思想政治课的学习方式具有自身的特点。请联系教学实际，对比分析新旧教法的差异，并归纳造成这种差异的根本原因。

【阅读书目】

1. 胡田庚.中学思想政治课标准与教材分析.科学出版社有限责任公司,2017年版。
2. 唐裕武.略论思想政治课的性质及其教学改革.太原教育学院学报,2003年第2期。
3. 黄万强.思想政治课发挥德育功能状况调查.思想政治课教学,2014年第10期。
4. 周润.试论思想政治课行为引导的德育功能.中学政治教学参考,2013年第12期。
5. 江环珍.任务型教学在初中思想政治课中的尝试.课程教育研究,2012年第2期。

第二章 思想政治课的课程设置

> [学习要求] 了解思想政治课程设置的历史过程,总结思想政治课程设置存在的问题,熟悉思想政治课课程目标,掌握思想政治课的主要内容。

第一节 思想政治课程建设的探索历程

思想政治课在学校教育中历来具有重要的地位和作用。在不同的历史时期,随着形势和任务的变化,学校政治课的课程设置和教学内容也发生改变。学校思想政治课的课程设置和教学内容乃至名称经历了一个变化发展的过程。

一、中学思想政治课名称的演变

要对中学思想政治课发展史进行研究,首先必须对其课程名称的形成与演变进行研究,因为任何一门课程的设置,总要涉及对该课程名称的确认。然而,这一研究目前还是个空白。经过笔者对相关资料的梳理与甄别,我们发现其课程名称的形成与演变大约经历了如下五个时期。

(一) 学科课程名称时期

所谓分学科课程名称时期,是说这些课程在中学最初设置的时候,并没有统一的课程名称,既不叫"政治课",也不叫"思想品德课",更不叫"思想政治课",而是以具体单列的科目名称的课程形态存在的,如在清朝末期设置的"修身"科、民国时期设置的"公民"科、革命根据地时期设置的"社会科学"科、新中国时期设置的"政治常识"科等,都属于这种情况。这种分学科单列课程科目的情况,一直持续到1950年。

(二) "政治"课程名称时期

"政治"这一课程名称正式使用于1950年。1950年8月,教育部颁布《中学暂行教学计划(草案)》,在教学科目表中所列的第一个科目就是"政治",并规定"除各科均应贯彻政治思想教育外,初高中各学年仍设政治科目,以其加强现阶段中学政治思想教育"。但后来由于受苏联的影响,这类课程的设置逐渐减少,到1956年只保留了高三年级的"宪法"课。毛泽东主席得知思想政治课停开后,指示"要恢复中学方面的政治课,以加强对中学生进行政治思想教育"。

1957年8月,教育部通知全面恢复政治课,并规定课程总称为"政治课"。这样,"政治课"这一课程名称再一次以法规的形式被确认,而从事政治课教学的教师也被称之为"政治教师"。虽然课程名称总称为"政治课",但各年级仍具有单列的课程名称,如当时初一设置"青年修养"课、高一设置"社会科学常识"课等。

(三)"思想政治"课程名称时期

"思想政治"这一课程名称正式使用于1992年。1985—1992年,是新中国成立后思想政治课改革的重要阶段。在这一阶段里,为打破思想政治课为高考服务的弊端,确立思想政治课的德育功能,原国家教委在课程设置、教学内容、教学方法等方面提出了全面改革。改革进行到1992年,国家教委决定从这一年起各年级新教材不再单列课名,而统称为"思想政治",于是无论是初中还是高中,教材封面上的名称都是"思想政治"。与此同时,随着"政治课"改为"思想政治"课,"政治教师"这个名称也改称为"思想政治课教师"。

(四)"思想品德"与"思想政治"课程名称时期

2001年开始了第八次基础教育新课程改革。改革之前,小学的课程名称叫"思想品德"课,初中和高中的课程名称都叫"思想政治"课。这次新课程改革对小学、初中、高中的课程名称分别进行了重新确认。2002年,教育部颁布《全日制义务教育品德与生活课程标准(实验稿)》和《全日制义务教育品德与社会课程标准(实验稿)》,规定小学由"思想品德"课改为"品德与生活"和"品德与社会"课;2003年,教育部颁布《全日制义务教育思想品德课程标准(实验稿)》,规定初中由"思想政治"课改为"思想品德"课;2004年,教育部颁布《普通高中思想政治课程标准(实验)》,规定高中仍然叫"思想政治"课。这次课程名称的调整更加贴近学生、贴近生活、贴近实际。

专家观点:"中学德育课程"名称的使用

目前在社会上还存在着另外一种课程名称的叫法,那就是"中学德育课程"。这是一个比较尴尬的名称,因为它既不是国家教育行政部门正式命名的,也不是各中学实际使用的,而是自发形成于社会和学界的一种课程名称。目前,社会上或学术界有时将初中的思想品德课、高中的思想政治课以及初高中的思想品德与思想政治教育活动统称为中学德育课程。

新课程改革后初中和高中课程名称的变动,对高校从事这一学科研究的学者来说,陷入了一个比较为难的境地,因为学者们不知道原来的"思想政治学科教学论"这个学科该如何命名和研究了。如果仍然叫原来的名称或从事原来的研究,这显然不太适宜,因为这似乎抛弃了初中部分;如果另外再命名一个"思想品德课教学论"或从事这一学科研究,又似乎不太可能,因为目前无法再创建这一学科。鉴于此,学者们只好采取如下两种办法:一是将原来的"思想政治学科教学论"改为"思想政治(品德)新课程教学论"(邝丽湛)、"思想政治(品德)课程与教学论"(孟庆男)、"新编思想政治(品德)教学论"(谢树平)。

其实,这种改法在研究上没有多大的实际意义,因为这里并没有多少关于思想品德学科课程与教学论的研究。另一种做法就是将初中的"思想品德课"和高中的"思想政治课"进行合并,命名为"中学德育课程",并对这一学科的研究也进行了更名,如刘强的"当代中等学校德育学科教学论"、邝丽湛的"中学德育学科教学论"、胡田庚的"中学德育课程与教学论"。以上这两种办法是不得已而为之的,事实证明这并不是一个理想的办法,因此,需要学术界认真对待这一情况并加以研究。

二、中学思想政治课起源

中学思想政治课这门具有德育性质的课程,到底起源于什么历史时期?它的前身课程到底是什么?目前学者们的观点并不一致,概括起来说有以下四种说法。

(一) 第一次大革命时期起源说

这种观点认为,自从中国共产党成立后,党就在其所领导的各类干部学校开设了具有思想政治课性质的课程。老一辈学者基本上持这种观点。如北京师范大学的张志建教授指出:"随着中国共产党的成立,党所创办的学校就开设了思想政治课。"东北师范大学的刘强教授指出:"第一次国内革命战争时期,我党根据革命战争的实际需要,在干部学校里首先开设了战争理论课。"华中师范大学的邢安仁教授指出:"在第一次国共合作后,我党创办了培养干部的学校,开设了《中国农民问题》、《中国政治状况》、《中国联工运动》等政治课课程。"云南师范大学的张建文教授也持这种观点:"我国思想政治课作为一门正式的、完整形态的课程,实际上是萌芽和起源于中国共产党领导的整个新民主主义革命时期。"

(二) 第二次大革命时期起源说

这种观点认为,思想政治课起源于第二次大革命时期,因为这一时期我党创建了根据地,并在根据地创办了相关学校,所以才在这些学校开设了思想政治课。(有观点认为:第一次大革命时期,海陆丰革命根据地是我党所创立的第一个农村革命根据地。因为它同其他革命根据地相比,特别是同井冈山革命根据地相比,它在时间上和规模上都要早于和大于这些根据地,尽管海陆丰革命根据地政权仅存在了4个月。)如华南师范大学的邝丽湛教授指出:"早在革命战争时期,革命根据地的学校就开设了政治课。"安徽师范大学的张奇才教授也持这一主张,他认为:"民主革命时期,为了适应中国革命发展的需要,党在根据地和解放区开设的学校里就开设了介绍马克思主义基本知识和中国革命理论的政治课。"

(三) 抗日战争时期起源说

这种观点认为,只有在抗日战争时期党才创办了正规学校,因而才开设有正式的思想政治课。如华东师范大学吴铎教授就持这种观点。虽然他也承认在民主革命初期各种革命干部学校就开设有政治课,并积累了一定的革命理论教育经验,但他仍坚持认为,"正式在中学设置思想政治课,始于抗日战争时期"。北京师范大学原副校长韩展教授也持这种观点,他认为"抗日战争时期在中学开始正式设置政治课"。华中师范大学胡田庚教授也认为,"我党正式在中学设立政治课始于抗日战争时期"。

(四) 清朝末期起源说

西安文理学院申亚民教授持这一观点,认为中学思想政治课起源于清朝末期的1902年。1902年清朝政府颁布《钦定学堂章程》(壬寅学制),规定在中学堂设置"修身"科和

"读经"科。"修身"科,强调的是个人道德修养,注重的是进行人生理想和个人抱负教育,并将其作为一种道德原则和伦理规范。"读经"科,是要对学生进行为学、为政的"正其本源"的教育,也是要对学生进行精神规训和政治教化。可见,这是具有正式课程形态的思想政治和道德教育的课程,它的设立标志着思想政治课作为专门性德育课程在中国历史上的真正开始。申亚民教授也指出,这二科的设置"第一次规定在中等学校设置专门进行政治和道德教育的课程",它"标志着思想政治教育作为一门独立课程正式产生"。

三、中学思想政治课的设置

对本课程科目的设置研究,目前已成为中学思想政治课发展史研究的集中点,许多学者都对其进行了深入研究,并取得了较好的研究成果。然而,学者们对课程科目设置的认定却又存在着差异,这可能既与当时历史状况的复杂性有关,又与人们对资料的梳理与认识不同有关。笔者在研究这一问题时,主要是以当时的原始文件为依据,从而形成了以下认识。

(一)清朝末期思想政治课的设置

通过考察1902年的《钦定学堂章程》,我们发现清政府在中学堂首先设置了"修身"科和"读经"科,后又在1903年颁布并于1904年实施的《奏定学堂章程》中,将"读经"科改为"读经讲经"科,并另设置了"法制及理财"科。"修身"科,每周1学时,主要讲授"养正遗规、顺俗遗规、教女遗规、从政遗规、在官法戒录"五种遗规。"读经讲经"科,每周3学时,主要讲授《春秋·左传》和《周礼》之篇。"法制及理财"科,每周3学时,主要讲授"法制及理财所关之事宜,教以国民生活所必需之知识,据现在的法律制度讲明其大概,及国家财政、民间财用之要略"。

> 资料卡片:在读经科的教材方面,初等小学堂为《孝经》、「四书」、《礼记节本》,高等小学为「四书」、《诗经》、《易经》以及《仪礼》的《丧服经传》。

(二)民国时期思想政治课程的设置

1912年中华民国刚一成立,就颁布了《普通教育暂行办法》,宣布废除小学的"读经讲经"科,但并没有废除中学的"读经讲经"科,而在同时颁布的《普通教育暂行课程标准》中,也没有规定继续开设"读经讲经"科。同年12月又颁布《中学校令实行规则》,规定设置"修身"科和"法制经济"科。这实际上等于废除了"读经讲经"科和"法制及理财"科。该规则规定"修身"科在1—4年级学习,每周1学时,主要讲授"道德要领,渐及对国家社会家族之责务,兼授伦理学大要,尤宜注意本国道德之特色"。"法制经济"科在四年级学习,每周2课时,主要"授以现行法规及经济之大要"。

袁世凯篡权以后,下令倡导"礼教"、"尊崇伦常",恢复学校的祀孔典礼活动。1915年又颁布《特定教育纲要》,规定"中小学均加读经一科,按照经书及学校程度分别讲读"。袁世凯垮台以后,北洋政府于1916年废除了"读经"科,于1922年废除了"修身"和"法制经济"科。1923年颁布《新学制课程标准纲要》,在初中设置了"公民"科,在高中设置了"人生哲学"科和"社会问题"科。"公民"科,每周1学时,讲授社会生活、宪法原则、中华民国的组织、经济问题、社会问题、国际关系等;"人生哲学"科,每周3学时,讲授人之外视、人之内视、人生之价值及修养等;"社会问题"科,每周3学时,讲授家庭问题、人口问题、产业问题、社会病理问题、社会学等。

1929年,国民党政府为了加强"党化教育",取消"公民"科,设置"党义科"。1932年在民众的呼吁下,又将"党义"科改回"公民"科,规定初一、初二每周2学时,初三每周1学时,主要讲授公民生活与公民道德、公民与政治生活、地方自治、法律大意、公民与经济生活;高中各年级一律每周2学时,主要讲授社会问题、政治概要、经济概要、法律大意、伦理大意等。而后,国民党政府一直坚持开设"公民"科,但在1936年、1940年、1948年,曾先后三次对"公民"科的课程目标、教学时数、教学内容、教学方法等进行过调整。

(三)民主革命时期思想政治课程的设置

在第一次大革命时期,虽然我党没有创办正规的学校,也没有开设正规的思想政治课,但还是创办了一些干部学校、工人补习学校、农民运动讲习所等学校,并在这些学校开设了具有政治思想教育性质的课程,对革命群众进行了政治思想教育。如:在湖南自修大学开设了"伦理学"、"共产党宣言"课,在平民女校开设了"共产主义ABC"、"反杜林论"课,在农民运动讲习所开设了"中国农民问题"、"社会问题与资本主义"、"中国政治状况"课。

在第二次大革命时期,我党在革命根据地创办有普通中学、师范学校、干部学校等各种类型的学校,并在这些学校里开设了思想政治课。如:1929年广西左右江革命根据地创办的"广西劳动第一中学",开设了"革命理论"课;1930年在湘鄂西根据地创办的列宁学校,开设了"共产主义"课;1931年在鄂豫根据地创办的师范学校,开设了"列宁主义提纲"、"共产主义ABC"、"形势政策"课;1933年在川陕根据地创办的工农中学,讲授了"革命三字经"、"红色战士丛书"等内容。

在抗日战争时期,革命根据地创办了许多比较正规的学校,开设的课程也比较正规,因而为革命培养了大批人才。陕甘宁边区创办有米脂中学、边区中学、延安中学、陇东中学、三边公民学校等学校,开设了"公民"、"社会科学概论"课;晋察冀边区创办有边区民族革命中学、边区第一中学、边区第二中学、边区第三中学等学校,开设了"政治常识"、"中国问题"课;晋绥边区创办有晋绥中学、民族革命中学、晋西北师范学校等学校,开设了"公民"、"政治常识"、"社会科学"课。

在解放战争时期,各解放区所创办的学校也较好地开设了思想政治课。西北解放区各中学开设有"政治常识"、"公民"课;中原解放区各中学开设有"民主政治"、"青年问题"、"社会科学"、"民主建设"课;华北解放区各中学开设有"中国现状"、"世界现状"、"人生观"、"经济学"、"政治学"课。

(四)新中国成立后思想政治课的设置

1949—1956年的社会主义改造时期,思想政治课的设置极不稳定。初一、初二开设"青年修养"、"革命故事"课,初三开设"中国革命常识"课;高一、高二开设"政治经济学"、"社会发展史"课,高三开设"新民主主义论"、"共同纲领"课。1951年,初一、初二的思想政治课停开；从 1954 年起，初三开设"政治常识读本"课，1957 年停开；高一、高二开设"社会科学知识"课，1955 年停开；高三开设"经济建设常识读本"课，1956 年停开，只保留了"宪法"课。

1957—1966 年的全面建设社会主义时期，思想政治课围绕运动转的倾向比较明显。政治课得到恢复以后，教育部规定初一、初二开设"青年修养"课，初三开设"政治常识"课，高一、高二开设"社会科学常识"课，高三开设"社会主义建设常识"课。主要是对学生进行道德教育、政治教育、社会主义思想教育。1958 年将政治课改为"社会主义教育"课。1961 年教育部对各年级所开设的课程又进行了相应调整。1964 年教育部组织编写了全国统一试用的教材。

1966—1976 年的"文化大革命"时期，思想政治课遭到了全面破坏。各年级没有固定的课程设置和教材，教学内容多以毛主席语录、马列著作选编、报刊文件等为主。有些地方虽然也编写过《社会发展简史》等教材，但也难以正常进行教学。因而，这时期所谓的思想政治课实际上只是一种政治运动课。

1977—1984 年的"拨乱反正"时期，思想政治课开始恢复与重建。1978 年，教育部规定初一开设"社会发展简史"课，初二、初三开设"科学社会主义常识"课，高一开设"政治经济学常识"课，高二开设"辩证唯物主义常识"课。

1980 年教育部又做了调整，规定初一开设"青少年修养"课，初二开设"政治常识"课，初三开设"社会发展史"课，高中开设的课程不变。

1982 年，教育部颁布了各学科教学大纲。自此，中学思想政治课的开设与教学开始走上正轨。1985 年以来是思想政治课的重大改革时期。为了强化思想政治课的德育性质，1985 年 8 月中共中央发出了改革通知，次年国家教委又颁布了改革实验大纲，规定初一开设"公民"课，初二开设"社会发展简史"课，初三开设"中国社会主义建设常识"课，高一开设"共产主义人生观"（后改为"科学人生观"）课，高二开设"经济常识"课，高三开设"政治常识"课。到 1992 年，初中已经建构完成以公民素质教育为内容的课程体系，高中已经建构完成以经济常识、政治常识、哲学常识为内容的课程体系。

2001 年，教育部又提出了第八次基础教育新课程改革。这次改革将初中的思想政治课改为"思想品德"课，高中的思想政治课另增加了"文化生活"必修模块和六个选修模块。

2016 年 4 月 29 日，教育部办公厅发布《关于 2016 年中小学教学用书有关事项的通知》（下称《通知》）。2016 年起，义务教育阶段小学和初中起始年级的"品德与生活""思想品德"教材名称将统一更改为"道德与法治"。这是 1949 年以来，"法治"二字首次出现在义务教育阶段的政治课程名称之中。这一改变，将在一两年内向小学和初中的其他年级延伸。

四、中学思想政治课目标的转向

关于中学思想政治课目标的转向，学者们研究的集中点多指向新中国成立以后，而对之前的研究则较少。实际上，自从思想政治课在清朝末期设置起，其课程目标就随着社会的变迁而发生着转向。

（一）从清朝末期到民国初期：由圣贤人格目标向公民人格目标转向

关于清末时期"修身"、"读经讲经"科的课程目标，杭州师范大学岳刚德博士做了较深入研究。他认为，清末时期的这两门课程十分重视个人私德的修养，并试图通过"格物、致知、诚意、正心"的实践，来实现"齐家、治国、平天下"的人生理想，直到最终养成"圣贤人格"。然而，这一"圣贤人格"目标，随着"公民"科的开设，开始向现代"公民人格"的方向转向。南京师范大学叶飞教授对此研究得比较透彻。他指出："随着'修身'与'读经'这两门课程的废除，传统的儒家人格教育和人格理念开始'退场'，而公民人格理念和人格教育则逐渐获得了学校教育的青睐。"西安文理学院孟庆南研究了1923年的《初级中学公民学课程纲要》，认为它所规定的课程目标是"养成公民的道德"。

（二）从国民党政府到新中国：由三民主义教育目标向政治思想教育目标转向

虽然国民党政府也一直开设"公民"科，但公民教育却逐渐走向弱化，其原因就在于"三民主义教育"和"党化教育"（学校教育向学生灌输忠党爱国、效忠领袖等观念，培养未来的忠党精英和服从政府的顺从国民）的长期渗透与干扰。如：1936年的《初级中学课程标准》规定，"使学生明了三民主义之要旨"，《高级中学课程标准》规定，"使学生认识中国国民党之主义政纲政策"。1941年的《六年制中学公民课程标准草案》规定，"使学生对三民主义有真切之了解"。中国社科院的毕苑博士在研究了1934年版的《复兴公民教科书》后，也得出了相同的结论，她指出这本教科书就是要"使儿童彻底了解三民主义的精神，以期养成三民主义共和国的良好公民"。

然而，国民党政府的这一课程目标随新中国的建立而被废除，随之建立起的是政治思想教育这一课程目标。但在不同的历史时期，这一目标的具体呈现也不尽相同。

1949年思想政治课刚一设置，就把"培养国家建设人才，肃清封建的、买办的、法西斯主义的思想，发展为人民服务的思想"作为最初的课程目标。

1952年这一目标又进一步明确为："发展学生为祖国效忠、为人民服务的思想，养成其爱祖国、爱人民、爱劳动、爱科学、爱护公共财物的国民公德和刚毅勇敢、自觉遵守纪律的优良品质。"

1957年对这一目标又作了重新表述："培养学生正确的世界观和人生观，培养学生的共产主义道德品质和为人民、为社会主义服务的思想。"而后，国家又先后提出了社会主义思想教育、"三面红旗"教育、反对修正主义教育等。由此可以看出，包括"文化大革命"在内，这一时期的思想政治课成了一种名副其实的"运动课"。而所有这些课程又都是以政治思想教育为根本目标的。

（三）从改革开放到新课程改革：由知识性目标向发展性目标转向

改革开放以后，随着思想政治课的开设走上正轨，其课程目标也发生了根本性转向，许多学者对此进行了深入研究。江苏大学张忠华教授在研究中，把学校德育目标的转向划分为四个时期：共产主义德育目标时期（1978—1984年），德育目标的"天上"、"地面"争论时期（1985—1988年），德育目标的规范化建设时期（1988—2001年），德育目标的科学化、人本化、生活化研究时期（2002年至今）。海南大学胡斌武博士在研究中，把学校德育目标的转向划分为三个时期：1988年以前为德育课程目标时期，20世纪90年代为德育分段目标时期,新世纪为德育目标系列化时期。

通过对改革开放以来国家有关文件和思想政治课教学过程的研究,我们发现思想政治课目标的转向经历了以下过程:

1978—1984年注重的是智育目标,主要对学生进行知识性教学,因而使这一时期的思想政治课成了一种智育课,即初中的思想政治课为中考服务,高中的思想政治课为高考服务。

1985—2000年注重的是德育目标,主要对学生进行政治、思想、道德和心理品质教育,也就是教育学生成为热爱社会主义祖国的具有社会公德、文明习惯的遵纪守法的公民。

2001年新课程改革以来注重的是发展性目标,主要是促进学生的全面发展,即促进初中生的"情感、态度、价值观和能力、知识"的全面发展和高中生的"知识、能力和情感、态度与价值观"的全面发展。

以"新课程"为标志的课程改革,至今已历十余年时光。我们可以深刻地感受到,基于三维目标的课程建构,让教学产生了和以往不同的新变化。各地对于改进教学的有益探索,也都取得了前所未有的成效。但我们不得不承认,这些有关课程和教学的重大改革,并没有在学生那里实现效果最大化。"减负"政策年年有,学生的书包却越来越重。在不少地方,三维目标的综合评价标准,被简单地归结为以应试能力为本的机械学习,进而导致换汤不换药的应试模式大行其道。这种理念在学科层面的表现,就是每个学科都试图以"学习时间"为标准衡量自己的价值。其结果就是每个学科都在对学生说:"我给你们布置的作业并不多啊!"而所有学科作业叠加的结果,就是学生只能拼体力、拼健康,挑灯夜战已成家常便饭。

2014年3月《教育部关于全面深化课程改革落实立德树人根本任务的意见》教基[4]号文件提出,教育部将组织研究提出各学段学生发展核心素养体系,明确学生应具备的适应终身发展和社会发展需要的必备品格和关键能力,突出强调个人修养、社会关爱、家国情怀,更加注重自主发展、合作参与、创新实践。核心素养(必备品格与关键能力)的提出与付诸实践,就是针对这一"病痛"开出的良方。核心素养将学生视为完整的生命个体,关注个体成长所需的必备素质和核心能力,试图通过各学科协同的"共同作用",让学生成长。在这个意义上说,与以往的课程体系相比,以核心素养为基础的课程建构最大的贡献就在于将学生的培养方式,从分解式变成了整合式。所谓分解式,就是将学生成长需要的东西分解为每个学科,每个学科要分别完成各自的三维目标。在这种模式下的各学科,更强调学科的独立性,而忽视了作为教育对象的学生个体是一个完整的人。这种分解的最终结果落到学生身上,出现前述状况也就不足为奇了。而当前的核心素养建构,先确定学生发展核心素养的顶层设计,在此基础上提出各学科的学科核心素养,再将这些学科核心素养要求具体化为学科的学习内容和学习过程。核心素养的着眼点,不再是各学科的任务分解,而是整体的"学生应具备的适应终身发展和社会发展需要的必备品格和关键能力"。

参考资料

第二节 思想政治课程目标及课程模块

一、课程目标的陈述技术

课程目标:按照国家的教育方针以及素质教育的要求,从知识与技能、过程与方法、情感态度与价值观三方面阐述本门课程的总体目标与学段目标(如果有学段的话);学段的划分大致规定在1—2年级、3—4年级、5—6年级、7—9年级,有些课程只限在一个学段,有些课程兼两个或两个以上学段。

内容标准:根据上述的课程目标,结合具体的课程内容,用尽可能清晰的行为动词所阐述的目标。尽管每一门课程标准的具体格式目前很难统一,但是不管哪门课程的具体目标的陈述方式应该是一致的,这种陈述方式主要与陈述技术有关,而与具体的课程内容没有多大关系。一般说来,课程目标的陈述应该注意下列这些方面的技术因素。

(一) 课程目标的层次

课程目标应该分几层,这要视情况而定。按照谁定、谁用这种目标来划分,我们可以把课程目标分成这样几层。

第一层:由国家制定教育方针。根据国家的教育方针(由专家参与)制定九年义务教育课程的目标。

第二层:由专家根据阶段教育课程的目标制定学科课程标准,根据课程标准制定学段课程目标,再根据学段目标制定学习领域的课程目标。

第三层:教师根据学科课程标准、学段的学习领域课程目标制定一节课的教学目标,并在教学设计中予以落实。

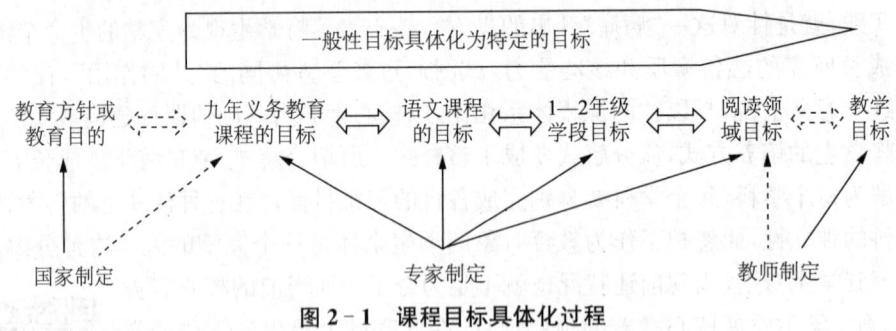

图 2-1 课程目标具体化过程

(二) 课程目标的形式取向

依据美国课程论专家舒伯特(W.H.Schubert)的主张,课程与教学目标的形式取向可以分为四种:普遍性目标、行为目标、生成性目标、表现性目标。

1. 普遍性目标

普遍性目标——对课程进行规范与指导的总括性、原则性目标。

普遍性目标(global purposes)是基于经验、哲学观或伦理观、意识形态或社会政治需要而引出的一般教育宗旨或原则,这些宗旨或原则直接运用课程与教学领域,成为课程与教学领域一般性、规范性的指导方针。简言之,普遍性目标就是以抽象的、普遍的形式来陈述的课程与教学目标。普遍性目标有两个基本特点:一是普遍性,适用于各种各样的教学情境;二是模糊性,在表述上是模糊、不明确、不具体的。普遍性目标取向适合于作为高层次的课程与教学目标,特别是作为终极性目标来使用。

普遍性目标是一种历史悠久的课程与教学目标取向。在中国古代,这种普遍性目标体现在《大学》提出的教育宗旨里:"大学之道,在明明德,在亲民,在止于至善。……古之欲明明德于天下者,先治其国;欲治其国者,先齐其家;欲齐其家者,先修其身;欲修其身者,先正其心;欲正其心者,先诚其意;欲诚其意者,先致其知;致知在格物。"这是中国古代几千年来的教育目标。在古希腊雅典,提出了身心和谐发展、具有革新精神、热爱自由、热爱城邦、勇敢与冒险精神、具有智慧的教育目标。这些教育目标同样具有普遍性。从上述列举的教育目标中,我们可以看出普遍性目标适用范围广,灵活性强。但同时也存在着两个主要缺陷:一是随意性强;二是不易检测。

2. 行为性目标

行为性目标——指明完成课程后学生身心应发生的行为变化,具体,可操作。

行为性目标(behavioral objectives)是以具体的、可操作的行为的形式陈述的课程与教学目标,它指明课程与教学过程结束后学生身上所发生的行为变化。行为性目标是预期的,是在课程与教学实施前所设定的;行为性目标最终表现为外显的行为,而这种行为的主体是学习者;行为性目标是具体的、可操作的。与普遍性目标相比,行为性目标显示出了精确、具体和可操作的特点。这样就能有力地提高教学的有效性。

采用结果性目标的方式,即明确告诉人们学生的学习结果是什么,所采用的行为动词要求明确、可测量、可评价。这种方式指向可以结果化的课程目标,主要应用于"知识与技能"领域,如"能在地图上识别不同的地形"、"举例说明支持某一观点的证据或事实"、"说出自己喜欢或不喜欢的音乐作品"等。

行为性目标的产生是有其深刻的历史背景的。20 世纪是一个科学至上的世纪,从哲学上说,工具理性成为 20 世纪的主流话语。作为这种时代精神在教育领域的反映是发生在 20 世纪上半叶西方的教学科学化运动,此时,行为主义心理学占主导地位,行为主义心理学强调学习的过程是一个"刺激-反应"的过程,强调外显行为的变化。以上这些构成了行为性目标产生的背景。因此,从课程与教学的角度说,20 世纪是行为性目标世纪,而真正为行为性目标奠定理论基础的是泰勒。

泰勒在1949 年发表的《课程与教学的基本原理》阐述了行为性目标理念。泰勒认为,每一个课程与教学目标都应该包括行为和内容两个方面。而在实际教学中行为往往被忽略,主张用行为方式表述课程目标。例如,"能用普通话朗读、不读错字,能比较流畅朗读,能在朗读时读出感情"等都是具体的行为性目标。20 世纪 50 年代,布鲁姆等人继承和发展了泰勒的行为目标思想,创立了教育目标分类学,把行为性目标推向了一个新高度。

行为目标也有其缺陷,主要表现在三个方面:一是行为目标是预设的,容易忽视教学过程中的生成变化;二是更多地关注行为结果的变化,容易忽视学生心理倾向与能力的变化;三是过分强调可测性,容易淡化对学生的情感、态度、价值观的培养。

3. 生成性目标

生成性目标——在教育过程中随教育活动的展开而自然形成的课程目标,注重过程,强调目标的生成应该视课堂教学情况而定。

教学的过程既是预设的,同时又是生成的。生成性目标(evolving purposes)是在教育情境中随着教育过程的展开而自然生成的课程与教学目标。又叫"形成性目标"、"生长性目标"、"展开性目标"。生成性目标最大的特点在于它的生成性,它是在问题解决过程中形成的,是人的经验生长的内在要求,是教学过程中学生、教师与环境的相互影响与作用的产物。如果说行为目标关注的是结果,而生成性目标关注的则是过程。

4. 表现性目标

表现性目标——学生在教育情境中产生的个性化表现,强调学生的个性发展。

表现性目标(expressive objectives)是指每一个学生在与具体教育情境的种种"际遇"中所产生的个性化表现。简言之,就是学生在从事某种活动后所产生的个性化的表现。它关注的是学生在活动中表现出来某种程度上的创新性反应,而不是事先规定的结果,所追求的不是答案的唯一性,而是表现的多元性。它关注的是学生在教育教学过程中的自主性、差异性和创造性。

主要采用体验性或表现性目标的方式,即描述学生自己的心理感受、体验或明确安排学生表现的机会,所采用的行为动词往往是体验性的、过程性的,这种方式指向无须结果化的或难以结果化的课程目标,主要应用于"过程与方法"、"情感态度与价值观"领域,如"用不同的物体和方法制造声音,描述自己对这些声音的感受"、"阅读自己喜欢的作品,收藏自己喜欢的书籍资料"等。

表现性目标的倡导者是美国课程专家艾斯纳(E.W.Eisner)。艾斯纳提出要区分两种不同的课程与教学目标,一种是"教学性目标",一种是"表现性目标"。"教学性目标"是预设的,规定的是学生在某一学习活动结束后的行为结果。它的目的在于使学生掌握现成的文化,这种教学目标对于大多数学生来说是共同的。"教学性目标"实际上就是行为目标。"表现性目标"主要是描述学生在教学过程中作业的情境、将要处理的问题、将要从事的活动任务等。表现性目标旨在培养学生的创造性,强调个性化。正如艾斯纳所说:"一个表现性目标既向教师,也向学生发出了一份请帖,邀请他们探索、追随或集中争论他们特别感兴趣或对他们特别重要的问题。一种表现性目标是唤起性的,而非规定性的。"表现性目标不同于行为目标,表现性目标并不指出学生从事某些学习活动后所获得的行为改变,表现性目标所描写的是学生教育的经历,它并不关注学生在活动之后能做什么,做得如何,而是看学生在学习活动中的表现。

例如,全国优秀特级教师窦桂梅在执教《黄河象》一课时是这样结束教学的:在学生说出了调整文章结构的几种方法之后,窦老师提示:"从内容上考虑,有没有创新的想法?"开始,学生一时之间似乎没明白老师的要求,她就进一步启发:"假如我也是作家的话,我就想带着批判的眼光来看,有的想象可以超越原作者。例如,难道这个黄河象仅仅是为来喝水才掉进河里去的吗?"在老师的引导下,学生渐入佳境:"也可能是两群大象争夺领地,一方追逐另一方,不小心陷进去了。"教师乘机"扩大战果":"在北京的古生物博物馆里,黄河象的尾椎是假的。这就给我们一个假想推理的空间,它的尾椎哪里去了呢? 小组合作,大胆创编!"学生的思维火花就这样被点燃了:"两头公象争夺地盘时被对方咬掉的","母象救公象时用鼻子牢牢地卷住公象的尾巴,一使劲拉断了。"就这样,在老师的循循诱导下,学生思路通畅开阔,想象丰富合理,语言表达清晰流畅。其实,这个教学设计并非让学生寻找一个黄河象化石形成的标准答案,而只是给学生提供一个想象的空间,让学生能够产生许许多多富有创意、个性鲜明的想法。这就是表现性目标。

在信息化时代,个性化、多样性已经成为一种时代追求。表现性目标恰恰较好地体现了这种时代的追求,成为各国课程改革的一个重要目标。我国的新课程改革就特别强调改变过于注重接受学习、死记硬背、机械训练的状况,提倡自主学习、探究学习、合作学习,强调培养学生的创新精神和实践能力。作为新课程亮点的综合实践活动课更是为学生的自主性、创造性的培养提供了最好的平台。而所有这些都离不开表现性目标。随着课程与教学的生命价值的日益显现,表现性目标会越来越引起人们的重视。

(三)思想政治课教学目标陈述的基本要素

一般认为,基本要素有四个:行为主体(audience)、行为动词(behavior)、行为条件(condition)和表现程度(degree)。如"在与同学的交往中(条件),学生(主体)能复述(行为动词)他人的主要观点(表现程度)"。然而,并不是所有的目标呈现方式都要包括这四个要素,有时,为了陈述简便,省略了行为主体或(和)行为条件,前提是以不会引起误解或多种解释为标准。

要注意几点:

(1)行为主体应是学生,而不是教师。由于课程标准的检验是评价学生的学习结果有没有达到,而不是评价教师有没有完成某一项工作,因此,课程标准的陈述必须从学生的角度出发,陈述行为结果的典型特征,行为的主体必须是学生,而不能以教师为目标的行为主体。这与原先"教学大纲"的陈述方式是不同的,以往我们习惯采用"使学生……"、"提高学生……"、"培养学生……"等方式都是不符合陈述要求的。尽管有时行为主体"学生"两字没有出现,但也必须是隐含着的。

(2)必要时可附上产生目标指向的结果行为的条件。行为条件是指影响学生产生学习结果的特定的限制或范围。对条件的表述有四种类型:一是关于使用手册与辅助手段,如"可以带计算器"或"允许查词典";二是提供信息或提示,如"在中国行政区划图中,能……";三是时间的限制,如"在10分钟内,能……";四是完成行为的情景,如"在课堂讨论时,能叙述……要点"。

(3)要有具体的表现程度。课程内容标准所指向的表现程度通常是指学生通过一段时间的学习后所产生的行为变化的最低表现水准或学习水平,用以评价学习表现或学习结果所达到的程度。因此除了行为动词上体现程度的差异外,还可以用其他的方式表明所有学生的共同程度,如假设一道题目有五种解题方案,但作为面对全体学生的标准,不能要求所有的学生都能回答五种解题方案,那么就可以这样来陈述,"至少写出三种解题方案"、"80%学生都能答出五种解题方案"等。

二、思想政治课程标准中的学习水平与行为动词

根据这些技术要求,本次制定的国家课程标准在充分考虑已有经验与可接受性的前提下,经过多次讨论,确定了国家课程标准中的学习水平与行为动词的基本要求。课程标准大体上按结果性目标与体验性或表现目标来陈述,并确定相应的学习水平,规范适当的行为动词,旨在保证国家课程标准既具有一定的严肃性,又具有一定的清晰度。

(一) 结果性目标的学习水平与行为动词

1. 知识

一是了解水平。包括再认或回忆知识;识别、辨认事实或证据;举出例子;描述对象的基本特征等。行为动词如说出、背诵、辨认、回忆、选出、举例、列举、复述、描述、识别、再认等。

二是理解水平。包括把握内在逻辑联系;与已有知识建立联系;进行解释、推断、区分、扩展;提供证据;收集、整理信息等。行为动词如解释、说明、阐明、比较、分类、归纳、概述、概括、判断、区别、提供、把……转换、猜测、预测、估计、推断、检索、收集、整理等。

三是应用水平。包括在新的情境中使用抽象的概念、原则;进行总结、推广;建立不同情境下的合理联系等。行为动词如应用、使用、质疑、辩护、设计、解决、撰写、拟定、检验、计划、总结、推广、证明、评价等。

2. 技能

一是模仿水平。包括在原型示范和具体指导下完成操作,对所提供的对象进行模拟、修改等。行为动词如模拟、重复、再现、模仿、例证、临摹、扩展、缩写等。

二是独立操作水平。包括独立完成操作;进行调整与改进;尝试与已有技能建立联系等。行为动词如完成、表现、制定、解决、拟定、安装、绘制、测量、尝试、试验等。

三是迁移水平。包括在新的情境下运用已有技能;理解同一技能在不同情境中的适用性等。行为动词如联系、转换、灵活运用、举一反三、触类旁通等。

(二) 体验性目标的学习水平与行为动词

一是经历(感受)水平。包括独立从事或合作参与相关活动,建立感性认识等。行为动词如经历、感受、参加、参与、尝试、寻找、讨论、交流、合作、分享、参观、访问、考察、接触、体验等。

二是反应(认同)水平。包括在经历基础上表达感受、态度和价值判断,作出相应的反应等。行为动词如遵守、拒绝、认可、认同、承认、接受、同意、反对、愿意、欣赏、称赞、喜欢、讨厌、感兴趣、关心、关注、重视、采用、采纳、支持、尊重、爱护、珍惜、蔑视、怀疑、摒弃、抵制、克服、拥护、帮助等。

三是领悟(内化)水平。包括具有相对稳定的态度;表现出持续的行为;具有个性化的价值观念等。行为动词如形成、养成、具有、热爱、树立、建立、坚持、保持、确立、追求等。

三、思想政治课课程目标的具体定位

(一) 思想品德课程目标

1. 总目标

本课程以社会主义核心价值体系为指导,旨在促进初中生正确思想观念和良好道德品质的形成与发展,为使学生成为有理想、有道德、有文化、有纪律的合格公民奠定基础。

2. 分类目标

(1) 情感、态度、价值观

热爱生命,自尊自信,乐观向上,意志坚强。

亲近自然,爱护环境,勤俭节约,珍惜资源。

孝敬父母,尊重他人,乐于助人,诚实守信。

热爱劳动,注重实践,热爱科学,勇于创新。

尊重规则,尊重权利,尊重法律,追求公正。

热爱集体,具有责任感、竞争意识、团结合作和奉献精神。

热爱社会主义祖国,热爱和平,具有世界眼光。

(2) 能力

培养爱护自然、鉴赏自然、保护环境的能力。

发展观察、感受、体验、参与社会公共生活的能力,初步培养交往与沟通的能力。

初步认识和理解社会生活的复杂性,具有基本的道德判断和辨别是非的能力,能够负责任地做出选择。

增强自我调适、自我控制的能力,学会理智地调控自己的情绪。

能够逐步掌握和不断提高搜集、处理、运用社会信息的方法和技能,学会独立思考、提出疑问和进行反思。

能够理解法律的规定及其意义,理解社会生活中的必要规则,能遵纪守法,增强寻求法律保护的能力。

(3) 知识

了解青少年的身心发展特征和促进身心健康发展的途径,认识个体发展与社会环境的关系。

了解我与他人、我与社会、我与自然的道德规范。

知道基本的法律知识,了解法律的基本作用和意义。

了解我国的基本国情、基本路线、基本国策和世界概况。

(二) 思想政治课课程目标

1. 总目标

知道中国共产党是中国特色社会主义事业的领导核心,马克思列宁主义、毛泽东思想、邓小平理论和"三个代表"重要思想是中国共产党的指导思想,"三个代表"重要思想是马克思主义在中国发展的最新成果；了解中国特色社会主义现代化建设常识；学习运用马克思主义基本观点和方法观察问题、分析问题、解决问题；具备在现代社会生活中应有的自主、自立、自强的能力和态度；具有爱国主义、集体主义和社会主义思想情感；初步形成正确的世界观、人生观和价值观。

2. 分类目标

（1）知识

知道中国共产党始终代表中国先进生产力的发展要求，代表中国先进文化的前进方向，代表中国最广大人民的根本利益。

理解发展社会主义市场经济、社会主义民主政治、社会主义先进文化的意义。

了解辩证唯物主义和历史唯物主义的基本原理和方法。

理解当代中国的公民道德建设和法制建设的基本要求。

获得正确选择人生发展道路的相关知识。

（2）能力

提高用马克思主义立场、观点和方法面对实际问题，做出正确的价值判断和行为选择的能力。

提高主动参与经济、政治、文化生活的能力。

提高在社会生活中正确处理竞争与合作关系的能力。

培养为未来生活而自主学习、选择、探索的能力。

增强依法办事、依法律己和依法维护自身权益的能力。

发展采用多种方法特别是现代信息技术，收集、筛选社会信息的能力。

（3）情感、态度与价值观

热爱中国共产党，坚定走中国特色社会主义道路的信念。

热爱祖国，热爱人民，关心祖国命运，增强民族自尊心、自信心和自豪感，弘扬中华民族精神，树立为实现中华民族伟大复兴而奋斗的志向。

关注社会发展，积极参加社会实践，诚实守信，增强社会责任感和民主法制观念，培养公民意识。

热爱集体，奉献社会，关心他人，乐于助人，倡导团结友善的精神。

乐于学习，尊重科学，追求真理，具有科学态度和创新精神。

热爱生活，积极参加健康有益的文化活动，保持昂扬向上的精神状态，追求更高的思想道德目标。

热爱和平，尊重世界各民族的优秀文化，关注全人类的共同利益，培养世界眼光。

四、思想政治课程的模块设计

（一）思想品德课课程

课程的设计思路是：以初中生逐步扩展的生活为基础，以初中生成长过程中需要处理的关系为经，以道德、心理健康、法律、国情等内容为纬，基础明确、经纬交织、科学设计。

根据《思想品德课程标准》的精神和实质,对课程标准要求综合的"三个层面"的关系(成长中的我、我与他人的关系、我与集体、国家和社会的关系)和"四个领域"的学习内容(道德、心理、法律和国情教育),不是按年级机械地排列和划分,而是依据学生的认知水平和逐步扩大的生活场域,参照对城乡学生的抽样调查分析,从中提炼和整合为相应的学习主题,以相对独立的主题串联各年级的学习内容。把"三个层面"与"四个领域"贯穿、体现在每个年级、每个单元(主题)、每一课的教学之中,由此构建框架结构和内容体系,形成具有全新理念的教材。使新教材真正成为一种生活的、鲜活的、综合的对话文本。

表 2-1 本套教材的单元框架和各册课文安排

年级	第一单元	第二单元	第三单元	第四单元	第五单元	第六单元
七年级	自尊自信	善于交往	学会学习	热爱生活	遵纪守法	爱我中华
八年级	自立自强	亲近师长	学会负责	分清是非	与法同行	复兴中华
九年级	亲近社会	合作诚信	崇尚法律	情系祖国	走向明天	

(二)思想政治课课程设计

1. 必修课程

根据课程性质和课程理念,从总体上把握必修课的框架设计思路有三个基本点。⊙从课程性质上看,进行马克思主义基本观点的教育是课程的本质特征。⊙从课程理念上看,"三个代表"重要思想是统领课程内容目标的灵魂。⊙从课程理念上看,以生活逻辑为主线是整合课程内容的方法论基础。据此,必修课程共设四个课程模块。即:思想政治1(经济生活);思想政治2(政治生活);思想政治3(文化生活);思想政治4(生活与哲学)。

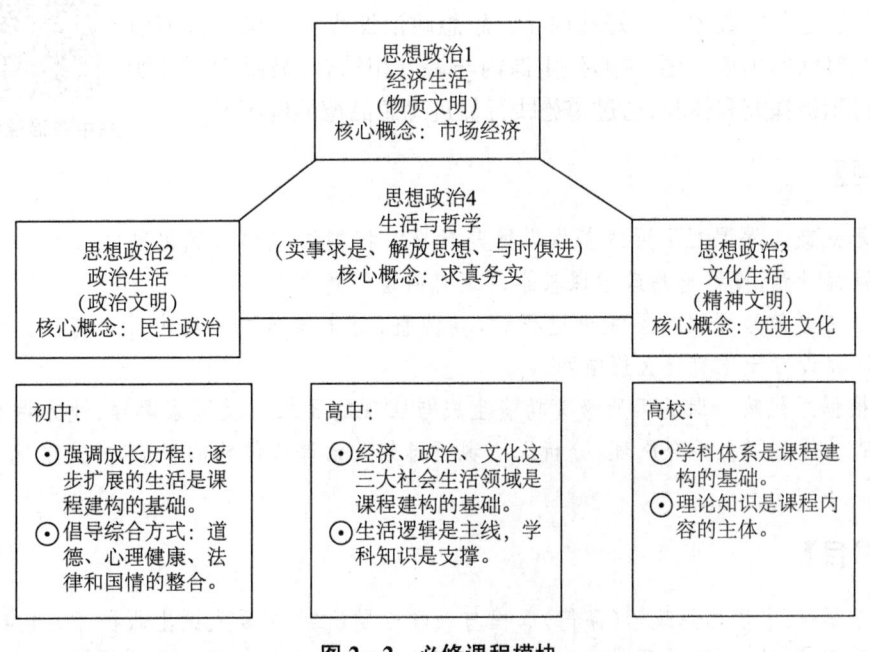

图 2-2 必修课程模块

其中,"思想政治1、2、3"分别讲述经济、政治、文化三大生活领域的常识,以对应社会主义物质文明、政治文明、精神文明的协调发展的要求。社会主义市场经济、民主政治、先进文化,是整合这三个课程模块的核心概念。"思想政治4"的哲学知识则是上述三个模块内容目标的支撑,即认识经济、政治、文化三大生活领域的世界观和方法论;求真务实,集中体现了辩证唯物主义与历史唯物主义的科学精神,是整合这个课程模块的核心概念。

2. 选修课程

选修课程包括科学社会主义常识、经济学常识、国家和国际组织常识、科学思维常识、生活中的法律常识、公民道德与伦理常识。总的来讲,选修课程是在本课程的总体框架中,为所有学生的进一步发展,在更大范围和程度上,为他们提供所需要的相关课程。对此,需要明确的是,作为"体现课程选择性的主要环节",选修课的设置固然要基于学生未来不同发展方向的实际需要,但就其选择性并不具有硬性"分流"的意义,而是基于学生情趣、兴趣、志趣方面的选择。

从选择性的意义上看,课程模块的设置,应主要着眼于三个方面的要求:⊙既考虑到学生继续升学后的专业发展方向的选择(比如,《经济学常识》),又考虑到部分学生毕业后的就业需求(比如,《生活中的法律常识》)。⊙既体现本课程作为德育课程的特有性质(比如,《公民道德与伦理常识》),又反映本课程在人文与社会学习领域中的特有价值(比如,《科学思维常识》)。⊙既要支持学生发展的先进性要求(比如,《科学社会主义常识》),又要兼顾学生发展的广泛性要求。

从上面介绍我们可以看出思想政治课程设计的基本理念:帮助学生过积极健康的生活,做合格公民是课程的核心;学生逐步扩展的生活是课程的基础;坚持正确价值观念的引导与学生独立思考、积极实践相统一是课程的基本原则。因为思想品德的形成与发展,离不开学生的生活体验和独立思考,社会要求通过学生的独立思考与实践才能更好地内化。思想政治课程将正确的价值引导蕴涵在鲜活的生活主题之中,注重课内与课外相结合,鼓励学生在实践中进行积极探究和体验,通过道德践行促进思想品德的健康发展。

高中政治课大变化

【思考题】

1. 思想政治课课程设置的基本规律是什么?把握该规律对优化思想政治课程设置、搞好思想政治课教学改革有何重要意义?

2. 从中学政治课程设置演进过程看,其调整、变化和演进呈现出什么特点?这对中学政治课程设置优化有什么影响?

3. 根据思想政治课的素质教育功能生成与实现的要求以及国家课程、地方课程与校本课程的功能分工与整合原理,分析说明现行思想政治课程结构的缺陷,并谈谈优化结构的对策。

【阅读书目】

1. 李娟琴.中学思想政治(品德)课程与教学专题研究.宁夏人民出版社,2014年版。

2. 周中明,金鑫.改革开放30年与高校思想政治课课程设置的历史演进——回顾与启示.沧桑,2009年第2期。

3. 訾其伦.高师院校思想政治教育专业课程设置改革探究——机遇与哲学思想政治课教学的衔接.黑河学刊,2014年第8期。

4. 王鹃.思想政治课教师重构课程目标:命题内涵及意义.基础教育研究,2015年第12期。

5. 汪名杰.研析新教材,把握"生活化"——以《经济生活》为例.中学政治教学参考,2014年第1期。

第三章 思想政治新课程的基本教育理论

[学习要求] 掌握思想政治课的基本教育理论，理解各种教育理论的内涵与主要表现，学会用新的教学理论去指导教学实践工作。

现代教育是与现代社会相适应并为之服务的教育。现代教育实践产生现代教育理论，现代教育理论又反过来指导现代教育实践，两者相辅相成。新的课程改革既反映了当前我国社会主义现代化建设对人才教育和培养模式的要求，又反映了现代教育理论思想的科学要求。以上所提出的教学基本理念从不同方面和角度反映和借鉴了现代教育理论的观点，可见，要真正树立起新的教学理念，还必须要学习有关的现代教育理论。

第一节 素质教育理论

自从20世纪90年代初，我国教育界提出学校教育要从"应试教育"转向"素质教育"，"素质教育"一词就被多次写进党和国家的政策文件中，并成为广大教育工作者的自觉的追求。党的十七大报告再次强调"实施素质教育"，进一步明确了我国教育改革和发展的长远方针。

一、素质教育的内涵与实质

（一）什么是素质教育

有人认为，素质教育就是对公民或某种专门人才的基本品质进行后天的习得、养成和教育。时代不同，教育对象及其年龄的不同，素质教育的基本品质就有着不同的侧重点。比如，对目前大学的素质教育来说其侧重于对大学生的创新精神、创新能力的培养。另外有人认为，素质教育简要地说，就是以培养人的多方面和谐素质为目的的一种教育理论和实践模式。不管是在对素质的划分，还是对素质教育的界定上虽然存在不同的意见和看法，但是有一点是共同的，即素质教育的提出是针对"应试教育"的现状，与"应试教育"相对立的。它的实质或者在本质上是一种以人为本、面向社会、面向生活的教育理念，是以全面提高公民思想、品德、科学文化和身体、心理、劳动技能素质，培养能力，发展个性为目的的教育。因此，一些专家将当前素质教育的目标概括为使学生"学会学习"、"学会研究"、

"学会关心"、"学会负责"、"学会做人",并逐步做到"学会生存",形成适应"终身教育"、"终身学习"及社会需求的"易于再培训"的人才和具有较强竞争力、应变力的人才。

(二)素质教育的本质特点

《中国教育改革发展纲要》指出:"中小学要由'应试教育'转向全面提高国民素质的轨道,面向全体学生,全面提高学生的思想道德、文化科学、劳动技能和身体心理素质,促进学生生动活泼的发展,办出各自的特色。"由此,可以看出素质教育有三个显著的本质特点:

第一,全体性,即面向全体学生实施的教育。它体现了"以人为本"和"教育公平"的崇高理念。素质教育就是要使每一位学生都能够受到良好的教育,每一位学生都能够得到良好的发展。

第二,全面性,即要求受教育者德、智、体、美诸方面全面发展的教育,是针对学生整体素质进行的教育。也就是说,素质教育不仅要面向全体学生,而且要面对每一个学生的各方面素质。它是提高综合素质的教育。

第三,发展性,即素质教育是一种发展性教育,它是以社会对学生将来发展的需要作为目标进行的教育,既是良好素质的奠基教育,又是促进学生健康发展的未来教育。

二、素质教育与"应试教育"的区别

只有从素质教育与"应试教育"的比较中,我们才能更加深刻地理解为什么要推进素质教育。素质教育与"应试教育"虽然是两种教育模式,但是,它们在教学实践中对学校办学和教师教学的方向具有重大影响力。它们的主要区别表现在:

(一)教育的价值取向不同

从本质上看,素质教育与"应试教育"是源于两种不同的教育价值取向,这是它们的根本分别。

"应试教育",追求的是教育外在的工具的价值,即教育成为高考、谋求职业等的手段和工具,是为社会分层和人力选拔的工具,因此,在教育教学上急功近利,"尖子"学生才是它们真正的培养对象,其他学生只不过是充当一种"陪衬",任其发展。素质教育则是首先追求教育的内在价值,即教育活动本身的意义——发展人的个性和潜能、提高人的素质,其次才追求另外的价值。在这里,教育的发展功能被视为终极目标,选拔是发展的手段,它服从于发展的需要。素质教育高扬教育的育人功能旗帜,着眼于培养人的身心多方面和谐素质,取向于人的本体的生命过程的需要。它面向全体学生,不求个个升学,但求人人成才。

(二)教育内容的选择不同

"应试教育"以升学考试为中心,根据考试要求变相地修改教学计划,千方百计地增加必考科目的授课时数,反复训练和强化;而对非考试科目却进行挤压、让位,甚至停开。这样的结果造成智育课程大量占有教学时间,其他各育不被重视,教学时间不能保证,严重影响到学生素质的全面发展,造成知识面狭窄,能力素质单一的局面。更加严重的是由于课程地位在考试中的差别,也形成了教师地位上的差别,利益上的差别,造成了许多矛盾。素质教育实施全面教育,按照教学计划的规定开齐课程、开足课程。既重视考试课程,又重视音乐、体育、美术、劳动技能等非考试课程。同时还千方百计创造条件,开出有利于学生个性发展和兴趣爱好、能力培养的活动课程、选修课程、社会实践课程等地方课程和校本课程,尽可能地使学生得到全面发展。

(三)教育教学方式方法上的不同

"应试教育"为了追求升学率,在教学方式和教学方法上,不惜采用强迫性的"灌输"策略、题海战术、频繁考试、加大难度、延长时间、单调训练、死记硬背,使学生陷入"犹如坐牢"般的境地。

素质教育追求的是学生全面健康地发展,因而教师会采取多种灵活的教学方式和方法,尽量调动学生学习的兴趣和积极性、主动性,使学生通过学习,在身心方面得到发展,在知识方面得到增长,在能力方面得到提高,过着生动活泼、有意义的学校生活。

(四)教育的效果不同

"应试教育"下培养的所谓人才,往往是"高分低能",不太懂人际交往和处理人际关系,生活能力低下,有些甚至出现"心理问题"。虽然能够考上大学,但是由于不懂生活的真谛,难以适应社会的挑战。他们在今后的日子里还要"补课",即补素质教育之课。

素质教育培养的学生,发展的后劲大,能够承受社会和生活的挑战,能够很快地适应环境,能够豁达地处理好各种人际关系,能够进行创造性的生活。

当然,从目前学校教育的现状来看,素质教育与"应试教育"并不是"有你无我,有我无你"这种状况,它们是相互联系、渗透,共存于基础教育中的,很难简单明了地划分界限。从素质教育来看,有人认为,实施素质教育(尤其是对基础教育)的最大障碍在于考试,尤其是高考这种选拔性的、择优录取性的考试。于是有的中、小学就把取消或减少考试作为实施素质教育的一个指标。这其实是对素质教育、对考试的一种片面、歪曲的理解。前面我们已经分析过,素质教育与应试教育的根本区分在于:应试教育追求的是教育的外在的工具的价值,素质教育则是首先追求教育的内在价值。考试是一种重要的评价手段。评价对任何事物、活动都是必需的、必要的,素质教育也不例外。因此,素质教育与考试并不矛盾,考试本身没有错。相反,素质教育搞得好的学校,考试的升学率也同样会高,因为这是一个良性循环的过程。学生素质得到全面发展,而素质中本身就包括考试能力。一方面,素质教育的考试的目的在于对素质教育进行评价,而评价的准确、恰当与否依赖于考试的信度与效度。也就是说,评价的准确、恰当与否取决于考试的内容与形式是否充分地体现了素质教育的全部内涵。另一方面,只有通过考试,才能对学生给予反馈。而及时的、准确的、恰当的反馈对学生的发展既是重要的、也是十分必要的。从"应试教育"方面看,也并非完全不重视学生素质的培养,只不过它把记忆知识、解题能力、应考的心理等素质当成了教育的全部。

三、中学素质教育的主要内容

在《中共中央国务院关于深化教育改革全面推进素质教育的决定》中,对素质教育的内容有一定的要求,"实施素质教育,必须把德育、智育、体育、美育等有机地统一在教育活动的各个环节中。学校教育不仅要抓好智育,更要重视德育,还要加强体育、美育、劳动技术教育和社会实践,使诸方面教育相互渗透、协调发展,促进学生的全面发展和健康成长。"中学素质教育的主要内容可以根据这个要求来考虑。从上海研究的成果来看,他们提出了七个方面的内容,值得参考。

(一) 思想品德素质教育

思想品德素质教育包含道德教育、思想教育和政治教育三个方面。

道德教育包括基本道德规范和社会主义道德两个主要方面。进行道德教育,就是让学生了解、掌握这些道德规范要求,并据此规范自己的行为,做一个有道德的人。道德教育是所有思想政治教育,即全部德育教育的基础。必须重视和采取有效方式培养学生的道德素质,为他们形成良好的思想品德素质打下基础。

思想教育就是要学生树立科学的世界观和人生观,能够学会运用辩证唯物主义和历史唯物主义观点、方法去观察、分析和解决问题。要培养学生"关心"的情感、意识和行为,如关心父母、关心他人、关心集体、关心家乡、关心社区、关心国家、关心世界、关心自然、关心人类等。启发学生树立远大理想,明确个人理想与社会理想、个人理想与社会现实的关系。摆正贡献与索取的关系,正确看待人生价值。另外,还要培养学生各种现代观念,如信息观念、时间观念、效益观念、竞争观念、合作观念、团队观念等。

政治教育就是要引导学生关心政治,面对社会各种复杂的政治现象要有一个坚定的政治立场和政治观点。无论如何,都要坚定地同党中央保持一致性,珍惜和维护社会稳定,在一些大是大非问题面前,保持清醒的头脑。

(二) 科学文化素质教育

科学文化素质教育,包括知识的掌握和智能的发展两个方面。科学文化素质教育应当体现作为现代公民在社会上立身行事所应有的文化素养,是进一步深造和工作所应具备的较广博的科学知识、劳动知识、生活知识等。要让学生在基础阶段形成合理的知识结构和文化基础,并注意每个学生个性特长的发展。

发展智能是科学文化素质教育的重要内容,这是由时代特点决定的。在当今,"能力比知识更重要"已经成为共识。如果说在思想品德素质教育中,重点是培养学生的非智力因素,那么,在科学文化素质教育中,重点是培养智力因素,智能就是在这个意义上讲的。多元智力理论已经揭示了人具有的八种智力,这都是需要教师注重培养的。科学文化素质是个很广义的概念,不能狭隘地去领会。

(三) 身体素质教育

身体素质教育,包括运动机能的素质教育与健康素质教育。运动机能的素质教育是指对学生在力量、耐力、速度、灵敏、平衡、协调、柔韧等方面的训练培育和心肺功能的增强。健康素质教育又叫抗御疾病的素质教育,主要是促进学生身体各个器官、生理系统的正常发育,全面提高学生的抗病能力及应激能力,即对生活条件、社会环境、自然状况和学习、工作负荷的身体承受力、适应力。

(四) 心理素质教育

心理素质教育,主要指培养良好的心理品质,形成健全的人格。心理品质可以分为认知性品质和个性品质。前者是智力因素,后者是非智力因素。

在基础教育中,心理素质教育主要是为了使学生在心理上有比较健全的发展,形成良好的个性心理品质,从而使个体的心理倾向与环境要求之间取得积极的平衡,自觉调节自己的态度和行为,使之能符合社会规范,并能充满信心地去改造世界。

个性心理品质,即非智力因素,它发挥着动力、定向、引导、维持、调节和强化等作用,从这个意义上讲,心理素质教育具有极其重要的意义。实际上,每个人都是通过自己的心理活动去接受教育的,因此,进行心理素质教育,还要进行心理卫生教育,使学生保持心理健康,防止产生各种心理障碍和心理疾病。

(五) 审美素质教育

内容大致有三个层次:一是知美、爱美;二是有正确的审美观点和审美能力;三是按照美的要求来塑造自身和客观世界。概括说,就是认识美、鉴赏美、创造美。所谓知美、爱美,就是要学习有关美的知识,培养起知美、爱美的情感,通过美来陶冶情操。在知美、爱美的基础上,要使学生树立正确的审美观点和较强的审美能力。树立正确的审美观点,除了要求审美主体有一定的审美知识外,还必须有正确的立场观点和积极健康的思想意识,以及有比较完善的心理结构。因此,它与思想素质教育和心理素质教育等紧密联系。审美能力是审美主体在审美过程中所表现出来的感知、欣赏、判断、评价能力,包括审美感受力、审美想象力、审美鉴赏力和审美创造力。对学生进行审美教育,还要激发学生对美好事物的热爱与追求,努力按照美的要求来塑造自身。以正确的审美规范来约束自己的言行,优化自己的性格,提高自己的思想、道德、文化修养。同时还要能积极维护、宣传、创造真、善、美,反对假、恶、丑。

(六) 技能素质教育

技能素质教育包括基本的听、说、读、写、算等技能;自学技能;基本的生活技能、运动技能、实验操作技能、简单制作技能等。

技能是通过练习而形成的接近自动化的动作模式或智力活动模式。它是人们运用知识和经验去执行一定活动的方式,属于行为范畴。技能的形成常常以知识的理解为基础,技能又是知识的具体化、效能化的体现。能力是形成技能的前提,技能反过来又促进能力的发展。技能一般分为两种:一是可见的外部动作技能,也叫操作技能,如打字、弹琴等。二是人脑中进行的心智技能,也叫智慧技能,如阅读、作文、计算等。

在中学教育中,我们不仅要传授给学生丰富的知识,还要训练学生多方面的熟练技能,如学习技能、实验操作技能、科技制作技能、文艺运动技能、生产劳动技能、基本生活技能等。

(七) 社会交往素质教育

社会交往素质教育包括社会适应能力、应变能力、交往能力、竞争能力等。

教育是学生进行社会化的重要途径和过程,因此,社会交往素质教育是基础教育的一个重要方面,也是长期被忽视的方面。根据社会化的原理,人们正是在交往过程中为不断取得自身发展共同创造着一个和谐的社会环境。青少年学生自身的成长、发展,认识和改造世界,都离不开交往,但是由于"应试教育"的影响,这些个体发展的基本素质被大大地忽视了。许多学生的交往能力很低,不会或不懂交往。因此,对学生社会适应能力、应变能力、交往能力、竞争能力等方面的素质教育显得十分紧迫。

综上所述,这七个方面构成了中学素质教育的主要内容。其中,身体素质是基础,思想品德、审美素质起着导向作用,心理素质发挥调节作用,文化科学、技能素质是基本条件,社会交往素质则起着执行机制的作用。它们是一个有机的整体,在学生整体素质提高中,相互联系,相互协调,相互促进。

第二节 现代德育理论

在教育改革的过程中,德育始终是其中的重点,也是难点。德育是我国全面发展教育的重要组成部分,是素质教育的核心,它与智育、体育、美育密切相关联。在人的各种素质发展中,德育起着导向和促进作用。因此,加强德育理论的研究,坚持用现代德育理论指导来开展德育工作,尤为重要。

一、德育的概念

什么是德育?在我国,德育的含义有别于西方意义上的"moral-education",即道德教育。我国德育的含义有狭义和广义之分,狭义的"德育"是指伦理道德教育,而广义的德育则包括了政治教育、思想教育和品德教育三大部分。通常意义上的德育都是指广义的德育。

如何给德育下个定义?尽管有不同的理解,我们认为以下界定比较合理:

德育是教育者根据一定社会和阶级的要求,根据人的品德形成的规律,通过有目的、有计划、有组织的道德、政治、思想等方面的传授与影响,同时引导受教育者积极地认识、体验和身体力行,以形成受教育者的良好品德和自我修养能力等的教育活动。

二、德育的价值功能

德育无论是对青少年的健康成长,还是对社会的稳定发展,都具有重要价值。

(一)德育引导青少年健康成长

青少年在学校接受教育的过程,从目标上看,主要有两大方面:一是成人,二是成才。成人成才对青少年个人来说都是人生大事,只有成人,才能既有益于社会,又有益于个人;只有成才,才能既为社会创造价值,又为个人和家庭创造幸福。但是两个方面比较,成人是第一位的,成人为成才奠基,为成才导向。在人发生的很多社会行为和个人追求的后面,都是人的道德理想、需要、情感、意志充当着动力和原因。只有当个体有了明确的道德理想、高尚的道德情操、坚定的道德意志,才能在成才的道路上有所作为。青少年成人的本质是他们在道德、思想、政治方面实现社会化。学校是青少年社会化的主要阵地,学校德育又是促进青少年在道德、思想、政治方面实现社会化的关键因素。德育运用自己特有的功能,有目的、有计划、有组织、有步骤地实施教育,引导青少年在道德、思想、政治等方面健康发展,使他们具备能够适应现代社会生活的品质,成为朝气蓬勃、人格健全的社会主义一代新人。

(二) 德育促进社会主义精神文明建设

在社会主义现代化建设的宏伟目标中,除了物质文明和政治文明外,还有精神文明,并且这三个文明是相互联系、相互影响、相互促进的辩证关系。精神文明从基本内容来看,包括两大方面:一是思想道德建设;二是教育、科学、文化等事业建设。其中,思想道德建设是精神文明建设的核心、灵魂。思想道德建设其实质就是德育工作,可见,德育在社会主义精神文明建设中具有不可替代的重要地位。

(三) 德育是实现国家和社会安定、团结、稳定、发展的重要力量

在我国,现代德育仍然必须要以社会主义意识形态为导向,这是由我国国家政权的性质决定的。当前,随着我国开放的不断扩大和国际经济、区域经济一体化的发展,遍及世界范围的各种思想文化相互激荡、相互渗透。西方意识形态对中国的意识形态领域的渗透、影响与同化比以往任何时代都要显著,思想文化阵地渗透与反渗透、同化与反同化、腐蚀与反腐蚀的斗争日益激烈。在这种严峻形势下,尤其要注重坚持社会主义意识形态的主导地位,加强社会主义、爱国主义、集体主义、理想信念的教育,增强全社会的共同理想、信念和勇气,只有这样,才能增强民族凝聚力、自信心,才能增强人们防变拒腐和辨别是非的能力。可见,通过德育教育,传播和倡导为社会稳定与发展所需要的思想、意识、观念和舆论,使社会成员能够认同现实社会,能够维护社会的良好运行次序。

三、现代德育的几个重要观念

(一) 德育实体观

在学校教育过程中,理论上是德、智、体、美、劳全面发展,但是在实践过程中,又往往把德育"虚化",认为其他各育都很实在,可以通过技术手段进行测量和评价,是硬任务。唯独德育是软任务,另外,德育似乎只能渗透在其他各育中才能存在,不能单独存在。正因为存在这些模糊认识,学校的德育工作就出现现在令人尴尬的局面:一方面在各种会议、宣传方面大张旗鼓要突出德育工作;另一方面德育又被架空,缺乏实效性。因此,有必要对德育是否是个"实体"重新认识。其实,教育实践早就表明,德育从来都是作为一个教育的独立实体客观地存在着。只有树立德育实体观,才能在德育工作中有所作为,才能使德育的价值真正体现出来。

(二) 德育双重价值观

德育双重价值观是客观存在的,即它一方面具有维护社会稳定,促进社会发展的价值功能;另一方面又具有促进个人发展的价值功能。过去,在德育价值观上,我们强调的比较多的是它的社会价值功能,而对个体价值的提升却不太重视。重视德育其实主要是从

社会稳定这个方面考虑的比较多,因此,在德育标准和要求上,强调整齐划一,强调共性的东西多。这样的结果就使学生在接受德育教育时感到是一种外部的要求,与己无关,因此感到空洞,说教性强。长期以来,我国学校道德教育价值取向的突出特点是一元化、理想化,重心偏高,片面强调政治性,同时又缺乏层次性,忽视教育对象的个体差异性,基本上是用一个统一的模式去塑造所有的学生。在德育中过分强调按照社会规范的需要来确定培养规格和设计培养过程,没有充分考虑到个人在"德"发展中的个性化发展需要,把学生"德"的素质培养局限在一个狭窄的空间中,学生主体精神的弘扬受到一定抑制,再加上目标统一,缺乏层次,没有选择自由度,最终培养出来的学生比较符合社会共性道德规范要求,但学生的创新精神、创造意识、批判精神以及良好的个性心理素质被忽略。其实,德育除了它的社会价值功能外,对个人成长方面的价值功能是十分巨大的,问题是我们并没有有意识地去把它挖掘出来。真正的德育首先应该是关注学生个体的发展,通过培养个体的思想品德来促进个体自身的完善和发展,发挥个体的潜能,实现一定社会条件下的个体价值。只有大家都能够这样发展,社会的稳定和发展才能有基础。换言之,德育的社会价值功能是通过德育的个体价值功能的实现而得到实现的。所以,在学校德育工作中,我们一定要树立德育双重价值观,并正确处理好这两个方面的关系。

(三) 德育主体观

德育主体观是关于学校以及教育者和受教育者在德育过程中的地位问题。从本质上讲,德育应是一种人的主体性活动,是一种以发展人、提升人为宗旨的活动,德育不仅应根据现行社会需要来设计教育活动,还应根据人的发展要求、未来社会的需要来培养人。德育不仅要求学生从前人那里继承传统美德,而且要在此基础上,强调开拓未来,真正实现发展人、提升人、创造人。学校、教育者和受教育者都是德育主体,在德育过程中是相互影响、相互激励、相互促进的,不存在单纯的教育者和受教育者。传统德育过程中学生是德育的对象,是德育的客体,教师是德育的主体,是"我讲你听,我打你通,我看你做"的德育模式。其实,真正的德育过程必然是相互感染、相互教育、共同提高的过程。学生为什么反感传统的德育模式,这个道理不难理解。如果我们转变德育观念,在德育过程中互为主客体,人人都是德育的主体,人人又是德育的客体,那么德育效果肯定会发生变化。

四、现代德育改革综述

(一) 学校德育究竟应关注什么

学校德育改革和发展应注意关注、指导和引导学生的现实生活,教育、帮助学生通过自己的劳动创造新生活,并以文明健康方式,享用新生活。这是"德育回归生活"理念的体现。

第一,德育应关心学生的学习生活。对在校学生而言,学习是其社会义务,也是他们的主要活动之一。但从当代学生学习生活的发展状况来看,则存在着不少的问题,诸如学习目标模糊、学习动力不足、学习坚持力不够等问题。学校德育应该也有可能帮助和引导学生明确其学习目标并将之具体化、层次化，甚至帮助学生制定达到既定学习目标的步骤。学校德育还可以通过强化人生观、价值观念和理想教育、爱国主义教育，有针对性地引导学生，提高其学习的主动性、积极性，引导学生把学习与自己的发展成才和祖国的前途命运联系起来，增强其内在动力和坚持力。

现代德育价值取向是：生活化、个性化和社会化。即首先是有生活能力的人，再到有个性的人，最后是社会需要的人。

第二，德育应指导学生的交往生活。当代学生中独生子女的比例明显提高，学习的节奏加快且更趋紧张，加之网上作业，人际直接接触减少，人际交往问题越来越突出，出现了不敢交往、不善交往和畸形交往的问题，表现出人际关系紧张的新情况，严重影响到青少年学生的心理健康和个性发展。为此，学校德育应积极承担起指导学生交往的任务，教给学生有关人际交往的基础知识，培养和锻炼他们的交往能力，引导他们勇于和善于建立起平等友爱、互帮互助、开放宽容、诚实守信的良好人际关系，为自身的健康发展和社会的安定协调做好能力储备。

第三，德育应引导学生的日常生活方式。现在，人们的物质生活比以前大大充裕，这样一来，以怎样的方式进行消费，养成怎样的生活习惯，就成为摆在青少年面前的新问题。学校德育不应回避这些问题，而应该向学生传授现代文明生活方式的有关知识，指导他们勤劳节俭、自尊自爱、量入为出，引导他们体验这种文明健康的生活方式并养成良好的生活习惯。

从未来发展前景看，学生发展中所面临的生活问题十分丰富，也很具体。学校德育应主动关注、研究和增补大量有关青少年学生生活中典型、敏感和棘手问题的内容，在实践操作过程中提高学校德育的针对性、形象性和指导性，让学生学起来简明生动，用起来切实可行。如此，德育才能从根本上生发出亲近感和吸引力。

（二）现代德育价值取向上有什么变化

这种道德教育价值取向体现出这样的几个特点：一是强调学生品德培养的统一性和独特性相结合；二是突出了对学生的主体性精神的培养；三是德育目标充分体现个体发展水平的层次性；四是在德育内容上要分层递进、螺旋上升；五是道德教育应有适应性、超越性和创造性价值取向。

（三）现代德育的目标上有什么新变化

现代德育是促进受教育者德行现代发展，这就把德育目标定位在培养具有现代思想道德素质的主体。这是社会现代化对人的要求，也是人自身发展的要求，是适应现代社会与经济发展全球化、信息化的要求。

人、社会、自然的统一和谐发展是人类社会宏观文化结构的基础，德育目标要体现人、社会、自然和谐发展的伦理要求。对未来道德主体的素质要求，在道德与心理素质方面，不仅要具有我们通常要求的一般的道德品质，而且要有科学道德、生态道德、经济道德、信息道德等方面的素质。心理素质应更具现代性，在心理和道德上更重责任感、义务感、自信心、效率感、创新性、合作与竞争等。人类社会不断前进，思想道德不断发展。

第三节 多元智能理论

美国发展心理学家、哈佛大学教授加德纳(Howard Gardner)的多元智力理论在当前美国教育改革的理论和实践中产生了广泛的积极影响,并且已经成为许多西方国家20世纪90年代以来教育改革的重要指导思想。在美国许多中小学开展多元智能理论的应用性实验,建立多所多元智能实验学校。目前这一理论在我国也迅速传播成为影响我国实施素质教育,深化课程改革的一种重要思想。

一、八种智能

(一)语言智能

语言智能指有效地运用口头语言及文学的能力。儿童的表现是喜欢听故事、说故事和语文课程,喜欢阅读、讨论及写作等活动。作家、演说家、记者、编辑、节目主持人、播音员、律师、政治领袖等人都显示了较高的语言智能。

(二)逻辑-数学智能

逻辑-数学智能指人能有效地运用数字、计算、推理、假设和思考的能力。儿童的表现是喜欢数学或科学类的课程,常常自己提出问题寻求答案,喜欢寻找事物的规律,对新的学科发展感兴趣,喜欢发现别人言谈行为的逻辑性缺陷,喜欢下棋或玩思考性的玩具。科学家、数学家、律师、侦探、会计师、工程师、电脑软件设计师等都具有很强的逻辑-数学智能。

(三)空间智能

空间智能指人善于利用三维空间方式进行思维和表现的能力。空间智能强的儿童倾向于运用图像思考,喜欢画画、美劳活动、乐高积木、想象游戏、视觉游戏、阅读图画书等。飞行员、航海家、雕塑家、画家、建筑师等人都较强地表现了这一智能优势。

(四)身体运动智能

身体运动智能指人调节身体运动及运用巧妙的双手改变物体的技能。运动智能强的儿童喜欢动手建造东西,喜爱户外活动、体育活动。运动员、舞蹈家、外科医生、手工艺人等都具有较强的运动智能的优势。

(五)音乐智能

音乐智能指人敏感地感知音调、旋律、节奏和音色的能力。儿童的表现为爱听音乐,能正确演唱、弹奏,能创作简单的儿歌抒发感情。作曲家、指挥家、歌唱家、乐师、乐器制作者、音乐评论家等都表现了出色的音乐智能。

(六)人际交往智能

人际交往智能指能觉察他人情绪意向,有效地理解他人和善于与他人交际的能力。

儿童则表现为善于体察家长的喜怒及心情,懂得察言观色,能识别他人的情绪变化,善于与他人合作等。人际交往智能强的人如成功的领导者、政治家、外交家、心理咨询人员、公关人员、成功的推销员和行政工作人员等。

(七) 内省智能

内省智能指认识自我和善于自我反省的能力,能正确认识自己的长处和短处,把握自己的情绪、意向、动机、欲望,对自己的生活有规划,能自尊、自律,会吸取他人的长处,喜欢独立工作,有自我选择的空间。儿童时期人的自我意识正在生成,因此内省智能尚不十分显露。优秀的哲学家、思想家、政治家、心理学家、教师等都具有出色的内省智能。

(八) 自然观察者智能

自然观察者智能指观察自然界中的各种形态,对物体进行辨认和分类,能够洞察自然或人造系统的能力。学有专长的自然观察表现在农夫、植物学家、猎人、地质学家、生态学家和家庭设计师身上比较明显。

二、多元智能理论的基本观点

(一) 智能是多元的和有差异的

每个人都具备以上八种智能,是多元的,不是单一的。这八种智能彼此是独立的,它们的组合也是千差万别的。如同那句老话"世界上没有两片相同的树叶",世界上也没有智能结构完全相同的两个人。正因为每个人有各自独特的智能组合,就必须承认个别差异,这是多元智能理论中最重要的观点。

(二) 各种智能既独立又共同起作用

八种智能是彼此区别的独立系统,每种智能都源于大脑中的一个独特部分。例如,当人的神经系统受到伤害时,并不是所有的能力都受到同样的伤害。如果大脑左半球受损,会失去语言能力,在一定程度上却不影响音乐、空间、人际能力。如果大脑右半球受损,则会出现相反的结果。八种智能都相对独立地存在于大脑之中,各有不同的神经组织。智能的这种独立性,意味着即使一个人有很高的某一种智能,如数学逻辑智能,却并不一定有同样程度的其他智能。尽管八种智能彼此独立,但在解决问题时是相互作用的,常常需要各种智能在同一件事上一同发挥作用。

(三) 平等的各种智能

加德纳认为,将逻辑和语言智能放在中心位置,反映了西方文化的价值观。实际上,人的智能表现在各个方面,每种智能都有同等重要的作用,并不一定要在某个领域成功才算智能高。语言与逻辑能力只是智能在书面测验的结果,用这种测验方法测不出主体其他出色的能力。

(四) 智能的文化性和情境性

加德纳认为,智能受文化背景影响,不同的历史发展时期和文化背景强调不同的智能组合。例如古代社会,人们重视身体运动、空间和人际交往的能力。如狩猎技巧和熟悉地形就比学习快速加减重要得多。现代社会,人们十分关注语言能力和数理逻辑能力,通常的智能测验也主要测量这两个方面的内容,学校考试把它们作为是基础的基础。但是在将来,由于计算机在生活中的普遍运用等因素,作为程序设计的数理逻辑能力和作为自我控制的自我意识能力将会变得更加重要。

(五) 智能的创造性

加德纳认为,智能是解决问题和制造产品的能力。因此智能具有创造性。创造性就是在新的情境下,解决新问题,制造新的产品。我们发展多元智能,实质是要培养个人在新的情境下的创造性,从而更好地适应和改造环境。

三、多元智能理论对教育的启示

多元智能理论对教育的启示首先是教育观念上的。目前在教育界之所以对多元智能理论引起关注,并不是它给我们提供的方法如何新颖,而是因为它带给了教师和学生以成功的希望,唤起了教师们的巨大创造热情,即整个学生观、教学观和评价观的改变。

(一) 学校里不存在差生

多元智能理论所倡导的学生观是一种积极的、乐观的、正视差异的学生观。每个人都存在多种智能,只是组合和发挥程度不同。每个学生都有自己的优势智能领域,有自己的学习类型和方法,全体学生都是具有自己的智能特点、学习类型和发展方向的可造就人才,学校里不存在差生。学生的问题不再是聪明与否的问题,而是在哪些方面聪明和怎样聪明的问题。我们应该树立这样一种观念:每个学生都具有在某一方面的发展潜力,只要为他们提供了合适的教育,每个学生都能够成才,教育就是把他们培养成为不同类型的人才。既然学生的智能在类型上、内部结构上有差异,那么教师对学生就要"正视差异、尊重差异、善待差异"。

(二) 教学要"对症下药"

多元智能理论所倡导的教学观是一种"对症下药"的因材施教观。它要求改变传统教学模式,即不论什么教育内容都使用"教师讲、学生听"的教学方法;不论哪个教育对象都采用"一本教材、一块黑板、一支粉笔"的教学形式。"对症下药"的因材施教观要体现两个方面:一是针对不同智能特点的"对症下药";二是针对不同学生的"对症下药"。加德纳认为,每个学生都在不同程度上拥有上述几种基本智能,智能之间的不同组合表现出个体间的智能差异。教育的起点不在于一个人有多么聪明,而在于怎样变得聪明,在哪些方面变得聪明。优秀的教师是应该能够向学生打开多扇窗户的人,能够运用多种手段激发、培养、引导学生。教师还应注意的是能够针对不同的学生给予不同的教导,每个学生都有不同于他人的智能组合和学习风格,教师应运用不同的智能形式对不同智能状况的学生进行教育干预,做到因材施教。

(三) 树立多种多样的评价观

传统的评价观是建立在传统智能理论基础上的,在传统智能观的影响下,基础教育以考试为指挥棒,侧重测量和评价学生的学业智能,导致学校只注重学业智能的培养,多集中于语言和数理逻辑智力的发展。这样的评价观导致我们教育教学的单一性、片面性,学生缺乏创新能力和创新思维。因此,用学生的某些智能评价来代替学生智能的全部,这种评价是既不科学,对广大学生来说又是极不公平的。多元智能理论主张,评价一个学生应该从多元的角度,发现学生的智能所长,通过适当的教育强化他的长处,促进各种智能协调发展,达到提高学生整体素质的目的。这样它就为我们的教育评价提供了新的支点,为教师的评价提出了新的要求。

1. 评价目标

评价目标不是给学生贴标签、划等级,而是旨在发现学生智力潜在的特点,鉴别并培养他们区别于他人的智能和兴趣,确认哪些是学生的优势智能,哪些是弱势智能,提出未来学习的建议,从而实现评价功能转移,即由重甄别选择到重学生发展。

2. 评价内容

重单方面评价,不搞综合评价。单方面评价能充分考虑到学生的个体差异性,有利于学生的发展;重过程而非结果的评价,教师的评价应着眼于过程,重学生各个时期的进步状况和努力程度,重评价学生解决问题的实际能力。多元智能理论要求在学生的评价中增加实践方面的评价。

3. 评价方式

运用多种评价方式和手段,让学生充分展示其智力领域的能力;重情境性评价,充分重视学生文化背景的不同。采用非正式评价,在教学过程中评价,在学生不经意间评价,给学生一个轻松自在的学习环境。

许多好学生是"评价"出来的,"多一把尺子,就多一批好学生"。建构"全面发展"的智能观,是促进学生全面发展的基础。

(四)对教师提出了新的要求

多元智能理论的引入一方面为教师提供了教育的新视野和新理念,同时也对教师提出了新的要求。

1. 正视智能的多元性

加德纳的多元智能理论要求我们教师要正视智能的多元性,树立新的学生观、教育观,将智能多元的观念深深地内化到意识中,并渗透于自己的日常教育教学活动中。教师应学会多角度地欣赏、评价学生,发现学生的多种智能潜力,不以一两种智能来过早地评判学生。

2. 承认智能的差异性

多元智能理论认为人的差异主要在于智能组合的性质上不同。每个人的优势智能和水平都不同,这使每个人都各具特色。在教育中我们应承认,每个学生都有自己相对的优势智能领域,有自己不同于他人的学习风格。学校里不存在差生,每个学生身上都有"闪光点",应该得到适合于自己的教育。教师首先要树立智能无贵贱的智能中立性原则,承认学生的智能强项存在差异,宽容并积极引导学生弱势智能的发展,做到因材施教。另外,教师还要能够善于观察学生、倾听学生的语言、分析学生的作品;教师要有敏锐的洞察力,尽早识别学生的智能优势,加以挖掘和发展,使其优势智能潜能得到最大化、最优化的发展。利用学生在其优势智能领域中获得的成功与自信,带动其弱势领域的发展,引导学生把优势智能领域的特点迁移到其他智能领域中,使所有学生能够全面和谐地发展。

3. 肯定智能的发展性

多元智能理论要求我们以动态的、发展的眼光看待儿童的智能。儿童的智能不是静止的、不发展的。许多发展学家相信,需要经验的某些特殊领域,如语言、道德判断等的发展有阶段顺序,这些领域的智能随年龄的增长和经验的丰富而不断提高。同时它能尽量利用多种发展智力的手段挖掘儿童的智能潜力;提高儿童智能水平,使学生各方面智能相互促进,动态发展。

第四节 建构主义学习理论

近 20 年以来,把学生作为知识灌输对象的行为主义学习理论,已经让位于把学生看作是信息加工主体的认知学习理论。随着心理学家对人类学习过程认知规律研究的不断深入,近年来,认知学习理论的一个重要分支——建构主义学习理论在西方逐渐流行。学习并研究一些建构主义的学习理论,同时开展基于建构主义学习理论的教学实践,将对我们实施以德育为核心,以培养学生创新精神和实践能力为重点的素质教育,推进课程教材改革,产生深远的影响和积极的促进作用。

一、学习的含义

建构主义认为,知识不是通过教师传授得到,而是学习者在一定的情境即社会文化背景下,借助他人(包括教师和学习伙伴)的帮助,利用必要的学习资料,通过意义建构的方式而获得。由于学习是在一定的情境即社会文化背景下,借助其他人的帮助即通过人际间的协作活动而实现的意义建构过程,因此建构主义学习理论认为"情境"、"协作"、"会话"和"意义建构"是学习环境中的四大要素或四大属性。

(一) 情境

学习环境中的情境必须有利于学生对所学内容的意义建构。这就对教学设计提出了新的要求,也就是说,在建构主义学习环境下,教学设计不仅要考虑教学目标分析,还要考虑有利于学生建构意义的情境的创设问题,并把情境创设看作是教学设计的最重要内容之一。

(二) 协作

协作发生在学习过程的始终。协作对学习资料的搜集与分析、假设的提出与验证、学习成果的评价直至意义的最终建构均有重要作用。

(三) 会话

会话是协作过程中不可缺少的环节。学习小组成员之间必须通过会话商讨如何完成规定的学习任务的计划;此外,协作学习过程也是会话过程,在此过程中,每个学习者的思维成果(智慧)为整个学习群体所共享,因此会话是达到意义建构的重要手段之一。

(四) 意义建构

这是整个学习过程的最终目标。所要建构的意义是:事物的性质、规律以及事物之间的内在联系。在学习过程中帮助学生建构意义就是要帮助学生对当前学习内容所反映的事物的性质、规律以及该事物与其他事物之间的内在联系达到较深刻的理解。这种理解在大脑中的长期存储形式就是前面提到的"图式",也就是关于当前所学内容的认知结构。

由以上所述的"学习"的含义可知,学习的质量是学习者建构意义能力的函数,而不是学习者重现教师思维过程能力的函数。换句话说,获得知识的多少取决于学习者根据自身经验去建构有关知识的意义的能力,而不取决于学习者记忆和背诵教师讲授内容的能力。

二、学习方法

建构主义提倡在教师指导下的、以学习者为中心的学习,也就是说既强调学习者的认知主体作用,又不忽视教师的指导作用,教师是意义建构的帮助者、促进者,而不是知识的传授者与灌输者。学生是信息加工的主体,是意义的主动建构者,而不是外部刺激的被动接受者和被灌输的对象。学生要成为意义的主动建构者,就要求学生在学习过程中从以下几个方面发挥作用:

(1) 要用探索法、发现法去建构知识的意义。

(2) 在建构意义过程中要求学生主动去搜集并分析有关的信息和资料,对所学习的问题要提出各种假设并努力加以验证。

(3) 要把当前学习内容所反映的事物尽量和自己已经知道的事物相联系,并对这种联系加以认真的思考。"联系"与"思考"是意义构建的关键。如果能把联系与思考的过程与协作学习中的协商过程(即交流、讨论的过程)结合起来,则学生建构意义的效率会更高、质量会更好。协商有"自我协商"与"相互协商"(也叫"内部协商"与"社会协商")两种,自我协商是指自己和自己争辩什么是正确的;相互协商则指学习小组内部相互之间的讨论与辩论。

教师要成为学生建构意义的帮助者,就要求教师在教学过程中从以下几个方面发挥指导作用:

(1) 激发学生的学习兴趣,帮助学生形成学习动机。

(2) 通过创设符合教学内容要求的情境和提示新旧知识之间联系的线索,帮助学生建构当前所学知识的意义。

(3) 为了使意义建构更有效,教师应在可能的条件下组织协作学习(开展讨论与交流),并对协作学习过程进行引导使之朝有利于意义建构的方向发展。引导的方法包括:提出适当的问题以引起学生的思考和讨论;在讨论中设法把问题一步步引向深入以加深学生对所学内容的理解;要启发诱导学生自己去发现规律、自己去纠正和补充错误的或片面的认识。

三、学习观

建构主义的学习观主要有以下几点：

(1) 科学学习不是从零开始，而是基于原有知识经验背景的建构。建构主义认为，在学习科学课程之前，学生的头脑里并非是一片空白。通过日常生活的各种渠道和自身的实践，学生对客观世界中各种自然现象已经形成了自己的看法，建构了大量的朴素概念或前科学概念。这些前概念形形色色，共同构成了影响学生学习科学概念的系统。学生的前概念是极为重要的，它是影响科学学习的一个决定性的因素。前概念指导或决定着学生的感知过程，还会对学生解决问题的行为和学习过程产生影响。

(2) 科学学习不是接受现成的知识信息，而是基于原有经验的概念转变。

(3) 科学学习既是个体建构过程，也是社会建构过程。

四、教学模式和教学方法

与建构主义学习理论以及建构主义学习环境相适应的教学模式为："以学生为中心，在整个教学过程中由教师起组织者、指导者、帮助者和促进者的作用，利用情境、协作、会话等学习环境要素充分发挥学生的主动性、积极性和首创精神，最终达到使学生有效地实现对当前所学知识的意义建构的目的。"在这种模式中，学生是知识意义的主动建构者；教师是教学过程的组织者、指导者，意义建构的帮助者、促进者；教材所提供的知识不再是教师传授的内容，而是学生主动建构意义的对象；媒体也不再是帮助教师传授知识的手段、方法，而是用来创设情境、进行协作学习和会话交流，即作为学生主动学习、协作式探索的认知工具。

在建构主义的教学模式下，目前已开发出的、比较成熟的教学方法主要有以下几种：

(一) 支架式教学

支架式教学被定义为："支架式教学应当为学习者建构对知识的理解提供一种概念框架(conceptual framework)。这种框架中的概念是为发展学习者对问题的进一步理解所需要的，为此，事先要把复杂的学习任务加以分解，以便把学习者的理解逐步引向深入。"支架式教学由以下几个环节组成：

(1) 搭脚手架——围绕当前学习主题，按"最邻近发展区"的要求建立概念框架。

(2) 进入情境——将学生引入一定的问题情境。

(3) 独立探索——让学生独立探索。探索内容包括：确定与给定概念有关的各种属性，并将各种属性按其重要性大小顺序排列。探索开始时要先由教师启发引导，然后让学生自己去分析；探索过程中教师要适时提示，帮助学生沿概念框架逐步攀升。

(4) 协作学习——进行小组协商、讨论。讨论的结果有可能使原来确定的、与当前所学概念有关的属性增加或减少，各种属性的排列次序也可能有所调整，并使原来多种意见相互矛盾，且态度纷呈的复杂局面逐渐变得明朗、一致起来。在共享集体思维成果的基础上达到对当前所学概念比较全面、正确的理解，即最终完成对所学知识的意义建构。

(5) 效果评价——对学习效果的评价包括学生个人的自我评价和学习小组对个人的学习评价,评价内容包括:自主学习能力;对小组协作学习所做出的贡献;是否完成对所学知识的意义建构。

(二) 抛锚式教学

这种教学要求建立在有感染力的真实事件或真实问题的基础上。确定这类真实事件或问题被形象地比喻为"抛锚",因为一旦这类事件或问题被确定了,整个教学内容和教学进程也就被确定了(就像轮船被锚固定一样)。建构主义认为,学习者要想完成对所学知识的意义建构,即达到对该知识所反映事物的性质、规律以及该事物与其他事物之间联系的深刻理解,最好的办法是让学习者到现实世界的真实环境中去感受、去体验(即通过获取直接经验来学习),而不是仅仅聆听别人(例如教师)关于这种经验的介绍和讲解。由于抛锚式教学要以真实事例或问题为基础(作为"锚"),所以有时也被称为"实例式教学"或"基于问题的教学"或"情境性教学"。抛锚式教学由这样几个环节组成:

(1) 创设情境——使学习能在和现实情况基本一致或相类似的情境中发生。

(2) 确定问题——在上述情境下,选择出与当前学习主题密切相关的真实性事件或问题作为学习的中心内容。选出的事件或问题就是"锚",这一环节的作用就是"抛锚"。

(3) 自主学习——不是由教师直接告诉学生应当如何去解决面临的问题,而是由教师向学生提供解决该问题的有关线索,并特别注意发展学生的"自主学习"能力。

(4) 协作学习——讨论、交流,通过不同观点的交锋、补充、修正,加深每个学生对当前问题的理解。

(5) 效果评价——由于抛锚式教学的学习过程就是解决问题的过程,由该过程可以直接反映出学生的学习效果。

因此对这种教学效果的评价不需要进行独立于教学过程的专门测验,只需要在学习过程中随时观察并记录学生的表现即可。

五、建构主义学习理论对教师的启示

(一) 以教师为主导进行"情境"创设

根据教学内容的需要,创设多种情境,或有问题使人困惑、或有刺激令人兴奋、或有场景引人入胜、或有悬念引人深思。在教学中利用现代教育媒体的光、形、色、声的特点,把影视、图形、图像、声音、动画以及文字等各种多媒体信息及控制实时动态地引入教学过程,色彩丰富的画面和良好的人机交互界面使人有身临其境之感。这样可以激发学生的联想思维,使学生能利用自己原有认知结构中的有关经验去同化和索引当前学习到的新知识,从而在新旧知识之间建立起联系,并赋予新知识以某种意义。由此可见,现代教育媒体是创设真实情境的最有效的工具,教师在教学过程中应当充分发挥这些优势,让学生积极参与教学活动、去发现真理和探索真理。

(二) 以学生为中心进行"协作"学习

建构主义学习理论提倡在教师指导下的以学生为中心的学习,追求教与学的合作化,并强调创设真实情境,把创设情境看作是"意义建构"的必要前提。在建构主义学习环境下,教学设计不仅要考虑教学目标分析、学习者特征分析以及媒体的选择与利用,还要考虑有利于学生建构情境的创设问题,并把情境创设问题看作是教学设计的最重要内容之一。

在学习过程中,学习者与周围环境的交互作用对于学习内容的理解(即对知识意义的建构)起着关键性的作用。学习者在教师的组织和引导下进行讨论和交流,学习者之间互相支持、互相帮助,营造创新思维的形成条件,培养协作精神,共同建立起学习群体,在这样的群体中进行协商和讨论。通过这样的协作学习,学习者群体(包括教师和每位学生)的思维与智慧就可以被整个群体所共享,而不是其中的某一位或某几位学生完成意义建构。因此,学习者用自己的活动对人类已有的知识建立自己的正确理解,而不是去仔细地吸收课本上的或老师讲述的现成结论,所以这种教学过程应该是一个学习者亲自参与的充满丰富生活的概念或思维活动的组织过程。在多媒体教学中,要发挥学生的主动性和体现学生的创新精神,教师就要精讲并加强个别辅导,让学习者有更多机会在不同的情境下应用他们所学的知识,能根据自身行动的反馈信息来形成对知识的理解和掌握。

(三)以课堂为阵地进行"会话"商讨

要使学习者真正成为信息加工的主体,就必须为学习者的自主化学习、个性化学习、多元化学习、"会话"学习提供多媒体形式的信息资源。同时,教师还应结合教学内容,根据学生的具体情况组织学习者对当前所学知识的概念、基本原理、基本方法和基本过程进行讨论与交流,并对协作学习过程进行引导,使之有利于学习者的主动探索和主动发现,更多更好地获取关于客观事物规律与内在联系的知识,向发展联想思维和建立新旧概念之间联系的意义建构。教师要提出适当的问题以引起学习者的思考和讨论,在讨论中设法使之感到课堂教学的轻松氛围,从而主动观察、主动思索、积极参与、发表意见、交流信息、相互启发、畅所欲言,在不断肯定、修正自己的思维过程中实现自我建构。建立师生平等交流的氛围,要求教师要爱护学生的创新意识,积极鼓励、引导学生发言和争论。教师要收集学生学习的反馈信息,认真分析学生思维的差异、特点、方法和过程,以实现有效的教学指导。"会话"是协作过程中不可缺少的环节。在多媒体教学中遇到疑难时,除了可以要求教师帮助外,提倡学生之间进行会话商讨、彼此交流观点,对学生的学习结果进行分析、评价。对所学知识的意义构建要求整个学习群体相互学习来共同完成。

(四)以创新为目标进行"意义建构"

建构主义理论的内容很丰富,但其核心是以学生为中心,强调培养学习者的主动"建构"能力。多媒体技术能提供直观的、形象的多重感官刺激的视听教材,是一种最有效、最直接的信息传递方式。因而必须让学生充分、自主地占有信息资源,为学生感受情境、探索发现、验证假设、建构意义提供丰富的、有价值的多媒体形式的信息资源。领悟所学内容主题的情感基调及基本内涵,对学生认知结构的形成与发展是非常有利的,也是其他媒体或其他教学环境无法比拟的。应在进行教学目标分析的基础上,选出当前所学知识中的基本概念、基本原理、基本方法和基本过程作为当前所学知识的基础内容,然后再围绕这个主题进行意义建构。让学生自己把握自己的教育,创造他们自己的知识,用他们自己的创造力去研究并向他人表达信息,使学生对所学知识内容达到深刻的理解和掌握。

【思考题】

1. 在思想政治新旧课程视野下,课程与教学的内在关系有什么不同?认识这一点,对于思想政治课教学改革和实践有什么意义?

2. 结合思想政治课教学实践,谈谈如何全面理解师生关系不是抽象的,而是现实的?这种现实性如何体现?

3. 你认为,作为思想政治课教学的基本任务,掌握知识、发展能力和提高思想觉悟,它们之间应该是一种怎样的关系?为什么?

【阅读书目】

1. 柳丽.列宁思想政治教育理论与实践研究.人民出版社,2015年版。

2. 赵兴宏.思想政治教育理论与实践若干问题研究.社会科学文献出版社,2015年版。

3. 范传鸿,李永亮.素质教育视域下思想政治理论课教学功能的实现.思想政治教育研究,2009年第6期。

4. 郭健.论所愿智能理论与思想政治课的契合.中学政治教学参考,2016年第1期。

5. 于宏宇.建构主义理论下的思想政治课教学.思想政治课教学,2004年第6期。

第四章 思想政治课的教学方法

[学习要求] 了解选择教学方法的依据，熟练掌握思想政治课教学常用的教学方法，懂得启发式是思想政治课教学的根本方法，明确启发式教学的实质和基本要求，掌握启发式与其他教学方法的关系。

毛泽东曾经形象地把任务和完成任务的方法比作"过河"和"船、桥"的关系，指出：不解决桥和船的问题，过河就是一句空话。不解决方法问题，任务也只是瞎说一顿。教学方法问题是教学领域的基本问题之一。善于运用科学的教学方法进行教学，是完成学科教学任务，提高教学质量的重要保证。

第一节 思想政治课教学方法概述

一、思想政治课教学方法的含义与本质

（一）教学方法的科学定义

教学方法一词，在我国的教学理论研究中很少有确切的表述，往往在不同的场合有不同的含义。有时说成是手段，有时又与原则相混淆，有时又和教学组织形式不分。教学是综合体，它包含着影响教学过程的许多因素，而各种因素间又有不可分割的种种联系。因此，在理论和实践中要将它们十分清楚地分开确非易事。但另一方面在教学这个综合体中的各个不同的教学范畴，各在其不同层次上发挥其各自不同的作用，因而又各有其特殊含义，而这种特殊的含义正是不同教学范畴的本质反映。如果彼此不加区别地混在一起，其结果就会什么都说不清楚。

那么，如何对教学方法这个概念作出比较科学的定义呢？

王策三认为，"教学方法是为了达到教学目的，实现教学内容，运用教学手段而进行的，由教学原则指导的，一整套方式组成的，师生相互作用的活动。"

相对而言，这个定义下得比较科学，因为：① 定义把教学方法看作一个活动过程，并把它放在所实施的教学活动的动态中去考察；② 定义涉及了影响教学过程的各种主要因素，并根据它们各自的特殊地位和作用作了科学的安排，这种质的规定性避免了某些概念

相互混淆的现象;③ 定义突破了传统的教育思想,对教和学两个能动因素在教学过程中的相互影响相互作用作了充分的肯定,这样就把教学方法的选择、实施和协调好师生关系结合起来,就能更多地说明教学方法在教学活动中的作用。

目前一般对教学方法含义的界定是:教学方法是教师和学生在教学过程中,为达到一定的教学目标,完成一定的教学任务,根据特定的教学内容,双方共同进行并相互作用的一系列活动方式、步骤、手段的总和。

对教学法方法含义的理解,要明确以下几点:

首先,教学方法不能仅仅只是看成教师在教学中使用的方法,它同时也指学生在学习过程中运用的学习方法,它是教师施教方法和学生学习方法的有机统一。这样,教师在研究教学方法时,就要包括教法和学法这两个方面。当然,教法和学法两者是有区别的:教法主要在于教师有效地传递知识、技能,体现教育内容;学法主要在于学生能够高效地获取和掌握知识、技能,使身心健康发展。

其次,教学方法是师生在教学活动中共同进行、相互作用的过程,即无论是教师的施教方法,还是学生的学习方法,在特定的教学活动过程不是彼此分割、孤立开展了,而是相互联系、相互制约的,这是强调师生在教学行动中的互动性、依赖性。教法和学法的这种密切关系表现在:一方面,教师在教学中的主导地位,决定了教法对学法具有指导作用,即教法影响学法;另一方面,学法状况如何又会在一定程度上制约教师对教法的选择运用,即教师在运用教法时必须要考虑学生的学法问题。

最后,教学方法是工具体系概念。一方面,作为教学工具的意义,是强调使用何种教学方法本身不是目的,只要它能够使教学目标最大限度地实现,为教学任务的顺利完成服务,就实现了它的功能,就是好的方法,在这个方面可以说是"教无定法"。因为,合理的方法能促进教学活动的发展和实现,不便更换方法有碍于教和学的统一。另一方面,作为方法体系,它又包括很多方面,如方式、步骤、手段、措施和途径等。其中,方法体系中又可以分为基本方法和具体方法等。

(二) 教学方法的本质

对教学方法的理解,除了以上在其概念把握上的理解外,还需要进一步加深对其本质的探究。关于教学方法的本质认识,可以着重把握三点:

1. 任何教学方法的使用都体现了特定的教育价值观

教学方法是为达到特定的教学目标服务的。而教学目标的确定则可以从深层次上反映教育价值观的问题。例如,传统教育价值观的核心就是把学生作为知识的"容器",把教材上有知识传授的质和量看成是教学目标,在这种教育价值观的支配下,教学方法的选择与使用就是为了知识传授服务,而对学生其他方面的发展可以不给予关心。现代教育价值观的核心则是提倡"以人为本",为了学生的全面发展。在教学目标的确定上就要充分考虑这个思想,因此在教学方法的选择和使用上,就会想方设法使教学方法为学生的全面发展服务。可见,要把握一种教学方法的本质,就必须着眼于它所体现的根本的教育价值观,看它指向怎样的课程与教学目标。

2. 任何教学方法的使用会受到特定教学内容的制约

众所周知,在中学的各学科教学中,都会产生反映本学科特点的相对固定的教学方法,这是因为教学方法与教学内容是统一的。

各学科教学必须运用适用各学科内容的思维方法、研究方法、研究手段,教师要探讨并把握本学科的方法论特性。例如,数学教学中的演算法,物理、化学、生物教学中的实验法,语文教学中的朗读法,思想政治课教学中的理论联系实际法,由抽象上升到具体的方法等,都是在教学实践中逐渐形成的各具特色的教学方法。不同学科之间由于教学内容的不同而制约了教学方法的使用,即使在同一学科里,由于教学内容的差异也会形成不同特色的教学方法。如思想政治(品德)课,教学内容的差异中有心理健康知识、法律知识、道德伦理知识、社会知识、我国国情知识等,对这些不同的教学内容,教学方法也有很大差别,像心理健康教学中就常常使用"情景教学法",法律知识教学中就常常使用"案例教学法"等。

3. 任何教学方法的使用都会受到教学组织的影响

教学活动是在一定的教学组织形式下进行的,不同的教学组织形式会直接影响教学方法的选择。例如,课堂教学与课外活动以及社会实践活动是三种常见的教学组织形式,但是它们的组织形式无论从结构和要求看,都有很大区别,因此,它们对教学方法的要求也就不同。在某种教学组织形式下行之有效的教学方法,到了另外一种教学组织形式中就可能行不通。即使在同一种组织形式下,如在课堂教学形式下,在个别化教学组织中就难以实施有效的集体讨论式的教学方法,而在班级授课组织中,真正采用自主型教学方法也会受到很大限制。当然,反过来,教学方法也会影响教学组织,所以教学方法与教学组织是内在统一的。

二、思想政治课教学方法的优选

作为教育现代化内容之一的教学方法,在世界范围内已日益受到人们的重视。但在我国当前思想政治课教学改革中,不少同志仍习惯于传统的方式,在教学方法的改革和优化方面,大胆创新不够,因而新内容和旧方法之间的矛盾就比较突出。一些调查资料表明,在当代我国的中学生中,真正对思想政治课抱有偏见的人不太多,大多数学生对政治、对思想政治课的学习还是关心的,只要内容生动,方法得当,既有说服力,又有吸引力,学生还是喜欢学习的,这里想着重谈一下教学方法的优化选择问题。

教学方法的选择,直接关系到课程的质量和效果。如何选择也绝不是教师个人苦思冥索的结果,而是由教学过程中各种主客观的现实条件决定的,尤其是思想政治课,教学方法多种多样,教学中如何因时、因地、因人制宜地选择和巧妙地运用教学方法,这是一种教学艺术。我们常常遇到教师在备课中所选定的某种教学方法,到了课堂却不一定见效,有时还会有出乎意料的情况,以致教师不得不改变原来拟订的教学方案,以便将学生的思维引入正常的教学轨道。特别在教改逐步扩展深入的今天,这种情况就常会出现。为此,优选教法以保证教学过程的规范化、科学化、正常化的确是十分重要的。

以往的教学理论,对如何选择教学方法,一般地都提出三个标准:

(1) 根据教学任务,是传授和学习新知;还是形成某种技能技巧,等等。
(2) 根据教材内容的特点、份量的轻重,性质的不同,等等。
(3) 根据教学对象的年龄特征,知识基础和心理发展水平,等等。

这些标准今天看来仍是正确的,但较为笼统,因为选择教学方法的因素很多,而且即以其中某一个方面而论,也有些具体的选择条件。这里主要有两个问题必须解决:一是选择标准问题;二是选择程序问题。

(一) 教学方法选择的标准

究竟何种教学方法才算是好的,我们认为无一定之规,一切应以时间地点、条件为转移,应该着眼于教学方法的体系或多种教学方法的合理组合。因为没有任何一种或几种教学方法,能适用于一切范围和条件。好的教学方法的标准,除了前面提及的三个标准以外,还应该考虑到教学手段、教学环境和教师本身的特点等选择因素。因此,我们认为选择教学方法必须突破传统教育观念的局限,对影响教学方法选择的种种因素进行全面地、具体地、综合地考虑,经过权衡比较,然后决定取舍。例如过去在教学任务方面对学生的智力开发、个性培养、创造思维的发展等,就注意不够。其实这些应该说是重要的选择标准,又如教师如何选择有利于发挥自己长处的教学方法就很重要,因为这样能发挥教师的个性特点,形成一种独特的教学风格,提高教学效果;还有,现代化的教学手段,又为教师使用多种教学方法提供了方便的条件;再有,教学进度和教学时间,也应该是选择教学方法的重要标准。当时间允许时,可选择费时较多的教学方法;当受到时间的限制时,就只能选择费时较少的教学方法。总之,教学方法的选择是否得当,是一个教师的教育机智和教学能力的反映,对一个思想政治课教师来说,还反映出他的思想方法是否正确。因此,我们认为正确选择和运用教学方法,应当作为教师的一种基本素质来看待。

(二) 教学方法选择的程序

综合国内外有关专家的论述,选择教学方法的程序,大致包括以下几个大的步骤:

首先是明确选择标准。各种标准都要具体化,同时要考虑到在各种具体条件下教师组合运用的实际可能性。

第二步,尽可能广泛地收集各种教学方法,包括各种教学方法中的方式和细节,收集的教学方法愈多,愈有利于教师进行最优的选择,在选择运用的过程中,创造和论证更多更好的教学方法,使教师的选择范围得到不断地扩大。

第三步,对各种可供选择的教学方法,进行比较:① 比较各种具体教学方法的特点;② 比较各种具体教学方法的适用范围和条件。

最后,对诸多方法进行筛选,做出决断。

课堂教学五种风格

第二节 思想政治课常用的教学方法

一、启发式教学

21世纪是一个全新的世纪，是"创造教育的世纪"。21世纪对思想政治课教学提出了强烈呼唤。有人说，21世纪最大的危机不再是"经济危机"，而是人们的"道德危机"。由此可见，思想政治课教学面临着何等严峻的挑战。

启发教学是当前国内外教学方法研究的热点之一，任何教学方法的研究都离不开"启发"。在国外，有的学者提出构建一门新兴学科——启发学，并设立"启发学研究所"；在我国，有人提出要"以启发教学为基础，建立我国的教学方法理论体系"。中共中央颁发的《关于改革学校思想品德和政治理论课程教学的通知》明确指出：思想政治课"要改变注入式的教学方法，尽量实行启发式的教学方法"。

(一) 启发教学的理论分析

启发教学亦称启发式教学。"启发"一词源于我国的大教育家孔子，他说："不愤不启，不悱不发。举一隅不以三隅反，则不复也。"(孔子《论语·述而》)后人将这句话中的"启"和"发"二字抽出来，连贯起来，从而产生了启发教学的概念。宋代教育家朱熹对此注解说："愤者，心求通而未得之意；悱者，口欲言而未能之貌。启，谓开其意；发，谓达其辞。物之有四隅者，举一可知其三。反者，还以相证之义。复，再告也。"(朱熹《四书章句集注》)也就是说，所谓启发教学，就是当学生想弄明白而又弄不明白、想说而又说不出来的时候，要启迪他的思维，开导他的表达，使之学会举一反三。

在国外，晚于孔子的古希腊哲学家苏格拉底提出的"问题教学法"或"助产术"，是西方最早的启发教学。自此以后，随着时代的发展，启发教学的内涵不断得到充实和完善，尤其值得一提的是：1929年，毛泽东同志在古田会议上提出了十项"教授法"，明确提出教学要坚持"启发式（废止注入式）"，并将它规定在党的文件里，赋予启发教学以重要地位和崭新含义。

何谓启发教学？从不同视角或层次，可以做出不同回答。

从教学理论的角度而言，启发教学是思想政治课教学的指导思想。"启发式"作为教学的指导思想，是同"注入式"相比较而存在、相斗争而发展的。教育发展史积累起来的众多教学方法，从其指导思想来看，不外乎"启发式"和"注入式"两种根本对立的体系。一般教学理论将"启发式"和"注入式"的根本对立，概括为学生观、学习观和学习效果观的对立，启发教学作为教学的指导思想，贯穿于教学过程的始终，对每一种学教方法的运用均起指导作用。在教学过程中，如果将启发教学仅仅视为一种教学方法，并与其他教学方法相提并论，在教学理论研究上就会方向不明、层次不清，在教学实践中则会"为启发而启发"，陷入形式主义的泥潭。启发教学作为教学的指导思想，处于教学方法体系的最高层次，对各种教学方法起着定向、调节、控制作用。

从教学过程的角度来看,启发教学是思想政治课教学的基本原则。教学方法多种多样,但无论采用何种教学方法,都必须遵循启发教学这一基本要求。正是在此意义上,我们说启发教学是教学的基本原则。遵循这一基本原则,要求教师起码做到:① 挖掘教材中的启发因素,充分调动学生学习的积极性和主动性,实现教师的主导作用与学生的主体地位相结合;② 设计富有启发性的问题,引导学生积极思维,实现知识系统学习与能力充分发展相结合;③ 坚持理论联系实际,引导学生正确分析和解决问题,学会以简驭繁、举一反三,实现理论与实践相结合。

从教学方法的角度来看,启发教学是思想政治课的教学方法。对此,可以从以下两个层次来理解:① 启发教学是一种总的教学方法,是渗透于一切常用教学方法之中的教学方法,它对各种具体教学方法起指导作用。我们研究启发式在常用教学方法(如讲授法、谈话法、讨论法、演示法、实践法等)中的运用,正是从这一意义上而言的。② 启发教学是一种具体的教学方式。教学方式是指教学方法的细微组成部分或侧面。以启发为指导思想和基本原则的教学方法体系,是由许多具体的启发式组成的。否定启发教学是具体的教学方式和将启发教学仅仅视为具体的教学方式一样,都是错误的。离开了具体的启发式,启发教学就会成为空中楼阁。

由此可见,启发教学是指在教学过程中,教师遵循教学规律,从学生实际出发,采用各种灵活而有效的方法和手段,激发学生学习的内在动机,引导学生积极思维,使他们主动获取知识、发展能力、提升素质的教学指导思想、教学原则、教学方法或方式的总称。

(二) 启发教学的基本要求

虽然"教无定法",但实际上启发教学仍有一般规律可循。思想政治课教师要有效实施启发教学,必须关注以下问题:

1. 启发教学的个性

启发教学对各门学科都具有普遍意义,即具有各门学科普遍适应的品格或一般特征。启发教学强调以学生为主体,以调动学生学习的积极性和主动性为前提,以启迪学生思维为核心,以引导学生举一反三、发展智能为目的。这些可以说是启发教学的共性。

思想政治课坚持启发教学,不能停留于对启发教学共性或一般特征的了解或阐述,而应该更深入地研究思想政治课启发教学的个性或学科特征,促使思想政治课启发教学富有特色、具有实效。我们认为,思想政治课启发教学的个性主要表现为:

(1) 学生实际尤其是学生的思想实际,是思想政治课启发教学的基点。这是因为,思想政治课的根本属性就是德育性,即对学生进行思想政治道德素质教育。思想政治课启发教学只有把握住学生的思想脉搏,才能卓有成效。

(2) 重大社会热点,是思想政治课启发教学的一个主要切入点。在现代社会,学生接受来自社会的各种信息,关心我国的社会主义现代化建设,尤其是对我国改革开放过程中出现的新事物倾注着极大的热情。思想政治课只有抓住社会热点而进行启发教学,才能体现出鲜明的时代特色。

(3) 解决学生知与不知、信与不信、行与不行矛盾,是思想政治课启发教学的归宿。思想政治课的教学过程,是学生知、信、行相互转化、不断发展的过程,也是帮助学生解决知与不知、信与不信、行与不行的矛盾的过程。思想政治课教学只有以此为出发点和归宿,才能完成特定的教学任务,体现出学科特色。

2. 启发教学的时机

种子发芽、孕妇生产都是有时机的,不按时机,不顺应自然,就难以奏效。启发教学要选择恰当的时机,巧妙施教。关于启发教学的时机,孔子早已明确指出:"不愤不启,不悱不发。"但对"愤悱"的内涵,古今有多种解释,其中具有代表性的是:① 从认识的角度理解"愤悱",认为"愤悱"是学生认识上一种困惑状态,即似懂非懂,有所知又非全知,想说清又无法说清。启发教学就是要以认识主体对教学客观的认识处于一种困惑而又不甘迷惘不解的状态为逻辑起点,促进学生由困惑境界达到真知境界。② 从非认知的角度来理解"愤悱",即认为"愤悱"具有双重内涵,是认知因素和非认知因素的辩证统一,启发教学就是在学生产生"愤悱"之时,给予启迪、开导、点拨,帮助他们独立思考,创造性地完成学习任务。

3. 启发教学的核心

启发教学不等于启发思维,但启发教学的核心则在于启发思维。我国古代理学家朱熹对"启发"二字的解释是:"启,谓开其意;发,谓达其辞。""开其意"是指打开学生的思路,而不是直接告诉结论;"达其辞"是指提示学生如何敞开语言表达,而不是代替学生去表达。学生的学习活动是一种特殊的认识活动,而人的认识活动主要是思维活动。因此,按照思维规律和学生思维发展的特点,去促进学生积极、主动、创造性地展开思维活动,乃是启发教学的核心。

4. 启发教学的实质

启发教学决不能停留于让学生找到问题的答案,而应是引导学生学会闻一知十、举一反三,即运用所学知识和方法去解决众多的新问题。如果学生"举一隅,不以三隅反,则不复也"。有经验的教师,总是善于运用迁移规律,把要解决的新问题与已解决的某一类问题联系起来,突出共同规律,把未知转化为已知,引导学生学会以简驭繁、举一反三。

(三) 启发教学的操作模式

启发教学作为一种创造性的思维活动,在教学过程中呈现出千姿百态、迥然有别的个性特征。然而,正是在这众多的特殊性之中,隐藏着带有普遍性的规律和操作模式。

分析启发教学的过程,首先启发教学要有启发激因,包括外在激因(启发原型)和内在激因(学习动机),它是启发教学的逻辑起点;其次是中间变量,或曰启发中介,其主要方法有联想与想象、分类与比较、分析与综合、抽象与概括、归纳与演绎等;最后是顿悟,即问题的解决。如果将这一操作过程模型化,就可得到图 4-1。

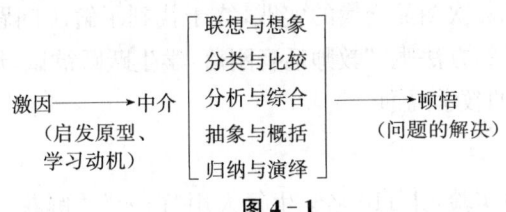

图 4-1

可见,思想政治课启发教学应把握以下具有普遍性的东西,做到有序运行。

1. 提供原型

从某种意义上说,教学过程实质上是教与学的矛盾运动。而教与学矛盾的产生,是由教这一外部条件引起的,教师对学生"愤悱"状态的产生与消除起着主导作用。因此,启发教学的实施首先要求教师提供启发原型。启发原型既可以是具体的教学信息,诸如事物、现象、思想、形象,又可以是具体的情境、气氛。在讲授"商品经济的产生和发展"时,为了启发学生理解"商品是用于交换的劳动产品"中的"交换"二字,教师可提供如下原型:
① 封建社会,农民租种地主的土地,然后用粮食向地主交租。这里的"粮食"是商品吗?
② 中秋佳节,我给外婆送月饼,外婆留我吃晚饭,月饼换饭吃。这里的"月饼"是商品吗?
③ 我与同桌情谊深厚,现在他要转学了,我们相互交换钢笔作为纪念。这里的"钢笔"是不是商品?这些原型的创设,无疑会启发学生的思维,诱导他们主动学习。

2. 激发动机

"原型"是学生学习的外部条件,学习动机才是学生学习的内在动力。只有"原型",没有"动机",往往就会出现"启而不发"。在具体的教学过程中,学生常常无动于衷,这并非学生缺乏学习动机,而是学生的学习需要还处在一种潜伏的静态。启发教学要求教师将学生潜伏的需要和动机转化为活跃的、实在的活动动机。也就是说,启发教学不能只满足于提供原型,而应在此基础上引导学生产生解决原型中所含问题的期待。如在教学"货币的产生和本质"时,教师首先提供原型。

如果有一生产者想用羊交换石斧,但有石斧的一方却不需要羊,而要用石斧换布,布的持有者需要交换的又是盐,盐的持有者才需要交换羊。遇到这种情况,羊的持有者就先用羊换成盐,再用盐换布,然后用布换石斧。这样,几经周折,才能实现预期的交换目的。如果有盐的人也不需要羊,那么有羊的人走遍集市的每一个角落,也可能无法交换到自己所需的东西。

图 4-2 物质交换图

此时,教师不失时机地诱导:"我们无须杞人忧天,困难总是和解决困难的方法一同产生的。我们的前人经过无数次商品交换的实践,终于找到了解决问题的方法。在座的各位同学能否找到解决问题的方法呢?"教师话音刚落,学生跃跃欲试,形成了教师循循善诱于前、学生孜孜以求于后的教学局面。

3. 选择中介

有人做过一个简单的实验:让110名学生每人用"白云"、"鲜花"各写出五个比喻句,时间是 10 分钟。所得结果,删除雷同,"鲜花"的比喻共 92 句,"白云"的比喻共 75 句。这一实验表明:同一原型的信息输入不同的大脑,由于它们所贮存的相似块不同,相似块结构组合状态不同,它们的思维功能不同,其结果表现就不同。企图寻找一个对人人都适用的并以此获得某个既定"解"的启发原型是不可能的,因为它本身并不存在。启发教学的关键就是要寻求"原型"与"顿悟"的"中介"。尽管启发教学的中间变量众多,但其思维方式主要为联想与想象、分类与比较、分析与综合、抽象与概括、归纳与演绎,等等,富有艺术性的启发教学,正是这些思维方式的有效运用。例如,理解概念和原理时,主要是利用各种变式进行比较,领会其共同的本质属性的关系,属于把客观加以主观化的内化过程;运用概念和原理时,则主要是从抽象的概念和原理出发,实现具体化,把具体课题加以类比并做出解题的判断,属于把主观加以客观化的外显过程。前者较多地运用归纳方法,后者较多地运用演绎方法。思维活动的复杂性和多样性,决定了启发教学具体方法和步骤的多样性。那种企图用固定格式来限制启发教学的做法是违反科学的。

4. 促进顿悟

启发教学的最后阶段和直接目的,就是要使学生产生"豁然开朗"之感,获得对问题的顿悟,即对问题的解决。启发教学"顿悟"的心理机制主要是直觉与灵感。直觉与灵感虽然具有随机性,令人难以寻觅,但它们作为一种高级的心理活动,仍有规律可循。在思想政治课教学过程中,由教师而引发的学生思维的直觉与灵感确实是常见且富有成效的。教师可采取形象感发、背景提出、思路点拨、变式分析等手段来促进学生顿悟,获得问题的解决。

当然,在教学过程中,面对较为复杂或难以理解的问题,教师实施启发教学以后,学生的认识仍不能到位,只能获得问题的初步解决,即认识不全面、不深刻、不完善。此时,教师则应针对学生的实际情况再一次对学生实施启发教学,以获得问题的彻底解决。这就是启发教学过程中的再启发。如果将这一操作过程模型化,就可得到如下图式:

激因→中介→顿悟→激因→中介→顿悟
(问题初步解决)　　(问题彻底解决)
　　启发　　　　　　　再启发

图 4-3

"再启发"的操作要领同"启发"如出一辙,但教师尤其要注意变抽象为具体,变深奥为通俗,变枯燥为生动,化难为易,化繁为简。唯有如此,才能变被动为主动,化腐朽为神奇。

(四) 启发教学的具体方式

启发教学既是一种总的教学方式,又是一种可操作的切实可行的教学方式。启发教学的具体方式不胜枚举,下面简要介绍几种常用的启发教学方式。

1. 设疑启发

"发明千千万,起点是一问。禽兽不如人,过在不会问。智者问得巧,愚者问得笨。人力胜天工,只在每事问"(陶行知语)。

如讲"在社会主义时期,剥削阶级作为阶级在我国已被消灭,但阶级斗争在一定范围内将长期存在,在一定条件下,还可能激化"。问学生这句话是否矛盾,应怎样理解?

设疑或提问并不等于启发，然而，有效的设疑则能创设问题情境，打开学生心灵之扉，促使他们开动脑筋，独立思考，求得问题的解决。要使提问具有启发性，必须注意：

(1) 所提问题要新颖有趣且有一定难度，能激发学生的求知欲望，使之乐于思考。(孔融能吃大梨?)

(2) 提问要遵循学生认识规律和现有认识结构，要注意知识的内在联系，由浅入深，由未知到已知。(问题不能太大)

要注意问题的层次性，一般来说要由浅入深。问题设计得有梯度，就好像引导学生去攀登山峰，翻过一个山头还有更高的山在前面招手，成就感与好胜心会不断驱使学生去主动积极思考，向困难挑战。

如在学习市场交易原则中的平等原则时，可设计五个问题："何谓平等原则？""平等原则是对谁的要求？""现实生活中哪些交易行为违背这一原则？""根据上题说说为什么要坚持这一原则？""市场经济之所以要坚持这一原则从根本上说是由什么决定的？"

例如，在讲《助人为乐》一课时，配合挂图，讲雷锋冒雨送老大娘的故事，然后提出一系列具有启发思考价值的问题："这位老大娘在人生地不熟的情况下，心里如何想？""当雷锋送老大娘到家，与老大娘告别时，老大娘心里又如何想？""雷锋衣服淋湿了，为何还笑得那么甜？他心里想什么？"这种提问启发，既丰富了知识，又增长了智慧，利于学生思维活动铺开，让学生展开想象，揣摩人物情感，探究事态的发展。这对强化学生道德认识，加深道德情感，开发学生智力是极其有益的。

(3) 提问要富有艺术性，要引导学生"于无疑处生疑"。如讲授"商品价值"这一概念时，教师提出"农民生产的粮食自己吃，这里的粮食有价值吗"这一问题，就可有效地开启学生思维的大门，使他们明确："吃"是粮食的使用价值；农民生产粮食尽管耗费了体力和脑力，即付出了无差别的人类劳动，但因这里的粮食不是商品，无差别的人类劳动没有凝结在商品中，故这里的粮食没有价值。"辛辛苦苦三十年，一夜退到解放前"、"小偷偷东西是劳动吗？"

(4) 要提高提问的实效性。在课堂提问时，不做无效提问，比如在做了明确的阐述后拖一句"是不是"、"对不对"。少做低效提问，如"偷税的含义是什么？"简单的概念表述，不能促使学生积极思维甚至引不起学生回答的兴趣，因为谁都能回答的问题对高中生来说激不起表现的欲望。问题要问在学生的"最近发展区"，即"现有水平"和"潜在水平"之间，学生的"愤悱"处，使学生"跳一跳就能够着"，从而触动学生的兴奋区。同样是学习"偷税的含义"(偷税是指纳税人故意违反税收法规，采用欺骗、隐瞒等方式逃避纳税的违法行为。如为了少缴纳或不缴纳应纳税款。有意少报、瞒报应税项目、销售收入和经营利润；有意虚增成本、乱摊费用，缩小应税所得额；转移财产、收入和利润；伪造、涂改、销毁账册票据或记账凭证等。偷税损害了国家利益，触犯了国家法律，情节严重的构成偷税罪，属于破坏社会主义经济秩序罪的一种，对构成偷税罪的要依法惩处)，可在集体阅读了含义后，提问"这种表述给我们传递了哪些信息？"如果学生一时难以回答，可抛砖引玉。"偷税的行为主体特指纳税人，即直接负有纳税义务的个人或单位。"然后，引导学生就偷税的主观动机、手段、目的、后果等方面进行分析。经常引导，会使学生掌握一定的学习方法，提高学习新知识的能力。

2. 比较启发

比较分优劣,比较见异同。将两种事物进行比较,可以开阔学生的思路,使之更深刻、更准确地认识事物的本质。在思想政治课教学中,可以比较的事物和比较的方式是多种多样的,教师应根据实际情况灵活运用。例如:"公民"与"人民"、"劳动"与"劳动力"等概念仅一字之差,引导学生对此进行比较,分析其异同,就会形成学生生动活泼、主动学习的教学氛围。又如:感性认识与理性认识、主次矛盾、股份有限公司与有限责任公司。

3. 情境启发

这是一种创设具体形象的情境,让学生联想和思维,使学生生动活泼地学习的启发方式。如在讲授"纸币的发行量必须以流通中的所需要的数量为限度"时,一位教师创设了如下情境:"有同学说,现有企业经济不景气,人们生活水平不高,就是因为没有钱。假如我当了中国人民银行行长,我就下令多印些钞票,使企业有钱购买生产资料,人们有钱购买生活资料。这样做行吗?"这一情境的创设,将抽象原理具体化,有效地启迪了学生的思维。

4. 反诘启发

这是一种学生在解决问题的过程中对所出现的谬误进行反诘,促使学生另辟蹊径或深化理解的一种启发方式。如对"企业"这一概念的理解,学生往往会发生一些误解,认为"以盈利为目的的经济组织就是企业"、"从事生产活动的经济组织就是企业"、"向社会提供商品的经济组织就是企业"。(依法设立、以盈利为目的、向社会提供商品的经济组织。)教师针对这些误解进行反诘,就会深化学生认识,使他们全面、准确地理解"企业"这一概念。(如果小偷偷东西也是劳动,我们就应尊重小偷了。)

反问启发,也就是用旁敲侧击的手法,从问题的侧面或反面来多角度发问,以转弯抹角地进行点拨,促使学生消除思维障碍,从而达到教学本旨。在讲"奴隶社会中,奴隶受剥削的根源是奴隶主占有生产资料并完全占有劳动力"这一问题时,学生似懂非懂。用反问手法:"如果是奴隶占有生产资料并完全占有劳动者,会出现怎样的结果呢?"则学生茅塞顿开。由此一步步引导学生解决"地主和农民、资本家和工人间的关系是什么?"等系列问题。这样层层反问启发,使学生深刻认识到在奴隶社会、封建社会和资本主义社会中,奴隶、农民、工人受剥削的根源,有效地完成教学任务。因此,教师在思想政治课教学中要善于激疑,多从反面提出问题,"制造矛盾",以此打开学生心灵的门扉,激发其思考,逐步引入教学佳境。

5. 直观启发

这是一种利用直观教具来启发学生积极思维,深刻领会教学内容的方式。如讲"我国全方位的对外开放格局"时,可利用自制的中国地图,图上简要标明我国的经济特区、沿海开放城市和经济开放区、沿边和内陆开放城市等。这一教具具体形象,有利于学生更清晰地了解我国对外开放由点到线、由线到面、从南到北、从东到西、从沿海到内地逐步推进,最终形成了东部、中部、西部三大经济地带同时面向全世界,多层次、多渠道、全方位开放的新格局。(教室里多了个什么东西?)

6. 比喻启发

这是用具体形象即学生熟悉的事物做比喻，启发学生联想和思维的一种启发方式，在我国古代的教学经验和方法中，就有"博喻"、"善喻"的说法。博喻，就是用几个喻体从不同角度反复设喻去说明一个本体，又叫连比。博喻不同于明喻、暗喻、借喻等各种比喻，博喻运用得当，能给人留下深刻的印象。运用博喻能加强语意，增添气势。博喻能将事物的特征或事物的内涵从不同侧面、不同角度表现出来，这是其他类型的比喻所无法达到的。它的特点是：连续性在思想政治课教学中，教师对一些比喻的素材进行认真选择、整理和提炼，挖掘其科学性、通俗性和思想性，就会收到较好的效果。如在讲授"非公有制经济是我国社会主义市场经济的重要组成部分"时，教师可作如下形象比喻以启迪学生思维：社会主义市场经济好比八宝饭，糯米是主要成分，但八宝饭里还有红枣和莲子等其他成分。只有把糯米、红枣和莲子组合在一起并以糯米为主才能称其为八宝饭。这里的"糯米"就是"公有制经济"，"红枣"和"莲子"就是"非公有制经济"。

7. 提示启发

这是一种针对学生在思考问题的过程中发生困难而进行提示，引导学生全面理解问题的启发方式，在讲授"货币的本质"时，当教师提出"货币的本质是一般等价物，货币能否与一般等价物划等号"时，学生众说纷纭。教师适时提示说："大家应考虑一下，在货币产生以前，商品交换过程中是否出现过一般等价物呢？"经过教师的提示引导，学生茅塞顿开，很快就解决了这一问题。

提示启发也是点拨艺术，在课堂提问中的功能是不可忽视的。点拨要把握好度，不到不行、过犹不及。点拨就是给学生一把钥匙，不给不行，直接替他开了门而不把钥匙给他也不行。关键就在给学生以启发、激发其积极思考的欲望。比如学习市场交易的诚信原则，当谈到市场经济就是诚信经济时，老师举了美国的一个例子：美国人买家电可先试用半年到一年，认为好才决定买，认为不好可退货，商家不会拒绝。这时有同学说："那我今年用这家商场的明年用那家的，自己不用买了。"于是老师问："如果美国人都这样想，商场这么做坚持得下去吗？""当然不行。"老师又问"是不是美国的消费者都想不到这一点？""当然不是。""那这说明诚信原则的坚持需要一定的土壤。它的要求是什么？""买卖双方都讲诚信。""不但如此，还需要一定的监督机制。"随后老师谈了美国的个人信用档案。并留下了问题让学生自己去体味"我国当前如何，我们应该怎么做？"

8. 分解启发

这是一种将比较复杂、学生难以理解的问题变成若干较为简单、易为学生所理解的问题而启发学生思维的方式。在教学过程中，面对"怎样正确认识价值、供求关系、价格三者之间的关系"这一问题，教师最好应将其分解为几个小问题来考虑，即：① 价值与价格的关系怎样？② 供求关系会呈现哪几种情况？它们分别对价格有什么影响？③ 价格变动对供求关系又有何影响？④ 供求关系是否决定商品价格？这样分解启发，有利于学生条分缕析地解决问题。

瑞士教育家亚美路说："教育最伟大的技艺是知所启发。"启发教学是教学实践中一个古老而新颖的课题。在全面推进素质教育的今天，思想政治课教学要发挥其特有的功能，就必须坚持启发教学,以唤醒学生的潜能,落实学生的主体地位,促进学生主动、全面、生动活泼地发展。

二、目标教学

有效的教学始于准确地知道需要达到的教学目标是什么——布卢姆。20世纪80年代中期,随着我国教育改革的发展,美国著名教育心理学家布卢姆等人创立的教育目标分类学传入我国。我国部分地区和不少学校进行了目标教学的改革实验,并取得了一些可贵的成效。时至今日,要使目标教学向纵深健康发展下去,必须不断深化和完善对目标教学的认识,从理论和实践的结合上探讨适合我国教学实际以及各学科特点的目标教学模式和方法。

(一)目标教学的理论基础

目标教学理论是建立在布卢姆等人的教育目标分类理论、教育评价理论和掌握学习理论的基础之上的。因此,研究和实施目标教学,首先必须对这三个理论有一个基本的清晰的认识,以把握其精神实质,在教学实践中高屋建瓴,避免其盲目性和偏差。

近30年来,世界各国和一些教育心理学家对教学目标提出了各种不同的分类法,其中对世界各国影响最大的是布卢姆等人创立的教育目标分类理论。布卢姆等人认为,教学目标主要包括三个领域,即认知领域、情感领域、动作技能领域,其中认知目标包括知识、理解、运用、分析、综合、评价;情感目标包括接受、反应、形成价值观念、组织价值体系、形成价值情结;动作技能目标包括观察、模仿、练习、适应。

布卢姆等人的教学目标分类理论深化了人们对教学目标的认识,在教学实践上已经广泛而深刻地影响到了课程设置、教材结构、教学方法以及教学测量和评价。当然,对于他们的分类理论也有许多反对意见。例如:有人认为,他们的分类理论把完整的教学目标割裂成琐细的单元,忽视了认知、情感和技能之间的联系;有人认为,情感目标是难以用行为变化来说明的,因而提出这方面的目标分类是毫无意义的。在思想政治课教学方法改革的过程中,我们只有全面分析各方面的研究成果,把握其精神实质吸取其合理内核,才能使我们具有一个清晰的认识,并用以指导我们的教学实践。

布卢姆等人从教育职能的角度把教育评价分为三大类:诊断性评价、形成性评价和终结性评价。所谓诊断性评价,就是采用诊断测试的形式,研究和发现学生学习中存在的问题和实际困难,以便采取恰当的补救措施;所谓形成性评价,旨在改进和发展正在进行着的教育教学活动或方案,即及时提示存在的问题、及时反馈信息、及时进行调控管理;所谓终结性评价,是在教育教学活动终止时,对成果的核定、鉴定,或对评价对象作出某种资格证明。学习、借鉴布卢姆等人的教育评价理论,应根据思想政治课的教学实际,注重对学生的学习进行评价。根据思想政治课的课程标准,对学生学习的评价,一般是通过形成性评价(侧重于教学过程)和终结性评价(侧重于教学结果)的途径进行的。形成性评价的主要内容是:① 分析与诊断每一教学单元或任务在教学中存在的问题;② 分析与诊断每个学生之间关于本学科知识能力掌握程度的差异及其产生的原因。终结性评价主要内容是:① 分析与诊断每一教学单元的任务在教学内容与基本要求已达到的程度;② 分析与诊断经济常识、哲学常识、政治常识等评价目标分别达到的程度；③ 分析与诊断关于整个学科评价目标已达到的程度。

布卢姆等人的掌握学习理论是以"人人都能学习"的信念为基础的。布卢姆明确指出：只要根据每个儿童的能力以及学习成就的状况，有重点地给予适当的学习课题，并且改变学习的时间量、教学方法、学习方法等，那么，所有儿童都能达到一定的教育目标。可见，掌握学习是一种教与学的乐观主义理论，其信念"人人都能学习"是经过美国学校进行长期大量的调查、实验、研究，积累丰富数据的基础上形成的。这种教学策略的核心是：只要教师向学生提供适当的学习条件，通过教学反馈系统及时地提示学习出现的缺陷，采用集体教学并辅以个别学生所需的反馈矫正性帮助，那么，绝大多数学生都能学到学校所教的东西。

总之，思想政治课的目标教学不能完全照搬布卢姆等人的教学理论，但又不能不学习借鉴其教学理论。洋为中用、推陈出新是一个艰难的课题。

（二）目标教学的基本特征

要掌握目标教学的基本特征，首先必须把握其内涵，清晰界定教学目的、教学目标与目标教学等概念及其相互关系。

以往，人们大多使用教学目的这一概念，对教学目的或教学目标并没有严格区别，有时也作同义语使用。实际上，这两个概念既有联系又有区别。《现代课程论》在阐述目的与目标的关系时认为："目的含有方向的意味，表现普遍的、总体的、终极的价值；目标含有里程的意义，表现个别（特殊）的、部分的、阶段（具体）的价值。"可见，教学目的较为笼统，较为概括；教学目标较为明确，较为具体，是某种教学行为具体结果的体现。教学目的的实现有赖于许多隶属的具体教学目标的实现，且贯穿于各个具体教学目标之中。

目标教学在学术界尚无公认的、统一的解释，较为流行的说法是：目标教学是以系统的教学目标为核心或导向，以班级教学或个别化教学为基本形式，以科学的教学评价为手段，以及时的反馈矫正为保证，以95％以上的学生掌握知识、形成能力为目的的教学模式或方法。可见，教学目标与目标教学是两个既有联系又有区别的概念。它们的联系之处表现在：教学目标是目标教学最突出、最显著的标志，实行目标教学首先必须编制教学目标，并且将它贯穿于整个教学活动之中。它们的不同之处在于：教学目标仅仅是课程设置的一部分，在完成规定教学任务的过程中起定向作用；目标教学是完成一系列教学任务和教学活动的教学方法，是一种把教学目标作用于教与学的全过程，为实现教学目标而进行及时反馈矫正、评价调控的教学方法。

从上面的分析中，我们可以清晰地把握目标教学的显著特征：

1. **教学目标的导向性**

目标教学要求师生树立强烈的目标意识，要以明确具体的教学目标作为教学导向，教学内容的选择、教学策略的制定、教学过程的调控、教学评价的实施、教学效果的鉴定，都必须依据教学目标来进行。

思想政治课的教学目标，是一个多层次的复杂系统。各个层次教学目标之间具有累积性。首先，作为基础的是总体目标，它与通常所说的教学目的是一致的，对其他层次的教学目标起奠基作用。其次是学科或课程教学目标,它是课程方案中所规定的思想政治课这一学科的教学目标,概括起来说,就是培养"四有"社会主义公民。第三个层次是思想政治课不同学年阶段的教学目标,它是课程教学目标的进一步具体化,包括初中和高中阶段以及各年的教学单元,既可以由某一课组成,又可以由几课组成。最后层次的教学目标是课时教学目标,它是最为具体的教学目标,是教师期望学生通过本课时的学习所要实现的行为变化,也称之为学习目标。各种层次教学目标均具有导向机制。

思想政治课的教学目标,也是一个多维结构系统,它由认知目标、能力目标和情感态度价值观目标所构成。认知目标是教学目标结构的基础,主要指学生通过思想政治课的学习,学会识记、理解和应用思想政治课所传授的马克思主义基本观点和其他社会科学知识。能力目标是建立在认知目标的基础之上的,是指学生通过思想政治课的学习,正确运用马克思主义的立场、观点和方法分析和解决问题的能力以及参加社会实践活动的能力。情感态度价值观目标是思想政治课的落脚点,主要是指学生通过思想政治课学习,将所学知识和形成的能力内化为思想政治道德素质。

2. 教学形式的多样性

目标教学是在班级教学这一基本形式下进行的。在一个教学班内,学生知识结构的差异是客观存在的。但是,教师必须坚信每个学生具有巨大潜力,"人人都是人才,人人都能成才"。在行为上,要对每个学生负责,不让任何一个学生掉队。这样,目标教学要求教师不仅要制定针对学生不同发展水平的教学目标,实行分层次教学,而且要为尚未完全掌握教学内容的学生提供必要的个别帮助,即实施个别化教学。个别化的主要形式有:指导自学、个别辅导、小组合作学习等。

3. 教学反馈的有效性

反馈矫正是目标教学不同凡响的一环,目标教学就是依靠不断的反馈矫正来实现达标的。反馈是手段,矫正是目的,两者紧密相连,有机统一。在单元目标教学体系中,通常采用的反馈形式有:① 学前诊断性反馈(前馈),用于了解学生学前认知基础、情感前提和学习能力等方面的情况,便于及时补救。② 学中效应性反馈(即时反馈),包括课堂教学中的观察、问答、自学、讨论、练习等反馈形式,旨在及时发现误差,检查教学中各个环节的有效性,以适时调控教学,最大限度地提高课堂教学效率。③ 学后达成性反馈(延时反馈),主要借助于当堂的达标测试或单元形成性测试,侧重于了解学生教学目标的达成情况,给未达标的学生提供第二次学习的机会,促成全体达标。

4. 教学评价的全面性

目标教学必须始终贯穿教学评价。无论是诊断性评价、形成性评价,还是终结性评价,都要面向全体,兼顾个别差异,帮助学生改善学习,不断进步。根据思想政治课课程标准的规定,思想政治课的学习评价,从其目的来看,是为确认学生学习进度和学习水平或行为的转变,以及教师教学的效果,为调节和控制教学过程提供决策的依据;从其主要内容来看,不仅要考核学生对基础知识和基本理论的识记,更要考核其分析和解决问题的能力,测度学生的行为。

(三) 目标教学的一般模式

模式是某种事物的标准形式或使人可以照着做的标准样式。目标教学绝没有固定模式，但从目前的研究与实验情况来看，目标教学要真正具有生命力，必须向教学模式的方向发展。

目标教学的一般模式是用以提示目标教学的实质、反映目标教学基本要素的主体结构。应用这一模式可以帮助教师理解和认知目标教学的基本构成，并能根据实践去改造和优化，创造出目标教学一般模式的众多变式，目标教学一般模式如图4-4所示。

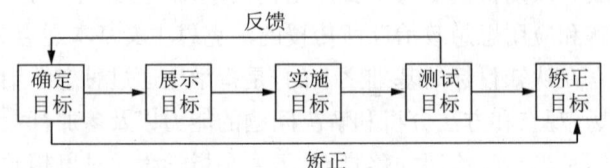

图4-4 目标教学的一般模式

1. 确定目标

目标教学理论告诉我们："有效的教学始于准确地知道需要达到的教学目标是什么。"自布卢姆等人的教学目标理论被介绍到我国后，思想政治课教学目标的确定有了较大改观，但在教学实践中仍存在着许多令人遗憾的缺陷或问题，其主要表现是：① 对教学目标的功能认识不足，无明确的教学目标，教学的主观随意性较大；② 教学目标不完整，重认知目标，轻情感和行为技能目标，或轻能力和德育目标；③ 教学目标陈述不够详细、明细，无法测评目标的达成度；④ 教学目标空泛，目标的确定与课堂教学行为相脱节，目标只写在纸上，上课另行其事；⑤ 教学目标不规范，只有"教"的内容和结果，没有"学的行为变化"；⑥ 教学目标只有对学生的共同要求，没有为"钟型"分布图上两端的学生制定特殊的教学目标，往往造成优生"吃不饱"和学习困难的学生"吃不了"的现象。

思想政治课教学目标的确定，除应在进行教学分析的基础上，自觉遵循科学性、思想性、系统性、实效性等原则外，还应注意其具体操作技术，这就是：方向明确、准确有度、具体可测、简洁明了。课时教学目标的表述还有一种较为规范的形式，这就是阐述规范的行为目标。这种目标在学习结束时能够观察和测量。例如："提供4种背景材料，高三学生能在15分钟内分析'坚持民族团结对维护国家统一，坚持社会稳定的意义'，正确率为95％。"这就是一个规范的行为目标。一个规范的行为目标通常由主体（谁）、行为（做什么）、条件（在什么条件下做）、标准（做到什么程度）等要素构成。从目前我国的教学实际情况而言，系统设计这种详尽的行为目标，是教师个人所难以完成的，何况有些目标是无法量化的。因此，吸收布卢姆等人的目标分类理论的合理内核，根据思想政治课的教学实际，设计出恰当的课时教学目标，是一个非常艰巨而具有重大意义的课题。

2. 展示目标

目标的确定还是停留于教师的"教"，将教师的施教目标转化为学生的学习目标，以引发在学生对该课题产生浓厚学习兴趣的基础之上，在上课开始后，教师要给学生输入一定的信息，并使之与已经形成的认识结构发生矛盾，从而使之产生浓厚的强烈愿望时，教师应及时抓住这样的时机,展示教学目标,给学生以学习导向。

展示教学目标,不仅要注意要求,还要注意方式方法。展示目标的方式方法多种多样,就时间和层次来说,有的可在课前展示,有的可在课堂上展示;有的可一次性整体展示,有的可在教学过程中分次逐步展示。就不同年级而言,可以有不同的目标展示方式。低年级可用简单明了的语言向学生口头说明,中年级可用问题的方式提出,高年级可用提示要点、出思考题等方式提出。例如在讲授"商品的两个基本属性"一框时,教师可采用印发预习题的方式向学生展示教学目标。预习题如下:

(1) 什么叫商品?
(2) 商品与物品、商品与劳动产品有什么联系和区别?
(3) 不同的商品为什么需要交换?
(4) 不同的商品为什么能够交换?
(5) 为什么人们总喜欢购买"物美价廉"的商品?

总之,目标教学的突出特点是确立目标在教学中的中心地位。教学目标是教师和学生教与学的出发点,也是教与学的归宿。只有师生都树立了目标意识,才有可能在课堂教学中恰当、自觉地运用目标调整教学,使教与学协调配合。

3. 实施目标

这一环节是目标教学的主体和核心,它要求教师围绕目标组织教学,达到"三同"——施教与学习目标同向、教学活动与教学手段同步、教学结果与教学目标同一。

教学目标的实施需要教师根据教材结构、学生认知结构等教学因素的差异采用不同的教学方式和方法。在达标教学过程中,一般可采用如下方式:

(1) 自达

即对较简单的教学目标,可在教师的指导下,学生通过自学教材完成达标。认知目标中的许多"识记"目标可采用此种方式达标。

(2) 互达

即对较复杂的教学目标,教师可组织学生讨论或采用由学生向教师提问质疑等方法进行达标。认知目标中的许多"理解"目标均可采用此种方式达标。

(3) 诱达

即对要求较高的教学目标,教师可通过提出与教学目标难度相适应的问题,启发诱导学生思考达标。认知目标中的许多"运用"目标均可采用此种方式达标。

在"互达"和"诱达"的过程中,由于教材内容结构不同,教学目标类型不一,教师的调控方式也应灵活多变。

(4) 分进合击式

这是一种将教学内容分成几个"教学块",每"块"的教学都向总目标靠近的目标调控方式。例如,在"自然界的存在与发展是客观的"一框教学过程中,为了帮助学生理解"自然界的存在与发展是客观的,也不是人的意识的产物,而是客观实在的",教师可将教学内容分为两大块:① 人类产生前,天体的产生与变化、生物的产生与进化、人类的产生都是客观实在的;② 人类产生后,人们利用和改造自然必须以承认自然界的客观实在性为基本前提。不难看出,教师的教学始终围绕着教学目标展开,每一例证、每一质疑都应紧扣教学目标。两"块"教学内容,既互相独立,又互相连贯,分进合击,最终帮助学生理解"自然界的客观实在性"。

(5) 逐层推进式

这是一种先确定目标,然后把总目标分解为几个子目标,并抓住子目标"步步为营",逐步实现总目标的教学调控方式。例如:为了帮助学生树立唯物主义世界观,教师可将这一总目标分解为三个子目标,引导学生确立"世界是物质的"观点;引导学生确立"物质是运动的"观点,引导学生确立"物质运动是有规律的"观点。每一子目标的实现,都有助于实现总目标,并且前一子目标的实现,对后一子目标的实现有着直接影响。

(6) 目标拓展式

在教学过程中,有时似乎教学目标已经达到,可事实上学生掌握得并不牢固,理解也不够透彻。在这种情况下,教师应对教学目标进行拓展,在原有的基础上变换视角,或变换手段,或变换材料,以强化学生的认识。例如在讲授"物质"概念时,教材是在分析了自然界和人类社会是客观实在的基础上引入"物质"概念,并对"物质"下了定义,但并未展开分析。如果仅仅满足于学生识记"物质"的含义,教学难免过于肤浅。对此,教师对教学目标进行拓展,引导学生理解:① 物质与意识相比较,物质的唯一特性是客观实在性;② 哲学上所讲的物质与物理、化学上讲的物质不同,物理、化学上讲的物质的具体形态,哲学上所讲的物质是特指具体形态的共同特性的概括和抽象;③ 物质概念是马克思主义哲学大厦的基石。这样,学生对"物质"概念的理解就不只是停留在字面上,而是可在更深层上把握。如学习"辩证否定"的原理,教师依据教材确定"辩证否定是事物联系的环节"为教学难点,通过自学,学生很快地理解了这一问题,老师随即提出:事物的自身否定就是质变,是其内部肯定与否定方面发生地位变化的结果,那么肯定方面是不是完全转变为新的否定方面,将来再否定这个新事物?资产阶级将来还会否定社会主义制度吗?老师提出的问题成为教学中的实际难点,教师就要重新组织突破这一难点。在这一过程中学生加深了对原理的理解:"辩证的否定,一方面是对旧事物肯定与否定、克服与保留;另一方面又增添了为旧事物所不能容纳的富有生命力的新内容,绝不是肯定与否定方面的简单互换,是由低级向高级的发展。"

4. 测试目标

它是在完成一个单元达标教学以后进行的形成性测试。它既能反馈调控达标教学,又能矫正补救,为再次达标提供依据。测试目标包括:"自我评价"、"形成测试"等方式。自我评价,就是指导学生对照教学目标自我分析、自我检查;在学习过程中学会了什么?还存在的问题?采用的学习方法是否恰当?还需从哪些方面努力?形成测试意在了解教学效果,诊断教学过程中存在的问题,掌握学生达标的情况。

5. 矫正目标

它是根据"测标"的结果进行矫正补救,以最终实现目标,这是保证目标教学达到预期效果的一项关键性措施,其方式可分个别矫正和群体矫正。少数学生对某些教学目标没有达成,可以让学生看教材的某一部分或指定的有关材料进行自我矫正,也可以向同学和老师提问求答,更重要的是由教师对个别学生进行辅导和帮助,这便是个别矫正。这是防止个别学生掉队的关键,也是掌握学习理论中的一个重要组成部分。假如有大多数同学没有掌握教学目标,教师首先就要分析形成性测试题是否科学,要求是否明确,是否超过了该知识的认知水平要求。如果测试题没有问题,那就说明达标教学阶段存在问题,在这样的情况下,就应进行群体矫正。

(四)目标教学的主要原则

目标教学既继承了传统教学理论中有价值的基本的教学原则,又提出了一些新的教学原则。就其根本来说,最能反映目标教学特色的教学原则有:

1. 整体性原则

运用系统理论来研究目标教学,可以把它看作一个由若干子系统构成的系统,教师必须充分发挥各个要素的功能,协调、优化各个构成要素之间的组合,以求最佳效应。在目标教学中,应做到教学目标、教学活动和教学评价的有机统一,或认知、情感和能力三类教学目标的和谐统一,或教师、学生和教学媒体的协调统一。这样,以教学目标为导向和纽带,协调各方面的因素,实现优化组合,形成合力,达到整体教学效果最佳。

2. 导向性原则

目标教学必须重视教学目标的导向性。在整个教学过程中,教学设计、课堂教学活动的组织、教学效果的评价等都必须依据教学目标来进行。

3. 民主性原则

目标教学必须建立民主平等的新型师生关系,培养学生的参与意识,调动全体学生学习的自觉性和主动性。这就要求教师要正确对待学生,要相信只要提供足够的学习时间和适当帮助,几乎全体学生(95%以上)都能学会所要学习的知识。

4. 反馈性原则

在目标教学过程中,要通过多种形式的诊断性或形成性测试,将教学中的成绩和问题及时地反馈给教师和学生,以便适时调控教学,采取有针对性的补救和矫正措施,从而最大限度地减少学生在课堂教学过程中的错误积累,大面积提高教学质量。

5. 创造性原则

教学最忌生搬硬套、墨守成规、亦步亦趋。教学的生命力和活力就在于创造,在于个性。对于布卢姆等人的目标教学理论,我们应研究它的理论基础,掌握其内在的本质和外在特征,以及它在教学实践中的作用和局限。在教学实践中运用目标教学的一般模式时,不必恪守每一步、每一段、每一环,应该有变通、有取舍、有跳跃,积极创造,孕育个性,最终形成自己的独具特色的目标教学模式。

三、创新教学

素质教育的核心在于培养学生的创新精神和实践能力,这已成为人们的共识。毫无疑问,思想政治课教师必须娴熟掌握和运用创新教学的方法。创新教学与其说是一种教学方法,倒不如说首先是一种教学观念和教学指导思想及教学原则。我们可以毫不夸张地说,它的地位并不亚于启发教学。从某种意义上说,启发教学也就是要启发学生创新。

(一)创新教学的重要意义

21世纪,知识经济将成为主导经济。知识经济的发展主要依靠新的发现、发明、研究和创新,其核心在于创新,而创新的基础在教育。因此,有人说,21世纪是创新教育的世纪。1996年,国际21世纪教育委员会的报告《教育——财富蕴藏其中》曾明确提出:"教育的任务是毫不例外地使所有人的创造才能和创造潜力都能结出丰硕的果实……这一目标比其他所有的目标都重要。"

从宏观上来看,创新决定着一个国家和民族的综合国力和竞争力。创新是一个民族进步的灵魂,是一个国家兴旺发达的不竭动力。可以说,创新关系到民族和国家的前途与命运。我们应将创新教学提高到关系民族和国家兴衰存亡的高度来认识。

从微观上来看,创新对个人良好素质和人格的形成和发展具有重要作用。澳大利亚未来委员会主席利雅德博士曾指出:未来人应持有三张"护照",即学术性"护照"、职业性"护照"、事业心和开拓能力"护照"。以往人们往往重视前两个,而忽视后者。然而,事业心和开拓能力是21世纪人才最为宝贵的财富和素质。如果一个人缺乏这方面的素质,学术和职业方面的潜力就不能发挥,甚至变得没有意义。教育事业是明天的事业。我们要教在今天,想到明日,要在教学过程中引导学生"学会创造",从追求考试分数转变为创造性地学习,努力提高自己的创新素质。

素质教育的核心即在于培养具有创新精神和实践能力的新型人才。创新教学着力解决的是培养人的创新素质问题,它是实现素质教育的有效途径之一。我国教育实践证明,凡是创新教育和教学开展得好的地区和学校,其素质教育实践也卓有成效。

思想政治课教学在培养学生创新素质方面具有得天独厚的优势。思想政治课的学科内容具有极大的包容性,它涉及众多学科的知识,其中尤其是哲学常识的基本的方法,对于学生的创造性思维品质的形成和创造性思维能力的培养,具有毋庸置疑的优势。

(二)创新教学的基本目标

"创新"一词早在《南史·后妃传·上·宋世祖殷淑仪》中就曾提到过,是创立或创造新东西的意思。在国际上,美籍奥地利经济学家熊彼得于1912年在《经济发展理论》中首次提出"创新"概念。随着社会的不断发展变化,创新一词的意义也在不断扩展和深化。创新是具有层次性的。创新教学中的"创新",不同于科学家和艺术家的"创新"。我们所说的"创新",是指通过对学生施以教育和影响,使他们作为独立的个体,充分发挥其主观能动性,能够善于发现和认识有意义的新知识、新事物、新方法。

创新是人的本质特性。创新教学就是遵循人的创新活动规律和人的创新素质培养的规律,以发展人的创新潜能,培养人的创新素质为宗旨的教学。具体而言,在思想政治课教学过程中,创新教学的基本目标是发展学生的以下几方面:

1. 创新精神

未来学家奈斯比特在《大趋势》一书中指出:"处于伟大的变革时代,我们需要创造力和创造精神。"创新精神是指推崇创新、追求创新、以创新为光荣的观念和意识。只有在强烈的创新精神引导下,人们才可能产生强烈的创新动机,树立创新目标,充分发挥创新潜力,释放创新激情,进行创新活动。

2. 创新思维

人的思维活动是有规律可循的,创新思维是指发明或发现一种新方式,并用以处理某种事物的思维过程。创新思维具有显著的特点,即独特的知识结构、积极的求异、敏锐的观察力、创造性的想法和活跃的灵感。这种创新思维能保证学生正确分析新情境、解决新问题,并将它们迁移到学习新知识的过程之中去,顺利地完成学习任务。

按照世界经济合作与发展组织在《以知识为基础的经济》中的定义,人类的知识可分为四大类:一是"是什么的知识",二是"为什么的知识",三是"怎样做的知识",四是"谁知道的知识"。前两类是事实或科学原理和法则,是可以方案化的信息类知识;后两类是难以文字化的知识,属于诀窍类的知识。人类知识积累和发展的过程,就是不断地把难以文字化的知识转变为可编纂的知识的过程。因此,在思想政治课教学过程中,教师"传授知识"的职能具有了时代发展的新要求,即传授知识不只是讲清事实(是什么)和原理(为什么),而要看教会学生认识事物本质和规律的思维方法(怎样做)。

3. 创新能力

所谓"创新能力"是反映创新主体行为技巧的动作能力,是创新活动的工作机制。在教学过程中,创新能力的培养,尤其要加强以基本技能为中心的科学能力和科学方法的训练。创新能力主要包括:创新主体的一般工作能力、动手能力和操作能力;熟练掌握和运用创新技法的能力;创新成果的表达能力、表现能力和物化能力。能力培训过去只局限于职业训练方面的考虑。随着现代科学技术的发展,过去一些专门的技能已经成为现代人必须掌握的基本技能。因此,中学教学无疑要注重学生基本能力训练。例如,我们强调教学要教会学生"学会学习",其中就包含有要教会学生掌握自学的基本能力。自学能力是学生获取知识最基本的能力,是学生获得可持续发展的重要能力,是知识经济对终身教育的基本要求。

4. 创新人格

创新不仅仅是一种智力特征,更是一种人格特征。创新人格是创新活动的内在动力机制,是创新活动成功的关键,它集中地体现为强烈的创新动机、执着的创新情感、顽强的创新意志、持久的创新毅力、勇敢的创新行为等良好的人格特征。也就是说,创新人格是形成和发挥创新能力的底蕴。

在创新人格中,创新情感显得尤其重要。思想政治课教学过程中的创新,并非仅仅是纯粹的智力活动,它还需要以创新情感为动力,如远大的理想、坚强的信念、强烈的创新激情等因素。创新正是产生于激情驱动下的自觉思维。从创新动机的产生到创新过程的持续,再到创新结果的验证,各个环节无不蕴涵着创新者的人格魅力,蕴涵着创新者的情感因素。

(三) 创新教学

创新教学是一项系统工程,涉及教学思想、教学内容、教学方法、教学手段、教学管理、教学评价等各个方面的改革。从教师的教学角度而言,创新教学的常用方法有几种:

1. 引而不发

一位优秀的思想政治课教师,要善于通过多种教学手段,抓住学生的思维这只"小鸟",同时又不使它感受到束缚,从而唱出美妙而动听的歌声。这就要求教师的讲解,设疑是"开而弗达"、"引而不发",留有学生思考的余地,为他们的创新思维创造必要的条件。"引而不发"体现在每一项教学活动之中。例如,当导语激发并非倾箱倒箧,而是提头留尾,或择举一二,余者让学生自己探求。讲授到教学的紧要之处时,教师停止讲解,及时启发学生讲述后文,学生就会大胆创新。课堂小结之时,将学生感兴趣的问题故意留下,引导学生利用课余去钻研,无疑也会提高学生的创新能力。

【教例】在一次盛大的宴会上,来自中国、法国、俄罗斯、德国、意大利、美国的贵宾聚集一堂,各国来宾纷纷夸耀自己国家的文化。他们拿着用本国的国粹——酒来彼此相敬。中国人拿出古色古香的茅台,瓶盖一开,沁人心脾,举座皆惊;俄罗斯人拿出伏特加,法国人拿出大香槟,意大利人拿出葡萄酒,德国人拿出威士忌。这时,唯有美国人两手空空。但是,他不慌不忙地走上前来,把各国的名酒兑在一起,举杯相敬,说:"这就是我们美国的酒——鸡尾酒,它代表着美国的文化精神。"请你思考和分析:"鸡尾酒文化"中蕴涵的哲理及其对我们的启示。

2. 情境探讨

在思想政治课教学过程中,教师有目的、有计划地创造形真、情切、意远、理蕴、思趣、美感的教学情境,并就此引导展开分析探讨,可以培养学生的创新能力。

【教例】在教学"民族的基本特征"时,教师可创设如下情境:在现实生活中,居住在同一地域,有共同经济生活的并不一定是同一民族。相反,同一民族有的却居住在不同的地域,过着不同的经济生活。这一现象是否与民族必须具备四个基本特征相矛盾?试分析说明理由。

这一情境提出了理论与现实似乎矛盾的问题。教师可引导学生从下述方面来分析:

它们并不矛盾,其理由是:① 民族是历史上形成的稳定的人们共同体。在民族形成过程中,任何一个民族都必须具备共同语言、共同地域、共同经济生活、共同心理素质四个基本特征。在民族形成过程中,缺少任何一个特征都不可能形成一个民族。② 民族的四个基本特征是互相联系、互相依存的,它们是识别民族的基本依据。识别和划分民族,必须以四个基本特征为基本依据,但每一个特征并不是均衡显现的。共同的心理素质具有极大的稳定性,是区别民族的最显著的特征。民族形成以后,即使其他特征消失了,但只要具备共同的心理素质,仍可维系这一个民族的存在。③ 在现实生活中,并非所有的民族都同时具备四个基本特征。有的民族可能缺少某个特征,但是,大多数民族的四个基本特征是齐备的。

这样依据具体情境,引导学生运用动态的观点,进行历史与现实、理论与实际的分析,无疑可培养和提高学生的创新能力。

3. 质疑问难

在思想政治课教学过程中,及时抓住一些有利时机,提出一些具有思考价值的问题,就可激活学生的思维,培养他们的创造性思维能力。

【教例】 在高中《思想政治》教学时,提出如下一些问题,可以逐步培养学生的创造性思维能力。

——依法治国就是国家机关要严格行使权力,严格依法办事,与我们普通群众没什么关系。这种说法是否正确?为什么?

——中国共产党对国家和社会生活的领导主要是政治、思想和组织领导。因此,中国共产党对民主党派的领导毫无疑问要实行政治、思想和组织领导。这一说法正确吗?为什么?

——在我国,各民族在国家和社会生活的一切领域都享有平等权利。各民族间在行使这些平等权利时,不存在任何差别。这种说法是否正确?为什么?

关于创造性的质疑问难,中国台湾著名教育家陈龙安教授多年教学经验总结,曾创造性地提出创造性思维发问技巧"十字口诀",即"假列比替除,可想组六类",对思想政治课教学同样具有重要的指导作用。

"假"——"假如"的问题,即要求学生对一个假设的情境加以思考,可用人、地、事、物、时(过去、现在、未来)的假设发问。例如:"假如你是该市的环保局局长,你将怎样行使国家职能,治理本市的环境污染?"

"列"——"列举"的问题,即列举出符合某一条件或特性的事物或资料,越多越好。例如:"你能列举出社会上存在着的损害国家利益的现象吗?"

"比"——"比较"的问题,即就两项或多项资料特征或事物比较其异同。例如:"请比较分析议会共和制与总统共和制的异同?""商品与一般劳动产品有什么不同?"

"替"——"替代"的问题,即用其他的字词、事物、含义或观念取代原来的资料。例如:"纸币可用什么概念来替代?""青年学生不用无神论思想武装自己的头脑,就会让什么思想占据自己的头脑?"

"除"——"除了"的问题,即针对原来资料或答案,鼓励学生能突破成规,寻找不同的观念。例如:"国家除了根本属性之外,还具有什么属性?""商品价格除了由其价值决定外,还受哪些因素的影响?"

"可"——"可能"的问题,即要求学生利用联想推测事物的可能发展,或作回顾与前瞻性了解。例如:"如果商品的价值由生产该商品的个别劳动时间决定,可能会出现什么样的情况?"

"想"——"想象"的问题,即鼓励学生充分运用想象力设想未来,例如:"面对当前激烈的国际竞争,如果我们不致力于增强我国的综合国力,其结果会怎样?"

"组"——"组合"的问题,即提供学生一些资料(字词、事物、图形等),要求学生加以排列组合成另外有意义的资料。例如:学了"主要矛盾和次要矛盾"、"矛盾的主要方面和次要方面"原理之后,可以引导学生进行综合分析,以掌握"两点论和重点论统一"的基本原理,这就是一个训练和启发学生排列组合、创造思维的过程。

"六"——"六 W"的问题,即利用英文中的 Who(谁)、What(什么)、Why(为什么)、When(什么时候)、Where(哪里)、How(如何)作为发问的题目。例如:"什么叫依法治国?我国依法治国的主体是谁?为什么要依法治国?如何依法治国?"

"类"——"类推"的问题,即将两项事物、两种观念或两个人物直接比拟,以产生新观念。例如:"我国中西部地区的经济发展应从东部沿海地区的经济发展过程中吸取什么经验教训?"

由此可见,创造性地质疑问难,不同于一般性地提问,它必须遵循以下三个基本原则:
(1) 问题不是单一的标准答案;
(2) 问题的答案并不局限于现有教材的内容;
(3) 问题的叙述是以学生的知识经验为基础。

4. 浅者深掘

思想政治课教学不仅要深入浅出,而且要浅者深掘。这种浅者深掘,于无疑之处见疑,极有利于培养学生思维的深刻性。例如,教学"我国处理民族关系的基本原则"时,对教材上的"在现阶段,加快民族地区经济文化的发展是民族工作的根本任务",这句话就可以展开深入分析,即从政治与经济辩证关系、社会主义的根本任务、民族地区经济文化发展比较落后的现实、发展民族经济文化的重要意义等方面来分析其客观依据。这种分析,不是仅仅停留于教材文字所描述的陈述性知识,而是揭示出了蕴涵在教材字里行间的程序性知识,无疑有利于深化学生的认识,提高学生思维的深刻性和灵活性。

20世纪40年代,以哲学家赖尔为代表的认知心理学家认为,教师应该关注所要传授给学生的知识表征的类型。也就是指人在自己的工作记忆和长时记忆中对信息的表示方式。当代认知心理学家安德森把人类掌握知识的表征形式分为:陈述性知识与程序性知识。所谓陈述性知识,正如它的修饰词所表明,能被人陈述和描述。例如,我们可以陈述某些事实或现象,描述某些事件及客体。简而言之,陈述性知识是有关人所知道的事物状况的知识。与陈述性知识相对的程序性知识,则并不停留在人们仅能说说而已的状态。它是关于人怎样做事的知识,既可涉及驾车之类的运动技能,也可涉及在什么样的条件下使用某一数学原理之类的认知技能,当然还可以涉及使用自己的认知资源之类的认知策略。陈述性知识(语言信息)包括命题、表象、线性排序(编码),图式是陈述性知识的综合表征形式。程序性知识(认知策略、智慧技能、运动技能)包括一般领域的程序性知识(弱方法)和特殊领域的程序性知识(强方法),在特殊领域的程序性知识中又分为自动化技能和特殊策略知识。20世纪70年代中叶,心理学家M.加涅把学生学习的结果分为五类:语言信息、智慧技能、认知策略、运动技能和情感态度。

陈述性知识和程序性知识的区别和联系:

从功能上来看,前者是用于说明事物的状况、特点、关系,回答"是什么"、"为什么"、"怎么样"的问题;后者是用于发生行为的指令,从而对某些信息进行识别或者转换,做出某些动作,解决"怎么做"的问题。

从测量的方式来看,前者可以通过"陈述"或者"告诉"的方式来进行测量,后者只能通过观察人的行为间接测量。

从心理的表征来看,前者是以命题、命题网络以及其他表象、线性程序和图式来表征;而后者则是以产生和产生式系统表征。

从激活和提取速度来看,前者激活的速度比较慢,其提取往往是一个有意义的搜索过程;但后者激活速度更快,且能相互激活。

从学习的遗忘速度来看,前者学习的速度固然快,但是遗忘的速度也快;而后者习得的速度比较慢,尤其是运动技能,一旦达到熟练程度就不再遗忘。

以上是两个分类知识间的比较,接着再来简单谈谈它们之间的联系。

首先,陈述性知识是获得学习程序性知识的基础,学会"怎么做",必须知道"为什么"和"怎么样"的问题。

其次,程序性知识的获得也为获取新的陈述性知识提供了可靠的保证,陈述性知识的获得离不开对某些信息的判断或转换,主要依靠的是个体的程序性知识,任何的陈述性知识的获得离不开过去知识的基础,而这其中就包括大量的程序性知识。

5. 辩证分析

当代青少年学生思想活跃,思维敏捷,但思考问题往往偏激、走极端,容易犯片面性的错误。因此,教师应注重引导学生运用辩证的观点来观察和分析社会现象,从而培养和提高学生的辩证分析能力。

【教例】讲授"民主性质与民主程度"时,教师可列举实例,引导学生辩证分析,从而达到预定教学目标。

辨析:社会主义民主具有巨大的优越性,它必定高于资本主义民主。

(1) 社会主义民主是人类历史上最高类型的民主,是新型的民主,社会主义民主的本质和核心是人民当家做主,它与资本主义有着根本的区别,具有巨大的优越性。当然,社会主义民主优越性的充分发挥,还需要人们进行长期而艰苦的努力。

(2) 民主性质与民主程度既有联系,又有区别。民主性质是指民主的阶级属性。民主程度是指民主原则和民主精神实施的程度、状况和水平,它的发展受社会条件的制约。

(3) 资本主义民主经历数百年的发展,已经形成较为完备的民主政治体制,其发展程度较高,但它毕竟是为资产阶级统治服务的。

(4) 社会主义民主在本质上优越于资本主义民主,但社会主义民主政治建设是一个逐步发展的历史过程。社会主义民主需要经历一个长期的发展,才能达到完善的程度。因此,我们不能认为凡是社会主义民主,不论其发展阶段如何,都必定比资本主义民主高千百倍。题中的错误就在于混淆了民主性质与民主程度的区别。

(5) 我们既不能因我国社会主义民主还不够完善来否定社会主义民主的优越性,也不能只看到其优越性而看不到社会主义民主政治建设的长期性和艰巨性。

6. 反弹琵琶

所谓"反弹琵琶",就是引导学生打破常规,另辟蹊径,对事物进行逆向思维,提出与众不同的见解。在思想政治课教学过程中,教师有目的地进行"反弹琵琶",对学生具有深刻的影响和教育作用。例如,引导学生分析"眼见"未必"为实"(要透过事物的现象,揭示事物的本质)、"狐假虎威,何错之有"(要充分利用外部条件或外因,促进事物的发展)等命题,均可培养和提高学生的逆向思维能力。

我们能跳过资本主义跨入社会主义,这是历史发展的必然,而今为什么不能跳过社会主义初级阶段进入社会主义高级阶段呢?

7. 变式处理

所谓"变式处理",就是不断改变主题内容的呈现形式,使其本质内容守恒,非本质内容不断发生变化,以便学生深刻理解基本原理,掌握方法。

【教例】"政治与经济的相互关系"是理解"政治的科学含义"的重要组成部分,为此教师可用变式处理的方法,以多种材料来引发学生积极思维。

材料1:江泽民同志指出:"我国经济能不能加快发展,不仅是重大的经济问题,而且是重大的政治问题。""坚持党的基本路线不动摇,关键是坚持以经济建设为中心不动摇。"

材料2:美国总统克林顿在当选后的首次记者招待会上说:"美国已经从世界上最大的债权国沦为世界上最大的债务国,外债总额高达4050亿美元。这样一个国家如何去领导别国?"因此,新政府将"重振美国经济"。

上述材料反映的共同政治现象是什么呢?透过这一政治现象其本质区别又在哪里?

在学生讨论分析的基础上,教师归纳总结指出:① 上述材料反映的共同政治现象是:管理经济是资本主义国家和社会主义国家的重要职能。在当今世界,各国都在进行经济调整和制定新的国家发展战略,以增强综合国力。② 中美两国政府强调发展经济的出发点和目的是不同的。我国发展经济的目的是为了把我国建设成富强、民主、文明、和谐、美丽的社会主义现代化国家,以不断满足广大人民群众日益增长的美好生活的需要,反映的是全体人民的意志和根本利益。美国发展经济的目的是为了谋求世界霸权,为了维护资产阶级的阶级统治和根本利益,这是由中美两个国家的阶级性质所决定的。

8. 扩散思维

所谓扩散思维就是引导学生对研究对象不同角度、方面、层次进行思考,以求得认识的更全面、更深刻。在思想政治课教学过程中,引导学生进行扩散思维,不仅可以增强教学的灵活度,充实教学的信息量,而且可以培养和提高学生的发散思维能力。

【教例】教学"我国民主政治建设"这一知识点时,引导学生围绕"为什么要加强我国的民主政治建设?怎样建设我国的民主政治"这一问题,可将学生所学的知识"串联"起来,多角度进行分析,无疑有助于培养和提高学生的创新能力。

为什么要加强民主政治建设?① 经济决定政治,民主政治建设是我国社会主义经济基础发展的客观要求。② 民主是社会主义本质属性和内在要求,没有民主就没有社会主义,也就没有社会主义现代化。③ 民主是社会主义的主要特征,民主政治建设是社会主义现代化建设的重要组成部分。④ 我国政治体制改革的目标就是建设有中国特色的社会主义民主政治。

怎样建设我国的民主政治?① 从我国国情出发,在中国共产党的领导下,有步骤、有秩序地进行。② 正确处理人民内部矛盾,维护社会的稳定和民族的团结。③ 坚持依法治国,沿着社会主义法制的轨道推进民主政治建设。④ 吸收和借鉴人类文明的一切优秀成果,但要坚持走自己的路,不能照搬西方民主。⑤ 要反对急于求成或悲观失望的两种倾向。

9. 编拟纲要

在预习、讲授和复习的过程中,指导学生编拟知识纲要,是学生对书本知识进行加工创造的过程,也是学生创新能力展示的机会。

【教例】"高举邓小平理论的伟大旗帜"时,指导学生编拟知识纲要,有效训练学生的创新能力。

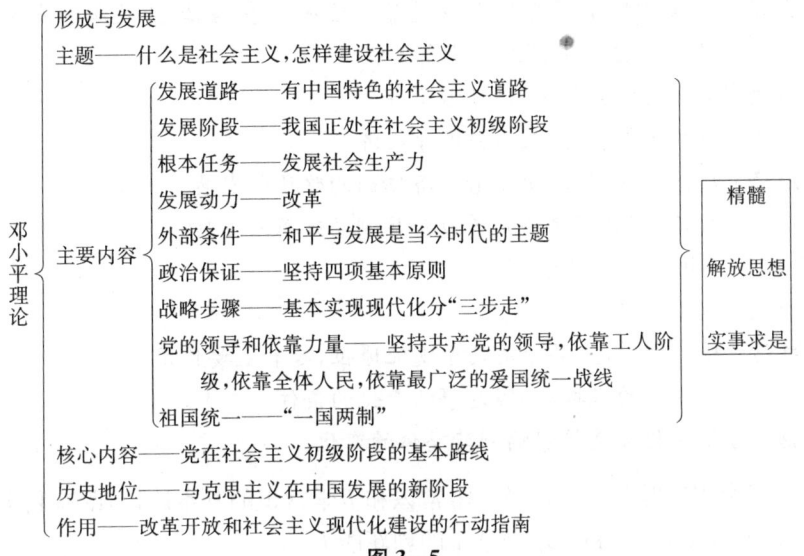

图 3-5

10. 组织讨论

课堂讨论是激活学生思维,激发学生创新的一种有效形式。在思想政治课教学过程中,教师有目的制造"矛盾",将学生置于是非的"十字路口",诱导他们"于无疑之处见疑",并提出自己独特的见解,也可以启发学生进行创新学习。

【教例】教学"透过现象看本质"时,教师可引导学生对数字"8"(谐音"发")进行深思,并从多方面角度讨论论证。

现象简述:近年来,数字"8"身价倍增,电话号码、门牌号码、牌照号码等一沾上"8"字,就备受青睐。

现象分析:一方面说明,中国人不再认为"越穷越革命",相反,在物质日渐富足之时,敢于堂堂正正表达"想发财"的心声。另一方面,对"8"的狂热迷恋,又表达追求者精神的空虚。因此,"发财以后怎么办"的精神文明建设问题已经摆在我们的面前。

本质分析:① 数字"8"之所以如此备受欢迎,与当今我国经济体制改革的不完善等因素有关。商界的瞬息万变,财运的难以把握,使有些人将希望寄托在"8"上。②"8"的受宠也说明中国人传统的心理定式并未改变,信天信地,信"8"信"发",就是不敢相信自己。实际上,人人都具有主观能动性,人的命运应是掌握在自己手里。③"8"的受宠,也说明我们在加强社会主义物质文明建设的同时,应加强社会主义精神文明建设,加强唯物主义观点的宣传和教育,加强科普知识的宣传和教育。如果有些人再这么沉浸于"8"的美梦之中,敢问"发"在何方?

11. 多维训练

思想政治课教学要培养学生创新能力,决不能只靠教师的讲授,还必须强化对学生训练,而且这种训练绝不能搞"题海战术",应是精选材料,进行多维训练,即从多方位、多层次、多题型进行训练。

【教例】"改革是一场深刻的社会变革,要始终正确把握改革、发展和稳定的关系。发展是硬道理,解决中国的所有问题的关键是靠自己的发展,稳定是改革和发展的基本前提,没有稳定什么事情也办不成。"这一论断表明   ( )
　　A. 经济决定政治,政治对经济具有反作用
　　B. 政治是经济的集中表现,政治根源于经济
　　C. 政治稳定压倒一切,政治决定着经济体制的改革与发展
　　D. 经济发展压倒一切,经济决定着政治体制的改革与发展
上述论断中所包含的哲理有   ( )
　　A. 事物是普遍联系的
　　B. 在事物发展过程中,主要矛盾处于支配地位,起着主要作用
　　C. 内因是事物变化的根据,外因是事物变化的条件
　　D. 事物部分的变化会直接影响到其整体的变化

在这"一材两用"训练题中,涉及经济常识和哲学常识的基本原理,既有利于学生把握知识之间的内在联系,又有利于培养学生的创新能力。

创新教育不是一句空洞的口号,而是教师必备的教学观念和具体的教学行为。思想政治课教学的生命力及其永不枯竭的动力即在于创新。我们每一位政治教师都应认真研究,大胆实践,勇于创新,主动应答时代发展的挑战。

四、合作探讨式教学

(一) 合作探讨式教学的内涵和特点

合作探讨式教学是一种以问题为运作机制,以学生自学自探为基础,通过生生、师生讨论共探,引导学生系统学习掌握课本知识和有关社会交往技能,培养学生合作分析问题、解决问题的能力,促进学生问题意识和创新思维能力的发展,提高其思想认识的教学方法。

从《基础教育课程改革纲要(试行)》提出"积极倡导自主、合作、探究的学习方式"教育教学理念以来,"合作探究学习"成为基础教育改革研究的热点。这种模式之所以成为研究热点,因为它确实有助于培养学生分析解决实际问题、批判性思维和创造性思维能力,发展学生的合作交往技能。但从我国国情和思想政治课的特殊性质来看,它未必完全适合思想政治课教学。因而,这里提出合作探讨式教学。探讨,即探索和讨论。它与探究既具有共同点又有不同点,两者都以问题作为运作机制,都含有探索之意,但探究强调以实验研究与实证证据的运用作为探索的主要手段,探讨则强调以讨论作为探索的主要手段。从语感上来说,"探究"一词似乎多了几分严谨和稳重,而"探讨"则更有生气,更有动感。因而,与探究式教学相比,该方法更符合书本知识学习,更符合中学生的身心特点和包含价值学习的思想政治课教学。其特点如下:

(1) 主导与主体有机结合。这一方法既不同于讲授,也不同于"完全"的"自主学习"。在讲授模式下,教师讲,学生听。相对来说,学生处于被动地位,不易调动学生,难以实现学生对教学的参与。而合作探讨式教学虽然以自学或自主学习能力培养为重要目标,但它不急于求成,不否认教师的主导作用。它要求教师立足现实,通过问题设计、讨论引导和总结,充分发挥其主导作用,即主导教学活动和学生的发展;并通过问题引发、自探共研充分调动学生个体和群体的主动性、积极性,实现学生对教学的广泛参与。学生在教师主导下,循序渐进地发展自主性,最终实现"完全"的"自主学习"。

(2) 多元互动合作。学导式教学、讲授和传统的讨论教学,主要局限于师生之间的互动。合作探讨式教学则强调以学生小组为依托,以群体的分工、协作来进行学习,主要以生生、师生共同探讨作为推进教学的手段。它突出生生互动合作的价值意义,把它作为一种重要的教育资源加以利用。在这种教学方法中,每个参与者都有自己的独立角色地位和专门的任务,都可以主动行为,发表自己的看法,提出自己的疑问,成为即时主导者,其他参与者对每个即时主导者都要进行适调。同时,在合作探讨式教学中,每个学生不再是孤立的学习个体,而是优化组合的学习小组中的一员。他们在学习中不仅有分工,而且有协作,因而它不仅可以实现师生之间的二元互动合作,而且可以并且必须实现师生、生生多元互动合作。它更有益于发展学生与他人交往合作的能力和平等探讨问题、分析评价事物价值、择善而从之的能力。

(3) 主动建构。在讲授式教学中,教师是主动的引导者,学生是相对被动的发展者。而在合作探讨式教学下,学生不再被动地接受教师讲授教材内容,而是带着共同问题和自己任务而阅读、思考、组织发言内容的主动探索者和自觉建构者。学生在参与研讨前,首先要通过个人的自主学习,把握一些相关基础知识,完成自己承担的任务,并对所要共同探讨的问题形成一个比较系统的思想,建构起一个相对稳定的观念。在共同探讨问题的过程中,学生既要接受他人的评判,又要评判他人。当某学生的观点与他人的观点产生距离时,他就会对他既有的思想观点形成冲击,造成某种失衡。这种原有知识结构和意向体系的失衡,会促使学生展开新的努力和探索,自觉建构新的知识结构和价值观念体系。

(二) 合作探讨式教学的操作要领

根据合作探讨式教学的内涵和特点,其操作实施大体包括三个步骤:自学自探—讨论共探—总结提高。与学导式教学相比,两者都包括自学这一步骤,且基本任务大致相同;但两者又有不同。学导式教学以自学为主导性环节,以教师辅导讲解为关键步骤,其主要任务是通过自学与教师辅导,帮助学生系统地掌握教材知识,突破理论上的共性疑难问题和重点问题,重点发展学生的自学能力和独立探索能力;合作探讨式教学则以自学为准备性环节,以生生、师生讨论为推进教学的主要手段,其主要任务是突破学生中存在的、与社会实际和学生思想实际密切联系的共性疑难问题,着重解决学生的思想认识问题,培养学生问题意识、合作学习能力和创造性地运用有关学科知识和方法解决问题的能力。因此,该教学方法的操作应抓住"讨论共探"这个关键。

五、体验式教学

(一) 体验式教学的内涵和特征

体验式教学是一种以体验活动或体验之思帮助学生获得与思想政治理性认知相关的情感体验和隐性知识经验的教学方法。体验回归教育,有利于克服现行思想政治课的主知主义倾向,使思想政治课教学不再仅仅停留于显性知识的理性认知层面,而将触角在更高的层次上伸向人的情感世界和经验世界,促进认知活动与情感活动、内隐的观念活动与外显的感性活动、事实论证与价值论证、道德知识与个人经验、认识与实践、教学与生活的有机结合,提高思想政治课的德育实效。该方法具有如下基本特征:

(1) 强调亲历。亲历性是体验式教学的生成特点。体验的内容——情感、态度、价值、信念和技能、技巧等隐性知识经验隐含于生活世界的具体情境和人的直接经验之中,且难以言传。主体只有置身于局中,通过亲身实践或经历活动、场景,用感官和心灵直接去感受和把握才能获得。体验的两种形式——亲验和想验都离不开亲历。亲验是主体亲自置身于一定的关系世界和生活情境之中,经历或经受感动而获得的切身体验;想验是主体在积累了一定的亲身阅历和感受的基础上,借助所遇情境、他人的表达和自己的想象去领悟表达者生活阅历、生存状态及其人生意义。因此,生活交往活动和社会实践是体验产生的基础,情境是诱发和唤醒体验的机制,亲历性是体验的基本特征,由此决定了体验教学特别强调亲历。

(2) 重视感受。感受是由身体性活动或当下情境引起的,对事物现象和情境氛围的一种带有情绪色调的自我感知。体验对事物的认识和把握,不是靠理性分析和逻辑推理,而是用感官和心灵直接去感受和感悟。感受是体验之思的基础,体验开始于感受,最初总是表现为感受。感受不仅是体验之思的动力之源、体验之思的材料,而且是体验的基本形式和内容,贯穿于体验的全过程。即使是体验的高级阶段,仍然必须以感受为基础,并包含感受。感受具有自我性,是一种生命化、个性化、情感化的活动和意识。它生动形象,充满诗意、美感和情趣。因而感受是体验教学的基础,对培养学生的兴趣、感受能力、审美情趣,丰富其隐性经验,促进人性的发展,具有重要的价值。感受是体验的基本特征,强化感受是体验教学的原则。

(3) 重视直觉。在知性教学方法中,主体总是把认识对象作为客体,站在与客体相互对峙的地位上,把一个完整的事物分割成许多片段,分解为许多要素,依靠分析与综合、归纳与演绎等逻辑方法,借助语言、概念去认识事物。而体验则不同,主体总是以亲历、想象、移情将自身融入、沉浸于认识对象之中,用整个身心去拥抱,用心灵去感受、去领悟。这种认识方法是主客交融共鸣,融而为一。它对事物的认识不经过逐步分析和推理。它是一种直观性、猜测性、灵感性和整体性的思维。体验的这一基本特征决定了体验教学十分重视直觉思维。

(4) 强调意会。意会是主体对事物的一种潜意识的、情感性的理解和把握状态。意会性即潜隐性、不可言传性。无论是体验的认识对象,还是体验的认识结果,其内容都是情感、价值、诀窍、技巧、习惯、信念、个人特技等隐性知识。这种知识是个人化的,与认识个体难以分离，无法用语言、文字或符号等方式进行系统表达和传递，只能意会。同时，体验作为一种认识活动和方法，主要依靠感官和心灵去直接感受和把握事物。它必须专注于内心。如果打破主体的专注，就无法真正把握事物。因而它只能意会，不能言传。因此，意会是体验的基本特征，也由此决定了体验教学非常强调意会。

（二）体验式教学的操作要领

根据体验式教学的内涵和特征、优势和不足，体验教学的实施必须以学生的生活和实践活动为基础，以体验的引发、完善、深化和升华为目的，以情境、问题为机制，以体验之思特别是感受和反思为核心，配之以理性启迪、逻辑分析和实践验证。具体操作要领如下：

（1）把握学生生活和社会的热点，挖掘生命体验冲动的来源。

（2）引发体验，强化感受，即采用各种方法诱发、唤醒和激活学生与教学内容相关的体验，以强化学生的感受，使其带着强烈的感受参与教学。

（3）催化交流和分享，丰富和完善体验。体验是个人的，它虽然生动具体，富有个性，但带有主观性和狭隘性，因而需要通过催化交流和分享来克服这一局限，丰富和完善个人体验。

（4）引导反思，深化体验，即利用问题引导学生对其所获得的感受、感悟进行积极的思考和探究，以引导学生对新获得的体验进行深入分析，从具体的情境及对策中总结出一般规律和方法，掌握同类情境的合理反应规则和应对之策，使学生今后具有应对同类情境的反应能力，并促进学生人性的完善。

（5）延伸应用，升华体验，也即通过回归生活、应用生活和实践，进一步促进隐性经验显性化、显性经验隐性化，使在深化体验中获得的规律、方法、技术和情感、价值等在抽象-具体和显隐相互转化中，其本质内容和核心成分更加突出，原则的理念化、操作化程度更高，灵活性和创造性更强，逐步升华为学生的态度、品质、信念、创新精神，以及人格个性、特长技能、实践能力等素质。

六、活动教学

（一）活动教学的内涵、特征

思想政治课活动教学的改革与试验，给思想政治课教学带来了勃勃生机。实践证明，社会实践和交往活动是学生思想品德形成和发展的基础。活动是人的认识和主体性的生成发展机制，人的发展只有在人的各种关系与活动的交互作用中才能实现。因此，变革教学观念和学习方式，"让学生从做中学，在活动中发展"，已经成为思想政治课教学改革的热点。《初中思想品德课程标准（实验）》和《高中思想政治课程标准（实验）》区别于过去的思想政治课教学大纲一个最显著的特点，就是它们突出了活动在教学中的地位和作用，即在每个模块的内容标准后面，都设置了相应的活动建议。初中思想政治课程标准修订稿规定，初中至少要有20%的时间用于开展学生课堂活动和相关实践活动，并强调要增加课堂教学中学生活动的成分，有计划地组织社会活动。《高中思想政治课程标准（实验）》强调"本课程要引领学生在认识社会、适应社会、融入社会的实践活动中，感受经济、政治、文化各个领域应用知识的价值和理性思考的意义"。为此，必须加强思想政治课的活动教学研究。

所谓活动教学，是指以具有教育性、社会性、实践性、创造性的学生主体活动为主要形式，以激励学生主动参与、主动实践、主动思考、主动探索、主动创造为基本特征，以促进学生实践、体验公民的社会政治、经济文化、道德生活，培养学生的创新创业精神，推动学生的现代公民素质全面发展为目的的新型教学方法。它以角色扮演、模拟活动、小品表演、竞赛活动、学生论坛、公众访谈、社会咨询、人际交往活动、社会调查活动、社会实践活动、专题研究活动等为主要方式。这一界定告诉我们，在思想政治课活动教学中，学生的主体活动既是教学目的又是教学手段。作为目的，意味着它把体验、实践和发展社会政治经济文化道德生活，作为思想政治课教学追求的境界；作为手段，教师应当把活动作为学生思想道德发生、发展的来源和促进手段。

根据活动教学的内涵，活动教学的目标应当以直接经验为主要内容，以能力发展为重点，以实践公民的政治经济文化道德生活为最终目的，侧重于学生的主体意识、公民意识、解决实际问题能力、个性特长的培养，促进学生思想品德诸心理要素协调发展。

(二) 活动教学的操作要领

当前，活动教学仍处于探索阶段。虽然有一些经验可以借鉴，但尚未形成理性认识和可操作性的教学模式。许多教师仍然感到困难重重，有的教师干脆对其放弃。这对思想政治课的改革和发展是极不利的。思想政治课教学改革的实践，迫切要求我们对本课程的活动教学进行探索和研究。根据活动教学的目的、含义和特点，其实施应当以下列原则为指导，即体验和实践社会政治、经济文化、道德生活的目的性原则；兴趣需要原则；计划性与随机性相结合的原则；从活动中学并以活动促发展的方法论原则；通过活动沟通课内外和校内外生活，使学生在参与社会生活中适应和促进社会发展。

由于研究性学习和综合实践活动将另行讨论，这里着重就本课程的课堂活动教学进行探讨。为了探索课堂活动教学操作方法，我们在系统总结初中思想政治课活动教学经验的基础上，在高中思想政治课中选择了一些用常规方法不易讲好的章节，进行了尝试性的实践探索。通过探索，我们发现，无论是初中还是高中思想政治课，都包含下列操作环节：活动准备—活动导入—活动实施—活动讨论—评析总结。

(1) 活动准备　这主要有两项工作：一是教师要指导学生联系社会热点和自己的生活，分析教材，捕捉活动的切入点，并依据教学需要和学生能力确定活动主题，选择活动操作形式，设计活动步骤间的串联词，形成活动方案；二是教师要指导和督促学生做好准备。

(2) 活动导入　导入阶段是教育教学活动的起始阶段，其主要任务是引发学生的学习动机，导入活动。

(3) 活动实施　这是活动教学的展开阶段。在这一阶段，教师根据教学的需要，结合教材的内容，精心组织学生主体活动；并依据活动提出问题，启发学生在活动中观察、思考、体验。

(4) 活动讨论　在活动的基础上，教师引导学生围绕问题展开讨论和辩论，让学生各抒己见，使各种认识、观点充分地展示出来，让大家在各种思想观点的比较中了解别人的学习成果，发现自己的不足。同时，也让教师充分了解学生的实际学习状况和思想状况，以便与教育教学目标进行比较。

（5）评析总结　教师根据讨论中显示出来的学生的实际认识状况，以教学目标为依据，对各种观点、见解进行梳理、归纳和评析，并对所学的内容进行概括总结。

七、研究性学习

（一）研究性学习的内涵和特点

研究性学习是由学生在一定情境中发现问题、选择课题、设计方案，通过主体的探索，研究求得问题的解决的学习方式。它体现了科学探索的过程，促使学生养成自主探究的创新意识，形成和提高创新能力、增长知识、积累和丰富直接经验。它是在教师的指导下，以学生自主性、探索性为基础，以类似科学研究的方法，主动获取知识、应用知识、解决问题的学习模式。

（二）思想政治课开展研究性学习的意义

长期以来，思想政治课教学由于受"应试教育"的影响，教育方法单一，主要以灌输为主，教育形式简单化，把学生当成容器，教师居高临下，处于绝对权威地位，忽视思想教育的沟通性，忽视学生的主体性，抹杀了学生的学习兴趣，限制了学生积极性和创造性的发挥，窒息和摧残了学生智慧的火花，泯灭了政治课教学的特点和教学个性，使政治课变得呆板、单一，枯燥无味。开展"研究性学习"，对于改变以往陈旧的教育教学理念，改革以灌输为主的课堂教学模式，克服重知识、轻能力、重理论、轻实践的片面倾向，以及转变学生被动学习和接受知识，激发他们的主动学习精神与积极的求知欲望，提高学生的素质，促进其个性发展，具有极其重要的作用。

（三）思想政治课开展研究性学习的方式

在思想政治课教学中，研究性学习的"研究性"主要体现在要求学习者能够选择探究的问题和手段以及学生自主探索知识，增强思辨能力，提高分析问题、解决问题能力的过程上。由于问题的提出、方案的设计和实施，结论的得出均由学生完成，因此具有了自主创新性，它一般要通过调查、实践、小课题研究、专题讨论、社会实践等方式进行学习，因而具有开放性、时效性和实践性。由此可见，研究性学习是思想政治课教学对传统的接受式学习的一种改革，是培养创新精神和实践能力观念在思想政治课教学领域的体现。

开展思想政治课研究性学习活动，不同的整合方法形成了不同的形式，可采用下列几种研究性学习活动方式。

1. 时政热点透析法

时政热点具有强烈的时代性，很贴近学生实际，学生愿意接受。时政热点本身又包含了新知识、新信息和新问题，将之引入课堂，不仅对课程、学生、教师等方面会产生重要积极的作用，而且充实了思想政治课的教学内容，弥补了教材内容的不足，在一定程度上消除了教材的滞后性，使课堂显现出时代的活力。具体做法：①教师发布时政热点—学生结合教材自由思考—师生共同探讨—学生发言点评；②学生共同搜集时政热点—学生个体就时政热点进行三分钟演讲—师生共同讨论热点—学生个体撰写时政热点综述报告；

③ 教师发布时政热点—学生分组探讨—全班讨论发言。

2. 小课题研究法

课题研究是中学教育教学科研的一种形式,这种形式亦可作为学生学习探究的一种方法。学生可以结合教材中的知识点,提出小课题,按照"选题—收集资料—开题—研究—汇报成果"的流程进行,通过小课题研究,了解科研的一般流程和方法,从而培养科学精神和科学态度。例如思想政治课教师在学法指导上提出自主学习的模式,让学生开展"自读、自讲、自议、自测、自评、自结"的课题实验。这种模式是学习与教学的交互,它既是教师教改的课题,也是学生探究学习方法的课题。课题实验的方案,可由教师提出,而学生个人或小组的具体学习方案,应让学生以小课题形式自主设计。学生既是设计者,又是实施者。学生通过动脑、动手、动口、动情,掌握课标的目的要求,同时也探索自己最佳的学习方法。例如《走向自立人生》一课,教师提出我校同学的自立情况如何呢?对于这个问题学生很感兴趣,便以小课题形式自主设计,确定各小组研究小课题题目,学生既是设计者,又是实施者,学生通过动脑、动手、社会实践自己得出结论,进而掌握课标的目的要求。又如,学习《依法保护人类共同的家园》课时,面对日益严重的自然环境破坏污染问题,可联系本地河水、空气污染、鸟类保护等问题,由学生自主选择小课题进行探究。学生可组成小组,通过查找资料、动手实验、社会调查等方法,查找原因,寻找根源,提出治理方案,写出调查报告。当然,学生的课题研究不同于专家的科学研究,学生提出的治理方案可能有参考价值,也可能是不足称道的,但我们注重的是学生的过程体验。

3. 学习体验法

研究性学习不仅重视学习过程中的理性认识,还十分重视感性认识,即重视学习的体验,因为学习体验可以使知识转变为能力。学生亲身参与实践活动,在体验、内化的基础上,才能形成"创造"的观念意识。

思想政治课教学中倡导研究性学习,要创设情境,引生入境,让学生投入,从而获得感悟和体验。例如学习《社会公共生活要有公共准则》课时,可组织学生到集市、街道、交通要道等参观、体验,也可以让学生充当交通小警察,亲身体验交通警察的感受,从而认识遵守社会规则、遵守交通规则的重要性。又如,对有关的法律常识的学习,可结合一些典型的案例,组织模拟法庭,通过模拟法庭审判、体验,明确一般违法与犯罪的区别与联系。此外,学生还可以设计并开展心理咨询和法律知识服务、新闻发布会等形式的活动。

4. 社会实践法

学以致用是研究性学习的一个基本特征。研究性学习重知识技能的应用,侧重点在于解决问题的方法。理论联系实际是思想政治课教学的基本原则。思想政治课的活力就在于它的实践性。思想政治课教学渗透研究性学习,更要强调学生的主体性和实践性。教师应根据教学内容,选择切入点,把学生从课堂引向社会,从书本知识的学习引向社会实践,从而达到丰富学生知识,扩大视野,开拓思维和创造潜能的目的。例如,在进行有关资源问题的学习时,教师可设计中国与世界其他国家在土地、水、矿产等资源方面的对比调查表,让学生通过访问、社会调查、查找资料、收集有关数据,在此基础上填写。也可让学生自主确定题目,设计对比表,撰写小论文。教师应有计划地组织安排学生参加社会实践活动,如组织参加社区服务活动,参观工矿、企业、科研单位等。总之,通过社会实践活动,让学生接触社会、接触生活,用所学的知识解决实际问题,在体验、内化的基础上,达到知识、能力、觉悟三者有机统一的目的。

研究性学习作为一种新的学习方式,没有固定的模式。既可以在课堂教学中有机地渗透,使课堂成为研究性学习的场所;也可以延伸到课外、校外,利用课余时间,成立课题小组有针对性地进行。值得注意的是教师在研究性学习活动中,必须当好导演、演员、协调者、服务者、共同研究者的角色,注意引导学生对研究问题共同探究,注重对学生政治思维的培养,注重使学生通过实践活动掌握正确的学习方法和认知方法,使知识不断完善,能力、素质不断提高。

(四)思想政治课研究性学习应遵循的原则

在思想政治课教学中,开展研究性学习,可以凸显学科的特色,增强政治学科的吸引力。但在具体运用过程中,必须遵循如下原则:第一,激发兴趣原则。即在教学中,抓住学生感兴趣的问题或疑难问题,教师引导学生拟出适合学生研究的问题交给学生,然后由他们自愿组合,制订研究性学习计划。第二,最近发展区原则。就是所研究的问题,与政治课的单元学习、知识点学习要相近或相融。这便于学生研究问题时找到理论的支持,使学生感到有获得成功的期望。第三,思想教育性原则。在对问题的确立时,要考虑到它寓于其中的思想教育性,也要考虑到它实施操作的可行性,还要考虑到它的综合性,即所选问题是否有多领域的思考,这有利于培养学生的综合素质。

在思想政治课教学中,渗透研究性学习,可使学生的兴趣与真实的事例密切地相连,使抽象、枯燥的理论学习"任务"与生活化的"问题"相结合,这必然使教学始终处在一种交流、合作以及有自豪和成就感之中;也使学生在获得理论知识,发展了自己的能力的同时,情感、态度、价值观得到培养和提高,从而凸显思想政治课的生动、鲜活、有趣、实用和教学的个性化特征。

【思考题】

1. 传统的思想政治课教学方法系统存在什么功能缺陷?根据思想政治课的特殊性质、规律、新课程的要求以及自身的教学实践,谈谈如何优化教学方法系统功能?

2. 分析现行思想政治课程教学在创新素质培养方面的优势与不足,并提出思想政治课堂教学强化创新素质培养功能的教学方法的改革对策。

3. 俗话说"教学有法,又无定法"。思想政治课怎样才能做到教学方法的使用科学化?我们在设计和运用教学方法的实践过程中存在哪些不当之处?

【阅读书目】

1. 吴敏,姚小玲.思想政治理论课教学方法改革的理论研究与实践探索.航空工业出版社,2014年版。

2. 胡田庚,李秀妮.中学思想政治课堂教学实施策略.科学出版社,2016年版。

3. 范静.试论思想政治课教学方法体系.理论观察,2012年第2期。

4. 姜瑞华.中学思想政治课教学方法改革研究.课程教育研究,2014年第9期。

第五章 思想政治课的教学设计

[学习要求] 充分认识思想政治课说课、教案设计等教学准备工作的重要性,懂得备课是上好课的关键,熟练掌握说课、教案设计的基本要求和方法。

第一节 思想政治课的教学准备工作

教学准备过程是整个教学过程的起始阶段,也是基础阶段,俗话说:"凡事预则立,不预则废。"准备工作做得是否充分,质量如何,直接关系到教学实施的质量,关系到教学过程后面几个阶段的质量。

一、思想政治课教学准备的内容

(一)开学前的准备工作

开学前的准备工作,主要是从宏观角度备课,也有人称为战略性备课。它的主要任务是对本学期学科教学工作做出总体规划,即通过制订学期教学工作计划,以明确本学期教学工作任务、范围和要求,提出完成教学任务的有效措施,对全学期的教学工作做出通盘安排。开学前准备工作的书面成果是制订出"学期教学工作计划"。

1. 制订学期教学工作计划的主要依据

对思想政治课教学而言,主要有三个方面:

(1)党和国家的路线、方针、政策及有关教育工作和思想政治教育方面的文件精神。

(2)学校本学期教育教学工作计划中有关德育方面的要求、思想政治课教学改革的有关要求。

(3)思想政治课程标准、教材以及所任班级学生的基本情况。

2. 学期教学工作计划的主要内容

学期教学工作计划的主要内容可以从四个方面考虑:

(1)总的说明。包括本计划制订的依据、授课班级、课程标准的有关要求,如教学目标和教学重点内容的确立、教材内容的基本分析、对学生情况的分析、教学方法的采用、确定教学总时数(包括实际教学时间、课外活动时间、复习考试时间等)。

（2）确定教学改革方面的课题。当前教学改革在不断推进，大家都在探索新课程、新教法、新学法，教师要主动适应这种趋势，尽量争取每个学期有一定的教学改革的动作，可以将这些方面纳入学期教学计划，一方面让学校和同行便于监督，另一方面写入计划对自己就有了压力，必须认真对待。长期坚持下来，必将会有质的飞跃。

（3）制订教学进度计划表。这是学期教学工作计划的主体部分，通常是用表格的方式，按照学期周数分配教学内容。项目有月份、周数、节数、教学内容、教学形式、教学方法、备注等。

（4）制订课外活动计划。随着新课程教学的实施，活动课程越来越受到重视，活动不仅在课堂教学，而且在课外活动形式中要大力开展。因此，我们必须有计划地开展各种形式的课外活动。课外活动同样要做充分准备，同样事先要制订计划，由于学时的限制，一个学期究竟要搞些什么活动，围绕什么内容，达到什么目的，这些都必须要在学期教学工作计划中体现。

（二）课前的准备工作

课前的准备工作简称备课，是在学期教学工作计划的基础上，从微观的角度进行备课。这是教师教学准备阶段最常规的工作，伴随教学全过程。备课的具体内容有很多，概括起来主要是抓好"三备"，即：备教学内容、备教学对象、备教学方法。备课的书面成果是制定出课时教学方案，即教案。

1. 备教学内容，做到心中有书

备教学内容，是使教师明确"教什么、学什么"即教学的依据和教学目标的问题，只有明确了"教、学什么"的问题，才能做到"心中有书"。主要在两个方面要做好：

第一，认真学习、领会、把握学科课程标准。课程标准是国家规范教学的法规性文件，它比过去的教学大纲对教学的规范更加科学、要求更加具体，它从课程的基本理念对教学提出了方向性的指引。把握课程标准首先是从整体上去领会，例如，《思想品德课程标准》和《思想政治课程标准》都有四个部分，分别是：前言（课程性质、课程的基本理念、课程标准的设计思路），课程目标（总目标、分类目标），内容标准（内容标准、活动建议），实施建议（教学建议、教材编写建议、评价建议、课程资源的利用与开发）。在整体理解和把握的基础上，再根据课时教学内容，有针对性地进行更加深入的学习领会。

第二，认真钻研教材，正确使用教材。课程标准只是国家对学科教学的一个指导性、纲领性、法规性的文件，仅有课程标准还是很难进行教学的。因此，国家制定课程标准以后，就要根据课程标准的要求编写教材。新课程对教材的观念已经发生很大变化，过去非常强调教师教学要"依纲靠本"，即紧紧死扣课本，对课本内容不敢越雷池一步，上课就是带领学生在课本里打转，有些甚至到了"抠字眼"的地步。"课本里没有的不说，课本里没有的不做，课本里没有的不看"，教师和学生被完全局限在课本里，所体现的是"课本中心论"。在这种教材观影响下，教师在备课中主要考虑的是如何"讲教材"。现在，不能再用这种观念来看待教材了，我们提出备课中要认真钻研教材，正确使用教材，就是要求教师从"讲教材"，即仅仅是讲好教材内容，到"用教材"，即教材是实现课程标准的载体，是"范例"，但不是唯一载体和范例。为了达到课程标准的要求，我们可以利用的教学资源很多，教材提供是一部分教学资源。事实上,"讲教材"并不难,通过一定的教学实践,可以很熟练地掌握这些教学技巧。但是,"用教材"却并不容易,特别是主动去开发教学资源,在这个方面是没有止境的,尤其是对那些已经习惯"依纲靠本"的人,会感到很不适应,会感到不那么好教了。

当然,不管怎么样改变,作为教师和学生的教学活动,总是要有课本。尽管现在全国会有很多版本的教材可供选择(实践思想品德或道德与法制),但是在实际教学中只能选择其中的一本,因此,如何充分用好这本教材是教师备课中要认真对待的。传统备课中分析、理解和把握教材的方法仍然是适用的,例如,做到"懂、透、化"。懂,就是对课本内容中的基本知识(概念、原理、事实)、观点、材料、段落、结构等,弄懂弄通,这是分析教材最基本的要求;透,就是进一步把教材内容中的重点、难点、疑点、热点弄清楚,搞明白,找出教材的内在联系,明确知识的深度和广度以及科学性、思想性等,这就是我们通常所说的能够"吃透"教材,如果能做到这一步,教学中的"深入浅出"就有了基础;化,是一种更高的要求,它是把教材的思想性融化为教师的思想感情,讲课不是简单的复述,而是充满感情和激情去感染学生,使学生在学习过程中,不仅仅是学习知识,而是受到极大的鼓舞,发生情感、态度、信念等方面的变化。

此外,在钻研教材时,还要处理好几个关系:一是局部与全局的关系;二是观点与材料的关系;三是前后左右的关系;四是深度与广度的关系;五是知识与能力的关系;六是教学与教育的关系;七是课本与教参的关系等。总而言之,通过认真学习课程标准和钻研教材,基本上做到"心中有书",这是备课的重要一步。

2. 备教学对象,做到目中有人

我们在备课中常常说,要"吃透两头",这一头是教学内容,另一头就是教学对象。光吃透一头是不够的,因此,备课时,还要认真考虑教学对象的情况。现在的中学生,具有很多时代发展的特点,要辩证地看待他们,了解和把握在他们身上存在的这些特点,就能在教学过程中做到有针对性,因势利导,扬长避短。

首先,教师要树立科学的学生观。科学的学生观就是对学生的正确态度,就是要体现以人为本,一切为了学生的发展。在这个方面,思想政治教师更要以崇高的历史使命感来看待这个问题。其次,对不同学习阶段、不同年龄的学生在生理、心理、品德、认识、知识、能力等方面具有哪些特点要进行研究,真正做一位良师益友。

爱因斯坦曾说过:"如果把学生的热情激发起来,那学校所规定的功课,会被当作一种礼物来接受。"

要正确认识初中生和高中生在心理上的差异

高中的学生大多已经接近成年人,他们血气方刚,向往的是自由,要求的是民主,追求的是真理;他们有自己的思考方式,有他们自己的人生目标和人生态度,有他们自己的价值观和是非观,即使这些都不是那么成熟,但是,在面对外来的人和事物的时候,他们已经初步懂得怎样去应对,怎样去解决出现的问题,虽然有时他们的想法和采取的方法是错的。所以,在教育他们的时候,我们就不能采取强硬的手段,逼迫他们去接受他们不能理解的理论,而是要用充分的理论依据来谆谆诱导他们,务求以理服人,以德服人,才能使他们心服口服。一位让他们尊敬、爱戴和佩服的老师才是他们心目中的好老师和一位成功的老师。相反，只会使用高压手段的老师，则只能令他们对你因一时的敬畏而不得不服从，但实际上他们心里并没有接受你的教育，只会依然故我，有时还可能使他们产生反感而出现更差的效果。

　　初中的学生与高中的学生就有很大的不同之处，尤其是初一的学生。他们才刚刚从小学毕业上来，已经习惯于服从、依赖老师和家长，大多数的事情都是听吩咐去做的，没有独立思考的能力，没有系统的学习方法，没有自觉学习的习惯。一方面，他们的可塑性很强：他们就等于一张白纸，一旦被灌输一种东西，就很难被刷洗掉。另一方面，他们自律性低：很多时候都是凭一时的喜好来学习。他们会因为某个老师在某堂课上批评了他们而不再喜欢上那个老师的课，进而不喜欢学那门科目。所以，在教育他们的时候，要注意从以下几方面着手：**一要培养他们的学习兴趣。**兴趣是影响学习自觉性和积极性的最直接因素。达尔文说过："就我记得我在学校时期的性格来说，其中对我后来发生影响的，就是我有强烈而多样的兴趣，沉溺于自己感兴趣的东西，深喜了解任何复杂的问题和事物。"当一个学生对某种学习产生兴趣时，他总是积极主动而且心情愉快地去学习。在满怀兴趣状态下所学习的一切，常常掌握得迅速而牢固。初一是初始年级，如果能使一个学生在一开始就对某种学习感兴趣，那么就能帮他打好基础，在以后的学习中这种兴趣也将使他积极主动地去求知探索。所以，在我的课堂内外，我尽可能采取多种的方法来吸引我的学生学英语的兴趣。如创设Everyday Star(鼓励学生积极发言回答问题，谁答得好答得多就是当天的Every Star，老师就会相应加一分到期末总评成绩上)，多讲与日常相关的英美国家的文化习俗趣事等，务求使他们在课堂内外积极主动地去学英语。**二要培养他们良好的学习习惯。**良好的学习习惯对学生的学习，乃至一生，都有重大的意义。一个有良好学习习惯的学生，懂得遵守纪律、尊敬师长、虚心好学，懂得如何去预习、复习，懂得细心观察、独立思考。这些习惯一旦养成，不仅会使他在今后的学习中游刃有余，而且也会使他在一生的生活和工作中如鱼得水。习惯是后天获得的，是培养出来的。初一学生具有较强的可塑性，抓住这个特点，及时地引导他们，帮助他们养成良好的学习习惯，也是初中教育关键的一步。我的学生大部分一开始是不会做笔记的，上课就那样傻傻地坐在那里听。刚开始的时候我还以为他们像高中的学生那样已经明白了所以不用做笔记，后来一测验就发现不对头，他们根本不懂得做笔记来帮助复习。于是我特意找了一堂课对他们讲如何做笔记，如何运用笔记去复习，如何归纳梳理知识。现在他们大部分人基本已经习惯手里拿着一支笔来上课，遇到不懂的不用吩咐就会记下来。**三要引导他们掌握正确的学习方法。**学习是有规律的，要学得好，就要有正确的学习方法。古语云："善学者师逸而功倍，不善学者师勤而功半。"因此，学生掌握正确的学习方法，不仅能使学生的成绩不断提高，学习劲头增大，学习热情高涨，也能大大地减轻老师的工作负担。初一的学生在小学中所学的科目少，知识面比较窄，他们只会单纯地按老师的吩咐去完成作业，而不懂得课后如何去系统归纳知识，如何去预习复习，甚至不懂得如何去做笔记，更谈不上如何去自学了。所以，指导他们根据自身的特点去寻找并掌握正确的学习方法就显得尤其重要了。

　　3. 备教学方法，做到手中有法

　　"吃透两头"，是要做到"心中有书"和"目中有人"，即通过备课明确教学内容和教学对象。但是，仅仅做到这些还是不够的。教学活动是个过程，对这个过程如何去组织，对教学任务和教学目标如何去实施、去达成，等等，都必须在备课时要认真考虑，这里就有个方法的问题。教学方法的内容在有关章节里做了具体阐述，不再重复。这里要强调的是，当备教材、备学生的任务基本完成，备方法就是备课中的一项重要工作。特别是在当前课程改革的大背景下，对实施新课程提出了各方面的要求，在教学方法上，要改革传统教学方法的深远影响和顽强束缚，大胆探索有利于学生主体作用发挥和符合德育教育内容、目标实施与实现的各种方法。

课堂教学应力求做到"胸中有书、目中有人、手中有法"。

二、传统与现代教学理念下备课的差异

（一）对备课的认识不同

传统教学理念下的教育以应试教育为主，强调的是以教师为本位的知识的传授和接受，教师是知识的权威，是知识的占有者和传授者。因而，多数教师对备课的认识仅仅停留在简单的书写教案上。教案写好了，课也就备好了。衡量老师备课是否充分、认真的标准是什么呢？看教案就行了，教案写得好，写得详细认真，课就备得好。理由很简单，写教案前你不分析教材，不查找资料，不研究教法能把教案写好吗？所以多数教师就干脆将备课等同于写教案，教案写好了，备课的任务也就完成了。

而现代教学理念下的备课，则将教案的完成仅仅看作一个重要环节，认为备课是一个动态的延伸过程，它是有始无终的。备课不仅有课前备课，而且还有课后备课，也就是课后对课前的准备、课堂教学过程的优劣、得失等进行反思、分析、评价。从广义的角度看，备课是以学科教学为核心的终生备课。既包括有形的教案（纸质的或电子的），更包括融教师教育理念、知识底蕴、情感态度、教育机智、语言表达于一体的，存在于教师头脑中的无形教案。所以，现代教学理念下的备课，是以学生为本、立足学生核心素养全面提高的广义的备课。

正如苏联著名教育家苏霍姆林斯基在上了一节公开课后感慨道：这节课表面上只花了15分钟准备，实际上却是我一生的准备。

（二）对教学目标的设计不同

教学活动是有目的、有计划的，这主要反映和体现在教学目标上。无论是传统还是现代教学理念下，教学目标的设计都是教师备课中的一项重要内容。但在传统教学理念下，教学目标的设计是以"知识本位"为依据的，围绕着教师能教授多少知识，学生能接受多少知识而展开的。教师更多重视知识、技能等显性目标的达成，而忽视情感、态度与价值观等隐性目标的实现。

新课程标准把思想政治课程目标分为知识、能力以及情感态度与价值观三个维度，也就是我们通常说的"三维目标"。这种新的课程目标结构分类，反映了我们由过去过于注重知识传授和学科体系，向更为注重学生能力发展和情感态度与价值观培养的转变。要求教师备课时既需要重视显性目标的达成，更要考虑如何在教学中渗透情感、态度和价值

观目标,促进学生全面发展。从教学过程来看,新教学理念下教学目标既包括可预设的静态目标,也包括在教学活动中由师生交流和生生交流激发出的生成性目标,认识到教学目标不是静止的蓝图,而是一种动态的发展过程。同时,"三维目标"在具体教学内容中的分布和地位也是不同的,有的课教育性比较强,有的课知识性强些,但是不管什么样的教学内容,我们要尽可能地去挖掘教材本身的思想教育内容,升华教材中所蕴藏"情感态度与价值观"教育目标,激发学生的道德需要,在潜移默化中提高价值判断、价值选择的能力。

目前,课程改革迈入以发展核心素养为主要特征的阶段,课堂教学正在实现让学生从"记得住"的知识的学习向"忘不了"的素养培育转化。学生发展核心素养指学生应具备的,能够适应终身发展和社会发展需要的必备品格和关键能力,是关于学生知识、技能、情感、态度、价值观等多方面要求的综合表现。思想政治学科,从"三维目标"到核心素养整合的效果就是:政治认同方面,培育有立场、有理想的中国公民;理性精神方面,培育有理想、有理智的中国公民;法治意识方面,培育有自尊、守规则的中国公民;公共参与方面,培育有担当、有情怀的中国公民。我们要敢于面对变化,在教学中积极落实这一目标。

(三) 对教材的认识和利用不同

无论传统还是现代教学理念下的备课,对教材的分析研究与利用都是必不可少的。教材是教师进行教学活动的重要依据,是学生获取知识的主要来源,是顺利完成教学任务的基本条件。教学活动中,教材优势也是多方面的,比如它是联系教师、学生、生活的桥梁,是学习的引入、扩大、深化的基础,教材的系统性、典型性、普及性都是其他资料不可比拟的。正是教材有着这么多的优势,所以传统理念下的备课,将教材奉为"圣经",视为唯一的课程资源,单一的知识载体。不仅教师自己死抱着教材不放,甚至要求学生一切"唯书是从"。教师"教教材",照本宣科,课堂教学自然枯燥无味。

新课程理念下,认为教材不再是刻板的知识载体,而应该是知识、能力、情感态度与价值观三个方面的整合。教材虽然是重要的课程资源,但绝不是唯一的课程资源,教师可以对教材进行删减、增补、改编、重组,以及通过教学设计,突出重点、突破难点等,以达到教材内容的最优化。

思想政治学科与其他学科相比,具有鲜明的时代感。备课中,要善于从正在发生的活生生的生活实际中去寻找教学资源,将党的大政方针、学生熟悉的社会热点和焦点与教材结合,启发学生关注社会现实,在走进社会,走进现实生活的过程中,明白真假、善恶,培养发现问题、分析问题、解决问题的能力,学会做人、做事。

总之,立足于教材而不拘泥于教材,"创造性地使用教材",不是"教教材",而是"用教材教"是新课程理念下一名优秀的思想政治课教师应具备的基本素质。

(四) 备学生的内容不同

学生是学习的主人,只有全面地掌握学生特点,才能更好地实施课堂教学。传统教学理念下的备课也包括备学生,备什么呢?主要是了解学生的年龄特点,整个班级学生的学习基础,学习兴趣和学习态度等情况。备课时一般不考虑学生的个性差异,当然也不考虑师生关系,因为大家有一个共识,就是知识是课程追求的最高目标,教师与学生之间是教与学的关系,是命令与服从的关系。因此教学过程中,教师所关注的是知识,教师和学生的关系被理解为知识传授与知识接受的关系,除此之外,学生的其他方面就无关紧要了。由此,传统的课堂教学实际上成了教师表演的舞台,是死板的一言堂。天长日久,学生的学习兴趣被消磨殆尽,课堂毫无生机可言。

"为了每一位学生的发展"是新课程改革的宗旨。教师备课时既要了解学生的整体情况,又要了解学生的个别差异。同时,在新课程理念下,教师已不再是单纯的传授者,而是教学活动的组织者、引导者、参与者,是学生中的一员;学生不再是单纯的"接受器",而是学习的主人,教师与学生是平等的你我关系。因此,备学生时必须要考虑师生关系,比如是否建立了民主、平等、和谐的课堂气氛,师生间能否充分交流思想感情,是否面向全体学生,每个学生是否都有表现机会,是否尊重学生的人格、个性、差异性,教师是否抛开"唯我独尊"的架子,而设身处地为学生考虑,思考他们会想什么问题、有什么困惑,真正成为学生成长的帮手等。不能仅仅考虑自己教得方便、教得精彩、教得舒畅。

总之,新旧课程理念下备课差异的表现是多方面的,除以上四个方面外,在教学组织形式、教学方法、教学评价等方面都有所不同。我们在继承传统备课中优点的同时,更要努力克服存在的不足,提高自己的备课水平,构建教学真的精彩,呈现给学生一个有生命力的课堂。

美国教育家杜威告诉我们:"给孩子一个什么样的教育,就意味着给孩子一个什么样的生活!"

第二节 思想政治课的教案设计

教学方案包括学期教学方案和课时教学方案。学期教学方案是教师对一学期学科教学活动所进行的宏观设计,课时教学方案是教师对一节课或一次教学活动所进行的微观设计。

这里主要研究课时教学方案设计。

一、教学目标的制定

本课程的课时教学目标设计必须以新课程理念和思想政治课教学目标理论为指导,根据思想政治课程标准对本课的教学要求、教材的具体内容和所教班级学生的实际情况,结合往届学生学习本课的实际情况进行设计,并根据情况的变化而调整。具体来说,课时教学目标设计必须做到以下四点:

第一,目标设计内容要全面,并有明确具体的指向性。按《思想政治课程标准(实验)》的要求,其课时教学目标设计应当包括学生在"知识与技能"、"过程与方法"、"情感、态度与价值观"等方面的素质发展指标,而且每个方面都有不同层次的发展指标,并明确指向本校本班学生。就是说,要将课程标准对本课的法定要求具体化为本课对本校本班学生素质发展目标的要求。目标设计应注意防止和克服两种倾向:一是脱离本校本班学生的实际和个性发展要求,只是简单地照搬照抄课程标准和教参课时上的教学目标,造成教学目标缺乏针对性和个性;二是偏重认知领域,忽视情意领域和思想行为领域的教学目标,造成目标设计的片面性。

一堂成功的政治课,必须具有明确的教学目的,并根据教学目的来安排整堂课的教学。思想政治课的各项教学活动和整个教学过程,是为了实现预定的教学目的。

在教学实践中,评价一堂课的好坏和教学质量的高低,重要的一条就是看看有无明确、恰当的教学目的和是否达到了预定的教学目的,并收到了良好的教学效果。因此,教学目的是否明确、恰当,或是教学目的制定得是否适度,是否切实可行,将关系到一堂课的成败。

新课程明确提出要实现三维目标:知识与技能、过程与方法、情感态度与价值观,构建起课堂教学比较完整的目标体系,由以知识本位、学科本位转向以学生的发展为本,真正对知识、能力、态度进行了有机整合,体现了对人的生命存在及其发展的整体关怀。

知识与技能——基础目标;

能力(过程)与方法——核心目标;

情感、态度与价值观——优先目标。

课时教学目的,是课的教学目的在每一堂课的具体化,不一定全部包括上述三个方面的内容,可以侧重于一两个方面。

上课就是不折不扣执行教案或者事先设定的教学思路的过程,也就是实现预设目标的过程。

[案例1]

初二思想品德课在讲解《如何正确行使权利》这一教学内容时,有一位深圳的教师选取了深圳"怡宝"牌矿泉水的侵权案,因当时有不少学生的书包里装的饮水就是"怡宝"品牌。这一案例一下子拉近了与学生的距离。这位教师把中山市几家饮料厂在饮用纯净水商品上实际使用的"怡宽"、"抬宝"、"怡赛"等商标编好号,与已编号的"怡宝"商标混放在一起,要求学生在极短的时间里,找出属于"怡宝"商标的编号。这种类似抢答式的问题,激起了学生极大的兴趣。顿时,有七八个同学争相抢答,其中就有两位同学回答错误。通过这一案例本想使大家明确:商标专用权是企业的一项重要权利,但行使权利只应在合法的轨道上行使,否则就会走上违法的道路。满以为课堂就这样按教师预先设计的方案进行。可是,就在教师以为这个案例就这样结束的时候,有一位平时思维很活跃的学生站起来问:"老师,刚才你所讲的那几家企业实际使用的商标并不是真正的'怡宝'呀,为什么就构成了侵权呢?作为一个合法的企业它们也有商标专用权呀。"这时,班上有很多学生纷纷表示赞同,思维的火花被点燃了。

面对这一"意外"的变故,教师因势利导。"每一个合法的企业确实都有商标专用权。但是,刚才那几家企业使用的商标混在'怡宝'中你们能一眼把它们区分开吗?""不能。"很多学生都在附和。"为什么?"教师紧追不放。

"因为那几个商标与'怡宝'实在太相似了。"许多学生脱口而出。"都有哪些地方相似呢?"

教师进一步引导。"那些商标的字形难以一眼识别。"这回,倒是一位平时胆子较小的女生站起来急切地回答。"那么,他们为什么要刻意模仿'怡宝'商标呢?"教师把提问一步步地导向真理。

"因为'怡宝'在深圳甚至在广东有一定知名度。"学生的回答出乎意料的利落干脆。

教师问道:"为一己之私利去刻意模仿他人知名商标,损害别人合法权益,这种手段正当吗?"

"不正当!"这回是异口同声地回答。教师注意到刚才持有异议的学生这下声音特别响亮。

[案例2]

教学中我们既要关注预设目标,更要关注动态生成的目标。

实习中,教师不善于捕捉学生发言中有价值的东西,引导学生深入讨论,只满足于课堂此起彼伏的热烈场面。请看一个教学案例:一位教师在上《节约用水》这一课时,有位学生指出洗车场用水很多,很浪费;而另一位学生却认为,洗车就需要用很多水才能洗干净。两种截然不同的意见,恰恰是引导学生深入讨论的焦点,而教师却轻描淡写地给予简单的肯定"很好"。如果教师能就这两个学生的发言引导学生思考日常生活中如何解决"需要用水"和"节约用水"的矛盾,是不是可以大大提高课堂教学的质量? 据了解,这种现象在一些实验区较为普遍。教师们反映,课堂放开了,学生活跃了,提出了各种各样的问题,有些甚至是老师始料不及的问题,真不知如何回答。还有的教师面对学生的争论感到无所适从,有的置之不理,有的给予的评价一律都是"好"。这样,教师的作用得不到充分体现。

课堂应是向未知方向挺进的旅程,随时都有可能发现意外的通道和美丽的图景,而不是一切都必须遵循固定线路而没有激情的行程。

思考:从教案到预案,一个"预"字充满了变。你认为应该"预"什么?怎样"预"?

第二,目标设计应坚持预设与生成的统一,使教学目标兼容表现性和生成性目标。思想政治课属人文社会科学,不同于自然科学。自然科学知识具有客观性和普遍性,它可以完全脱离主体而独立存在,作为教学过程之外的结果性目标预先设计;而人文社会科学知识不是关于事实和规律的纯粹学问,它对事实和规律的叙述已经过价值解释、理解和选择,它是被意义化、价值化的事实和规律。人文社会科学知识价值性、主观性的特点,以及新思想政治课程内容的生活化,决定了其学习过程具有体验性、情景性和个体性特点,也决定了其内容和目标不能完全脱离主体而独立存在,不能完全作为教学过程之外的结果性目标预设。只有当过程展开后,在学生、教师与教育交互作用中,目标才能不断生成,并随着过程的推进而不断演进。因此,本课程的课时教学目标设计应兼容表现性和生成性目标。

第三,情感教学目标的设计要依托课文知识,紧扣认知和思想教育目标。思想政治新课标虽然在总目标和分类目标中对情感教育目标作出了规定,但这种规定十分宏观,加上我们过去在情感教学目标设计上积累的经验很少,这给本课程的课时情感教学目标设计带来了很大的困难。我们要在实践中不断地探索和研究。我们认为,思想性是思想政治课的根本特性,德智共生性、实践性、综合性是本课程的重要特点。据此,可以利用"抓住两头定中间"的方法来设计本课程的课时情感教学目标。

第四,教学目标的行为主体必须是学生,并用行为动词描述学生的素质发展变化状态,使目标具有可测评性。传统教学观念下,教师在陈述教学目标时,往往采用如下用语:"拓宽学生知识面;提高学生判断是非和分析、论证问题的能力;培养学生的创新意识"等。这些目标陈述用语强调了教师在教学过程中扮演的角色,体现出目标行为的主体是教师,而且显然是目的和教师的主观愿望,无具体标准,而不是目标,无法进行测评。新课程采用教学目标行为主体学生化和素质发展动词描述化的表述,即让学生"懂得事物是变化发展的基本原理,能正确理解发展概念,把握发展实质,理解和掌握判断新旧事物的客观标准。并在教师指导下,学生能就自己所熟悉的问题,以及个人成长中和社会主义现代化建设中的有关现实问题,运用今天所学的知识加以分析说明,并发表富有哲理的见解"。这种陈述不仅突出了学生是主体,而且目标具体明确,具有可测评性。

以《国有大中型企业是国民经济的支柱》为例:

(1) 知识目标:把握国有大中型企业在国民经济中的地位及其科学表述;了解国企改革的方向、实质以及现代企业制度的基本特征。

(2) 能力目标:通过对教师给出的有关国企数据表格的分析,提高比较分析问题的能力;通过搜集"长虹"的有关资料并进行分析,提高生成性创新思维能力;通过对"长虹"性质的分析,提高透过现象分析本质的能力;通过对国企改革的介绍,培养深刻认识问题的能力。

(3) 情感、态度与价值观目标:增进对国有大中型企业及对祖国的热爱之情;增强民族自豪感及其自觉投身现代化建设的高尚道德情操。

二、教学方法的选择

教学方法是组织运用教材实现教学目标的思想、点子、途径、程序、策略、手段和教与学的相互作用方式。"方法就是安排教材,使教材得到最有效的利用","方法不过是为了某种目的运用某种材料的一个有效途径"。能否根据思想政治课的性质和教材内容的特点以及师生的实际情况,恰当设计和选择教学方法,直接影响着课堂教学的质量。

思想政治课有多种多样的教学方法,主要有启学明理、激情促信、导行致用、检查评价四大类教学方法。这些教学方法都具有自己独特的功能、适用范围和起作用的条件。因而,教学方法必须根据当前的教学任务、教学内容的特点、学生的实际、教师的经验和特长、教学条件及课程标准规定的时间和进度进行设计和选择,并力图将优选出来的教学方法组成一个切合实际、结构合理、特色鲜明、素质教育和德育功能强大的教学方法系统。教学方法的设计除了要遵循上述要求外,还应注意以下四点:

第一,要体现新课程的基本理念,有助于推进本课程学习方式的转变和优化。教学方法设计要注意宏观规划和学习方式转变的策略,以在本课程中逐步引入自主学习、合作学习、体验学习和探究学习的理念和方式,实现现代教学方法和传统教学方法的优势互补。

第二,要坚持情理互动原则,把引趣、激情、体验、熏染与逻辑认知、推理论证、实践实证有机地结合起来。

第三,要精心设计问题和情境。以问题和情境为机制,启发学生思维,激发学生的情感,调动学生全身心参与,实现启发诱导与学生的主体参与有机结合。

第四,要关注学生生活,坚持理论联系实际。教学方法设计要注意从学生关注的社会生活现象及其所遇到的具体问题入手,经过抽象,达到理性,然后引导学生运用所获得的理性知识去分析、研究和解决实际问题。

三、教学过程的设计

思想政治课教学过程虽有基本的规律和程序可循,但新课程的内容特点决定它是一个教师引导下的学生自我建构过程,具有互动性和动态生成性;同时也决定了其教学过程必然呈现出预设与生成、确定与灵动相统一的过程状态。从过程性和结果性两种要求上实现"三维一体"的教学目标,是思想政治新课程的理念。它反映了思想政治课教学改革的一个重要追求:既要注重基础性知识和技能的给予,更要着力于形成知识过程的体验,致力于获取知识的能力的培养;既要注重思想观点的灌输,更要着力于相应情感体验的形成和价值观的生成。

显然,这也是思想政治课教学设计所要刻意体现的教学设计理念。因此,思想政治课教学过程的设计必须尽可能地加强"内容活动化"或"活动内容化"的设计,将体验性、研究性活动设计作为教学内容呈现的基本方式,将学习过程的步骤、程序和策略与知识学习、能力培养、情感体验有机地结合起来,使学生在动手与动脑、认知与体验有机结合的活动过程中,提炼、归纳和把握概念、原理、观点和方法。具体地说,要做到以下几点:

第一,概念、原理的教学要让学生经历其形成过程,并在此基础上帮助学生掌握概念、原理的内涵、外延、层次结构和精神实质。

第二,概念、原理的教学要融入一点概念、原理的发展史和问题解决史。

第三,教学过程要凸显动态性,体现预设与生成相统一的原则。根据思想政治课教学过程的基本规律和"动态生成的教学过程观",其教学过程应当遵循辩证唯物主义认识论"两次飞跃"的过程范式进行设计。

第四,教学过程方案要留有空白,体现方案"弹性化"原则。由于教学过程的基本环节、教学过程的内在逻辑结构都是动态的,因此教学过程设计只能形成一个"弹性化"方案。相对于传统的教学方案来说,它似乎线条比较粗,留有较多的空间和时间。

第五,对教学过程的设计,一般采用活动元设计法进行设计,即首先根据教学目标的要求、教材内容的特点、教学资源情况和学生实际等因素,选择恰当的教学模式;再根据教学模式的程序过程,将教学过程划分为若干活动单元,分别对活动元进行设计;然后,再将各个活动元有机地组合成教学活动过程。

四、教学内容的组织

教学内容的组织设计,即按照本课程的新理念和教学方法,将静态性的教材"文本"加工成为与学生生活经验密切联系的、适合于教学展开、有利于教学内容创新的组织状态。本课程的教学实践和广泛的调查研究证明:教学内容的组织必须满足学生的需要和兴趣,适应其认知水平。思想政治课的教学内容情境化、生活化、观点材料化、说理形象化和教学形式多样化，比较容易实现学生的主动参与，引起学生个体认识的发生发展。情境、问题和活动是思想政治课的运作机制。因此，思想政治课教学内容组织设计的主要任务，是根据学生的发展需要和水平，实现教学内容的情境化、生活化、问题化设计和搞好教学要点的编排设计，其最终目标是使教学内容形成一个重点突出、难点分散、主次分明、顺序合理、逻辑严密、利于能力培育、思想教育功能强大的教学内容序列系统。具体说来，要着重解决以下几个问题：

第一，教学方略设计"突出重点，突破难点"。由于各个概念和原理在知识体系、教学活动和思想教育中的地位和作用不一样，难度不同，必然有重点与非重点、难点与非难点之分。因此，教学内容设计必须处理好重点与非重点、难点与非难点之间的关系，着重考虑什么内容重讲、细讲，什么内容轻讲、略讲，选用什么例子、设计何种活动来说明、论证本课的重要理论观点，突破疑难问题；如何引导学生理解基本的理论观点，得出结论，并尝试运用这些理论观点去分析、解决问题。要认真考虑将重点、难点放在什么时间段进行教学，安排多长时间，将重点、难点放在学生思维最活跃、注意力最集中的时间，同时要适当分散难点。非重点、难点的教学要为突出重点、突破难点服务，并保证重点、难点的教学有较多的时间。

第二，教学内容进行情境化设计。情境化设计主要考虑如何使教学有身临其境之感，引发学生的求知欲，让学生带着情感去探索问题，认识事物。情境具有直观性、暗示性。要在教学中营造亲和的心理氛围，启发学生潜意识和情感，诱发学生全身心地参与教学活动，并把教学中的认知活动与情感活动、感性认识活动与理性认识活动、有意注意与无意注意、形象思维与抽象思维有机结合起来。因此，教学内容的情境化设计必须贯彻以下要求：① 情境要蕴理、含情、社会化、形象逼真、形式新颖；② 虚拟情境与真实情境有机结合，尽量多创设真实情境，提出恰当的道德行为要求；③ 依据教学认识活动的导入、发展、深入、拓展、转换等不同环节的要求，设计不同功能的情境，并保持情境的关联性、连续性、递进性；④ 情境必须与问题或活动相关联，具有互动性；⑤ 情境设计要贯彻效益原则，力争在课程标准规定的时间内，以最少的货币和物质材料消耗创设出符合功能要求的情境。

《人生的真正价值在于对社会的贡献》情境化设计：

有位老人节衣缩食13年，用省下来的数万元钱资助了40多名贫困学生，其中包括10名大学生。令人困惑的是，有的受助学生不懂得感恩，他心安理得地收受老人的钱，却连一封感谢或问候的信都不写。但是，老人仍然一如既往地给予资助。有人感到非常气愤，劝他不要再对那些知恩不报的学生进行资助，说：这太不值得了！

听了这件事情，你有什么感触？假如你是这位老人，会怎么办？

第三，教学内容进行生活化设计。与情境化处理不同，教学内容生活化所要解决的问题是教学如何回归生活。以往教科书呈现的教学内容往往独立于学生经验以外，是与其生命体相分离的一堆"死物"。因此，必须找到教学内容通向学生生命体的通道。教材内容的生活化，就是要沟通教材呈现的科学世界与学生的生活世界，使"两个世界"相融合，做到"你中有我，我中有你"。让教学内容在学生生命体中活起来，从而把教学内容转化为学生自身生命中的一部分,并在这种转化中使学生个体的智慧与德行得以提升。

《股票、债券和商业保险》生活化设计:

本节课的内容理论性强,比较抽象。如果单靠教师讲解,学生会感到枯燥无味,很难调动学习的积极性。于世华老师设计了这样一个场景:杜老汉因购买福利彩票而中奖,他在拿奖和如何使用这笔奖金时却遇到了种种困惑:首先,杜老汉对500万元大奖要扣除100万元感到不解;接着,保险公司推销员向他推销保险,银行向他拉存款,儿子向他要钱炒股票,这一切使他感到无所适从。问:杜老汉为什么会对500万元大奖扣除掉的100万元感到不解?他对这笔奖金应当如何处理和使用?

第四,教学内容进行问题化设计。传统的课堂教学主要是通过教师的讲授,将教材内容灌输给学生。新课程认为,课堂教学不是对教材内容的移植,而是对教学内容有意义的建构。这就否定了教师对教材内容的单纯陈述。为此,必须变教材内容陈述性叙述为问题性叙述,变教学内容的陈述化设计为问题化设计。在对教学内容进行问题化设计时,应注意下列几点:一是组成问题体系。就是要依据教材内容,联系社会现实问题或学生关注的生活热点问题确定一个主题;围绕该主题,将教材知识按其逻辑关系分设为若干个具有内在逻辑关系的问题,组成一个问题体系。这样,既可使教学紧扣主题,又能保持教学的逻辑性。二是围绕教材的关键点、重点、难点、理论联系实际点,以及知识与知识的衔接过渡处、观点与材料和认识与实践的转化处,是教学内容的精华和要害。如果以问题的形式揭示出来,吸引学生注意力,激发他们积极思考,这有利于教学突出重点,突破难点,实现教学目标。三是针对社会生活的热点。所谓"社会生活的热点",是指一段时间内社会舆论所关注的焦点,如国内外的重大事件、时事热点、社会或学校的重大活动、发生在学生身边具有较大影响的事件等。这些热点问题会通过各种渠道进入学生的视野,形成思维上的兴奋点和疑点,他们总是期望得到某种方式的解答和说明。教学实践一再告诉我们,学生不是不愿上思想政治课,而是不愿意听那些脱离实际的说教。根据热点设问施教,既能有效地激发学生思维的兴奋点,也是思想政治课发挥自身价值的契机。这样的课,必然会受到学生的欢迎。四是难易适度。问题的难度应当遵循"大于个人能力,小于小组合力"的原则。难度大于个人能力,使小组合作成为必要;小于小组合力,可以保障小组合作的成功。如果问题太难,学生在已有的知识经验范围内无法解决,会使其闻而生畏;而问题太易,唾手可得,则容易养成思维的惰性。所以,问题设计应当把握好难易程度,较难的问题应将之分解。五是形式新颖生动。这是由学生的思维和道德情感特点决定的,也是激发学生情感、促进学生积极思维的一个重要条件。这就要求从学生喜闻乐见的形式和材料设问,避免问题的单调、呆板、枯燥。既可以直接设问,也可以从漫画设问,从表演设问,从活动设问,从演示设问,从事例设问,从音乐设问,从笑话设问,从故事设问,等等。六是根据教学的不同阶段设计不同的问题。成功的设问必须与教学进程相适应,根据不同教学阶段的目标、任务及实际状况,有针对性地提出相应的问题,以保证教学进程的连续性,推动教学进程的不断深入。

第五,处理好理论教学与思想教育的关系。思想政治课不是单纯的理论知识教学,也不同于一般的思想政治工作和时政课,它要求寓思想教育于理论常识教学之中。在教学内容设计时,不仅要注意挖掘理论常识本身和材料的思想性,而且要抓住学生与教材内容有关的思想认识问题,将学生的思想实际、社会热点问题与教材理论知识点有机地结合起来。既要防止以理论知识教学代替思想教育的倾向,又要防止思想教育脱离理论常识教学的倾向。

第六,处理好全局与局部的关系。全局与局部的关系是相对的,它可以是全书与各单元的关系、一个单元与各课的关系,也可以是一课与各框的关系。就课时教案的教学内容编排而言,局部就是这节课的内容或其中的某个概念、原理和观点;全局就是全课、全书或这个模块、这门学科。它们之间的关系,就是全局与局部的关系。我们在进行教学内容编排设计时,应在把握全书各课的前后纵横关系及其总体要求的基础上,再来编排设计本节课的教学内容。这样,教学内容的编排设计才能居高临下,通观全局,权衡轻重,分清主次,明确主攻方向。否则,就会只见树木,不见森林,使局部脱离全局。

五、作业的设计

思想政治课作业设计的目的在于巩固课堂教学成果,引导学生应用,督促学生做进一步学习和思考,其功能是检查教学效果,及时获得反馈信息,改进教学。布置适量适度、素质教育功能强大的作业,能够很好地达成上述目的,发挥上述功能。教师应当把布置作业作为提高思想政治课教学质量的有效手段。思想政治课作业设计应当注意以下几点:

第一,重点与全面结合。课上的时间是有限的,只能要求学生重点把握基本概念、基本原理和基本观点。因而,作业设计既要注意突出重点,又要尽可能地照顾到面,把那些次要的、零碎的和课上未涉及的知识融入作业,并为掌握重点服务。

第二,复习旧课与预习新课结合。作业设计既要体现对所学知识、观点和方法的消化吸收,又要照顾到对新课内容的超前感知,即复习旧课与预习新课同时并举,做到温故知新。

第三,科技知识渗透结合。作业设计要力求沟通所学知识与其他学科知识的联系,使之相互渗透、融合,以利于学生整体地认识世界,培养学生综合地运用各科知识和方法解决社会问题的能力。

第四,课本理论知识与社会实际、学生生活实际结合。作业设计要坚决贯彻理论联系实际的原则,引导学生体验生活、了解社会;并用所学的理论观察、分析和说明社会现实,评价事物,指导人生和实践。

第五,一般要求和不同档次要求相结合。作业设计要考虑到学生的兴趣、水平差异,除一般要求外,不同班级和学生的作业份量和档次要求应有所区别。

六、课前或课后活动的设计

为充分开发和利用教育资源,构筑立体开放的教育网络系统,还必须设计一些必要的课前或课后活动,如搜集资料、参观访问、社会调查、课堂小品设计与排练、主题活动、研究性学习等。新课程理念下的教案,一般由课前活动方案、课堂教学方案和课后活动方案构成。其中课堂教学方案是核心,课前、课后活动设计应当服务于课堂教学。设计课前或课后活动应注意三点:一是要有明确的目的,就是说,课前或课后活动设计要根据课时教学内容、学生实际和教学需要进行设计;二是要因地因时制宜,这是因为,各校所在社区的教育资源和条件不同,不同时间所能提供的教育资源也有所不同;三是要注意活动的安全。当代中学生大多是独生子女,且处于青春期,容易冲动,控制能力薄弱,活动中常常会发生一些安全问题,这已经成为我们开展课前或课后活动的一大制约因素。为此,课前或课后活动设计必须有安全性措施。

七、板书的设计

板书既是教学的常用手段。从板书形式来看,有观点式板书、线索式板书;从板书色彩来看,彩色粉笔的运用,不仅给学生以板书色彩美的享受,而且是一种暗示手段,可唤起学生的注意。例如,教学重点时,板书时可用红色标出;教学难点时,板书时可用黄色体现,这样无疑会使学生产生深刻印象。从板书技巧来看,教师的板书可以通过多种手法的变化来达到暗示的效应。例如,板书字体大小的变化(如关键词语书写大号字)、标点符号的使用(如重点地方划着重号或波浪线、精彩之处加惊叹号、疑难语句后加问号)、特殊符号的运用(如"→"表示"决定"、"↔"表示"互为因果"、"{"表示"包含"),等等。

第三节 思想政治课的说课

一、说课的内涵和特点

(一)说课的内涵

说课是教师面对同行和专家,依据课程标准、教本,运用教学理论,结合学生的实际,把自己一堂课的创造性设计说出来的一种教学研究形式。说课最显著特点,要求教师不仅说出"怎样教",而且更重要的说出"为什么这样教",说课要揭示出"为什么这样教"的理论和实践依据。实践证明,说课活动的开展,有利于教师更深层理解教学内容,研究教学过程、教学方法、教学手段、学法指导,从而提高教师的综合素质,提高课堂教学的效益。说课活动的开展,也有利于听课者更全面地了解执教者的教学行为,从而正确地评价教学行为。

(二)说课的特点

说课具有以下特点:一是同行参与性,即每次活动都由一定数量的教师或同行专家参与;二是交流性,即说课者与听讲者要彼此进行意见交流;三是研究性,即交流的内容是各个教师对具体课题的教学经验,有些是该课题教学实践中遇到的难题和新问题,需要集体研究;四是实践性,即针对具体教学课题,为即将要进行的教学服务,而且操作方便灵活,便于实施。

二、说课的主要内容及其要求

(一) 说课题

目的在于让听者或评委首先知道你说的课题是什么。如果是研究型、拓展型、活动型的课,要说此课题由来的理论和实践依据。

(二) 说教学目标

说清这节课的教学目标十分重要。因为指出了教学活动的主攻方向,规定了这一节课教学活动的出发点和归宿。从思想政治课来讲,说教学目标要注意三点:完整性、具体性、适度性。教学目标的完整性是指应包括知识、能力、情感态度价值观三个方面的目标。教学目标的具体性是指本课内要落实的具体目标,防止目标大而空,公式化。教学目标的适度性是指目标程度要依据教学内容,符合学生的年龄特征、知识水平和思想状况,力求避免目标定得过高或过低。在思想政治课教学目标中知识、能力、情感态度和价值观目标不可偏废,但是具体一节课时可以有所侧重。如哲学常识中,"世界是物质的世界"这一节课的教学目标:使学生掌握哲学上物质就是指不依赖于人的意识,并能为人的意识所反映的客观实在。理解它的内涵和外延,这是认识目标;让学生知道哲学上物质这一概念是如何被抽象归纳出来的,培养学生逻辑思维的能力这是能力目标;同时让学生真正理解世界是客观存在的物质世界,树立马克思主义科学物质观,结合当前实际,批判"法轮功"的唯心主义创世说,这是情感态度和价值观目标。

(三) 说教学重点、难点

教师在说课时,只说教学中的重点和难点"是什么",而不说"为什么",这是不符合说课要求的。因为只有理解"为什么"这是重点和难点,才能有效地提出解决重点和难点的科学教学方法和手段。重点和难点的确定,既要根据教学内容,又要考虑学生的实际。它们不是互不相关的,有时可以是双重身份。即既是重点,又是学生学习的难点。如经济常识的商品两重性:使用价值和价值。商品的价值是难点,因为商品的价值不是具体的现象,而是个抽象的概念,学生对"价值就是凝结在商品中无差别人类劳动"理解有一定困难,而且学生往往把价值同使用价值、价格等混淆起来。讲商品的价值是重点,因为这个概念是经济常识中最基本概念,学生只有正确把握它,才能深入学习剩余价值论和社会主义的经济规律。

(四) 说总体的教学设计

简说这节课的教学设计的一定理念和原则,采用的主要教学方法、教学手段,教给学生什么样的学法。

(五) 说教学过程

说课前的准备,说导入新课,着重说清楚教学过程中如何突破教学重点、攻破教学难点的具体教学方法和手段,如何对学生进行学法指导。并说清其理论和实践的依据,也就是讲"如何教"和"为什么这样教"。对于课后作业和板书可以作简要介绍及其说明设计意图。教无定法,重在得法,贵在用法。教学过程中教学方法、手段和学法指导的选择要从具体的教学内容、目标,学生的特点,学校能提供的教学设备综合考虑。根据素质教育的要求,在思想政治课教学中必须废除灌注式,提倡启发式、讨论式,教学的具体方法和手段的多样化,必须考虑如何指导学生学会学习,使学生实现由学会过渡到会学。一般来说,教法和学法的确定:一要有助于调动学生的学习兴趣、积极性,从学生的被动学习转变为全体学生的积极参与,形成"师生、生生"的多向交流;二是要遵循认识规律,启发学生思考,有助于学生内化为自己的知识和技能,培养和发展学生的能力和创新精神,提高学生的政治、思想、道德、心理素质;三是注意适应面向全体学生和因材施教的不同需要。

(六) 说反思

如果说课放在上课(听课)以后进行,执教者可增加对这节课的"自我评价"或教后感。这部分内容,可谈在教学中感到突出的成功之处,不足之处,以及产生的主要原因和改进措施。这部分内容尽量简要,多给听课者(评委)思考余地和发表他们见解的时间,以利于互相学习,共同提高。

三、说课应注意的问题

(1) 说课的对象不是学生而是同行或专家。说课的出发点是提出教学方案,具有战略性,而上课是实施教学方案,具有战术性。因此,不能把说课变成上课的简要重复。

(2) 说课主要说自己"怎样教"和"为什么这样教",如何指导学生学会学习。因此不能把说课变成教材分析。

(3) 说课要突出重点,不能面面俱到,平均使用力量,不能拖迟时间。

(4) 说课要体现现代教学理念,体现现代教学方法和手段。

(5) 说课要注意语态端庄,条理清楚,逻辑性强,言简意赅。

(6) 说课要准确回答同行和评委的提问。要针对提问回答,能抓住实质简短分析又有独到之处则更好。

四、说课与上课的关系

(一) 说课与上课的区别

说课与上课是有区别的。所谓区别,第一,听课的对象不同。前者是评委或教师,后者是学生,无论是知识层次还是鉴别能力,前者都高于后者。这就是说,说课的要求比上课高得多,用上课的形式说课显然是不行的。第二,出发点不同。前者是提出教学方案,后者是实施教学方案。因此,前者具有战略性,从这节课的全局出发构思最佳教学方案,立足创新,大处着眼,具有计划性、指导性。后者具有战术性,根据班级实际和学生实际,灵活实施教学方案。第三,提问的目的不同。前者是考查教师把握教材的程度和理论功底,了解教师对有关知识的掌握情况、思维水平和应变能力。后者是启发学生的思维,开发学生的智力、了解学生掌握知识的情况。

(二) 说课与上课的联系

说课与上课是紧密联系,相辅相成的。把握教材内容,确定教学目标,掌握重点难点,拟订教学方案,这些虽为说课内容,却是上课的前期准备。因此,说课既是上课的基础,也是上课的升华。说课的最终目的是为了把课上好,上课是说课的具体化、实践化。平时备课上课认真,钻研教材深刻,教法科学新颖,又能不断促进说课水平的提高。因此,要想说好课,还须平时把课上好,并不断加以研究和总结。

五、说课的误区

(一) 误区之一:说课就是复述教案

说课稿与教案有一定的联系,但又有明显的区别,不应混为一谈。说课稿是在个人钻研教材的基础上写成的,说课稿不宜过长,时间应控制在10~20分钟之内为宜;教案只说"怎样教",而说课稿重点说清"为什么要这样教"。教案是教师备课这个复杂思维过程的总结,多是教学具体过程的罗列,是教师备课结果的记录,是教师进行课堂教学的操作性方案。它重在设定教师在教学中的具体内容和行为,即体现了"教什么"、"怎么教"。

说课稿侧重于有针对性的理论指导的阐述,它虽也包括教案中的精华部分(说课稿的编写多以教案为蓝本,作为参考的第一手材料),但更重要的是要体现出执教者的教学思想、教学意图和理论依据,即思维内核。简单地说,说课稿不仅要精确地说出"教"与"学"的内容,而且更重要的是要从理论和实践的结合上具体阐述"我为什么要这样教"。教案是平面的、单向的,而说课是立体的、多维的。说课稿是教案的深化、扩展与完善。

(二) 误区之二:说课就是再现上课过程

有些教师在说课过程中一直口若悬河,激动万分地给听者"上课":讲解知识难点、分析教材、演示教具、介绍板书等,把讲给学生的东西照搬不误地拿来讲给下面就座的各位评委、同行们听。其实,如果他们准备的内容和课程安排面对的是学生,可能会是一节很成功的示范课。但说课绝不是上课,二者在对象、要求、评价标准以及场合上具有实质性的区别,不能等同对待。

说课是"说"教师的教学思路轨迹,"说"教学方案是如何设计出来的,设计的优胜之处在哪里,设计的依据是什么,预定要达到怎样的教学目标,这好比一项工程的可行性报告,而不是施工工程的本身。由此可见,说课是介于备课和上课之间的一种教学研究活动,对于备课是一种深化和检验,能使备课理性化,对于上课是一种更为严密的科学准备。

(三) 误区之三:说教学方法太过笼统,说学习方法有失规范

"教学设计和学法指导"是说课过程中不可缺少的一个环节,有些教师在这环节中多一言以蔽之:我运用了启发式、直观式等教学法,学生运用自主探究法、合作讨论法等。至于教师如何启发学生,怎样操作,却不见了下文。甚至有的教师把"学法指导"误解为:解答学生疑问、学生习惯养成、简单的技能训练。

（四）误区之四："一穷二白"，说课过程没有任何的辅助材料和手段

有的教师在说课过程中，既无说课文字稿，也没有运用任何的辅助手段。有的教师明明说自己动手设计了多媒体课件来辅助教学，但在说课过程中，始终不见庐山真面目，让听者不禁怀疑其真实性。所以，说课教师在说课过程中可以运用一定的辅助手段：如多媒体课件的制作、实物投影仪、说课文字稿等，在有限的时间里向同行及评委们说清楚课，说好课。

情景材料

第四节　思想政治课的模拟授课

在教学比赛、教师招聘、教师资格认定、职称评定等涉及人员众多的许多大型活动中，为了在较短时间内快而有效地对每一个人的教学能力作出较为公正的评估，通常采用模拟授课的方式来评价一个教师是否具备基本的教学能力。有时面对几百人，甚至一两千人的场面，要采用普通上课的形式，场地、学生、时间等条件是无论如何也达不到要求的，而模拟授课恰恰不受上述限制，能够较好地达到预定目标。

一、模拟授课的含义

所谓模拟授课，就是讲课老师模拟授课的情景，把课堂教学中所有环节，在没有学生的情况下全部呈现出来。它是一种将个人备课、教学研究与上课实践有机结合在一起的教研活动，突出了教学活动中的主要矛盾和本质特征，同时又能摒弃次要的非本质因素，使教学研究的对象从客观实体中直接抽象出来，具有省时高效的特点。同时，它把传统的说课和上课合二为一，并加以浓缩，可以较好地展现教师的综合素质。

二、"模拟授课"与"上课"的区别

模拟授课没有学生的直接参与，整个过程是教师在唱"独角戏"，这是与真实上课的最本质的区别。但它不是简单地将学生活动直接省略，而是要求教师在相应的学生活动环节中通过巧妙表达，虚拟学生的"在场"感，以达到上课的效果。

三、"模拟授课"与"说课"的区别

我们在前面讲过，说课，重在说，不仅要说出"怎样教"，还要说清"为什么这样教"，要让听者不仅知其然，还要知其所以然，比较侧重理性层面。而模拟授课则是说课的延伸和补充，选取说课的"教学流程"这一部分，把它具体化，把"教材的内容、地位、教学目标、重难点等"通过模拟的方式表现出来，更侧重于它的实践性，教师在模拟授课过程中模仿实际教学，但没有学生的配合，需把45分钟的实际课堂教学在15—20分钟之内展现出来。跟说课相比，"模拟授课"它更侧重于教师综合素质和实践能力的反映。

四、模拟授课的作用与功能

（1）模拟授课有利于提高教师备课的质量。模拟授课，可以让教师尝试体验上课过程，提前检测课堂教学是否具备合理性、可操作性和有效性，从而更准确地把握学情和教情，改善预设，提高课堂应变能力，思考如何教得更好。这样，从感性备课上升到理性备课，有助于教师提高备课的质量。

（2）模拟授课有利于提高教研活动的实效。模拟授课虽然不能十分精确真实反映上课的实情，但给老师搭建了一个展示驾驭课堂能力的平台，对一些重要环节进行有针对性的研究，是说课的一种很好的补充和延伸。通过模拟授课，可以使教研的主题更明确，重点更突出，从而提高教研活动的实效。

（3）模拟授课能较好地体现教师的素质。模拟授课，一方面要求教师具备一定的理论素养，这就促使教师不断地去学习、更新教育教学的理念，提高自己的理论水平。另一方面，模拟授课要求教师用语言把自己的教学思路及设想、教学过程某一环节展示出来，这又无形中提高了教师的语言组织能力和表达能力，促使教师自身素质的提高。

五、如何更好进行模拟授课

（1）要找准自己的身份。模拟授课没有面对面的学生配合，完全靠教师自编自演。不但要演得有板有眼、像模像样、生动有趣、形象逼真，而且要能够比较全面地展现该教师的理论素养和教学实践能力。因此，作为模拟授课者，教师首先要找准身份，这是上好模拟课的关键，上课者是老师，而学生是虚拟的，重要的内容老师要换位学生进行角色扮演，用学生的语气说出学生的想法。

（2）要有清晰的教学思路。模拟授课是在有限的时间内对教师素质的集中展示，一定要有清晰的教学思路，最好能清楚地展现预设如何做，可能出现各种不同的学情，要巧妙地抓学情进行教学，生动真实地模拟授课的片段。

（3）要合理分配教学时间。模拟授课的时间通常只有 15—20 分钟，最好选择课题中的精华部分来模拟。要创设有效、实用的引入，开门见山也可以，不超过 2 分钟。导入后立即进入新课学习，这一环节 8 分钟左右，新授要巧妙地模拟学生获得知识过程。在短短的时间内能够深刻、生动地让听者听得明白、听得清楚。之后是练习，约 2 分钟左右。课堂小结，1 分钟左右即可。

（4）要情绪饱满充满自信。课堂的生命是情，是学生的学习热情，是教师讲课激情。所以，模拟授课时，老师要有充分的自信，饱满的精神状态。要像正常上课那样进行，话不能多，每句话每个字都要清楚响亮，而且要有停顿和变化，富有节奏感。尽量避免出现无意义的行为或胆怯的表现，切忌有口头禅。

（5）要巧妙处理师生"互动"。模拟授课最难处理的就是师生互动环节。没有学生在场，教师怎样解决提问后的环节过渡呢？一般可用四种方法：一是复述法。通过复述学生回答的形式来体现师生互动。通常采用的关联语句可以是：①"正如刚才同学们说的那样,我们知道了……"②"这位同学的意见(看法)是……"二是评价法。通过对学生的回答进行评价来体现师生互动。通常采用的关联语句可以是:①"对呀,我们知道了……"②"这位同学的方法很好,他采用的……"③"真了不起,这位同学居然……"注意:要有选择性的反馈,能突出本节课的重难点的问题要重点反馈,切忌面面俱到,因为只有15—20分钟的上课时间。三是板书法。通过对学生的回答进行板书来体现师生互动。四是归纳法。通过对学生的众多的回答进行归纳概括来体现师生互动。通常采用的关联语句可以是:①"刚才同学们讨论得非常热烈,有的……有的……"②"刚才大家发言很热烈,有的……有的……"等。

(6) 要有完整的课堂结构。模拟授课虽然时间较短,但也要讲究课堂结构,既不能只讲主要问题,也不能不分主次全面开花。模拟授课的课堂结构入题要简捷,三言两语就能直接进入正题,千万不能起步太远、半天导入不了正题,致使课堂重点不突出;很快导入正题后,就要把主要精力用在课题的中心上,或精要讲授,或巧妙启发,或积极引导,在有限的时间内能够圆满地完成课题所规定的教学任务;最后,一定要有小结,用两三分钟时间对本节课的教学内容进行言简意赅的归纳和总结,使课堂结构趋于完整。

(7) 要有独特耀眼的亮点。模拟授课时间简短,如果平铺直叙,没有亮点,很难给人留下深刻印象,所以,模拟授课一定要有自己独特的亮点。这个亮点可以是深入浅出的讲授,可以是细致入微的剖析,可以是激情四溢的朗诵,可以是精妙完美的课堂结构,可以是准确生动的教学语言等。特别是在竞赛中,同一课题只有与众不同,才有可能出奇制胜,脱颖而出。

(8) 要有精妙工整的板书。模拟授课也要讲究板书,板书是一个教师教学基本功的体现。板书要精心设计,要精练、完整、美观,好的板书,能看出整个课堂教学的基本内容和教学程序,能给听课者一个完整、直观的效果。

总之,模拟授课,一定要既完整又新颖,让听者有耳目一新的感觉,却又不失朴实的风格。

【思考题】

1. 过去我们是怎样对待教材的?新课程的理念,教材的性质、地位与作用,与传统课程观念下有什么不同?我们应该以怎样的态度对待新教材?

2. 教材的外在性解读要求超越教材文本,但是又不能脱离教材文本。你认为如何处理好这对矛盾关系?在实践中如何把握超越与脱离的界限?

3. 过去我们对学生的了解是动态的、主观的、过去式的。你认为这与传统政治课难受到学生广泛欢迎有什么联系?该如何解决这个问题?

【阅读书目】

1. 胡田庚.中学思想政治教学设计与案例研究.科学出版社,2017年版。
2. 孟宪乐.中学思想政治教学设计.高等教育出版社,2017年版。
3. 李娟琴.中学思想政治(品德)教学设计与案例分析.安徽大学出版社,2014年版。
4. 柳榜华.中学政治学科教学设计.广东高等教育出版社,2015年版。
5. 刘春霞.注重问题设计打造简约课堂.中学政治教学参考,2017年第22期。

第六章　思想政治课教学组织形式

> [学习要求]　懂得课堂教学是思想政治课主要的教学组织形式，明确课堂教学的基本要求，了解建立以思想政治课课堂教学为主体的立体教育结构体系对思想政治课教学的特殊意义。

思想政治课教学任务的完成，教学目标的实现，除了必须遵循一定的教学原则，确定教学内容，采用适当的教学方法和手段外，还必须凭借和运用恰当的教学形式。教学形式是教学组织形式的简称，国内外教学理论界对其概念尚未形成一致看法，有的把教学形式同教学方法混为一谈。我们赞同这样的概括：教育组织形式是解决教学活动如何组织，教学时间和空间怎样科学地、有效地加以控制和利用的问题。具体地说，是以什么形式把学生组织起来，通过什么形式把教和学联系起来，使教师有效地教，学生有效地学，以及如何科学地利用时间和空间，规定和安排教学计划等。简言之，主要是解决"班"、"课"、"时"的问题。教学形式，就空间组织而言，中学思想政治课的教学形式有课堂教学、课外活动（报告会、读书报告会、写小论文、社会调查）。其中，课堂教学是基本形式，课外活动是辅助形式。

第一节　思想政治课的课堂教学

教学组织形式是指为了完成特定的教学任务，教师和学生按一定要求组合起来进行活动的结构。教学采取什么形式，不是由教师任意选择的，而是由教学任务和教学内容决定的。我国的思想政治学科的教学任务和教学内容决定了课堂教学是其基本的组织形式，课堂教学对思想政治的教学发挥着不可替代的作用。

一、课堂教学的含义与地位

课堂教学是教学组织的基本组织形式，通常又称班级上课制，它是按学生的年龄和知识程度编成固定人数的教学班，教师根据国家制订的教学计划、教学大纲，按照教科书和学校安排的课表、教室进行教学活动的一种教学形式。在课堂教学中，同一个班级的每一个学生的学习内容与进度必须保持一致，开设的各门课程，特别是在高年级，通常是由具有不同专业知识的教师分别担任。

（一）课堂教学是完成思想政治课教学任务的基本途径

思想政治课的重要任务包括增长学生知识、提高学生觉悟，培养学生积极健康的情感、价值观和人生态度等，完成这些教学任务的基本途径就是课堂教学。教师利用课堂教学，能够有计划、高效地使学生系统全面地掌握马克思主义、邓小平理论等知识。教师还可以在课堂上通过组织各种各样的教学活动，逐渐培养学生利用马克思主义基本观点、立场和方法分析问题、解决问题的能力。除此之外，教师还可以在课堂上精心准备各种贴近学生生活的案例、情境，使学生在理论联系实践中培养自己的情感、态度与价值观。总的来说，借助于课堂教学，教师能够完成思想政治课的教学任务。

（二）课堂教学是搞好思想政治课教学质量的基本保证

思想政治课的教学工作通常包括：备课、上课、布置课后作业、评价与课外辅导，其中上课是教学的中心环节，是保证和提高教学质量的基本保证。其他环节要么是为了上课做准备，要么就是为了巩固课堂所学的知识，使学生了解自己的学习情况。课堂教学的好坏，直接关系着教学质量的高低，可见，搞好课堂教学尤为重要。

（三）课堂教学是充分发挥教师主导作用和学生主体作用的基本形式

在课堂教学的过程中，教师的主导作用和学生的主体作用都可以得到很好的发挥。新课改理念下，教师是学生学习的组织者、引导者、辅助者，而学生是自主学习的主体。通过课堂教学，教师可根据学生的实际情况，采用各种教学方法充分调动学生的积极性、主动性。且在时间上，教师的教和学生的学，绝大部分都是在课堂教学中进行的，借助于课堂教学，能够较好地发挥教师的主导和学生的主体作用。

二、课堂教学的类型

课的类型一般是指根据课堂的教学任务划分的课的种类，它是由不同的教学目的、教学内容和学生的年龄特点、知识程度进行划分和确定的。思想政治课的课堂教学一般分为单一课和综合课。

（一）单一课

思想政治课的课堂教学有很多种任务，单一课是指在一堂课内主要完成一项教学任务的课，它在思想政治课教学中经常采用。单一课一般包括诸课论、授新课、讨论研究课、复习课、考查课和评讲课。

1. 诸课论

也称导言课，一般是教师在学期或一门课的开始时采用，其主要任务就是让学生初步了解本门课程的性质、任务、内容和学习目的、方法、意义，从而激发学生学习本门课程的兴趣。但这种课的讲授难度非常大，因为导言课大多是介绍本学科的发展历史，容易使学生感到抽象、枯燥乏味，所以教师在进行诸课论的时候，必须狠下功夫，采用幽默风趣的方式纵观全局、居高临下，还要深入浅出，富于启发，充分调动学生的兴趣，激起学生强烈的求知欲望。

2. 授新课

主要是传授新知识的教学,当然并不是将其理解为一节课全由教师讲授,知识以传授新知识为中心的教学。其主要任务就是教师通过各种教学方法系统全面地向学生讲授教材的新内容、新知识,保证教学内容的完整性和连贯性。这是常采用的单一课的方式,教师在教授新课的时候,需要对重点的概念、原理讲通讲透,突出重点突破难点,使学生轻松掌握新课的知识。

3. 讨论研究课

一般是在课堂中突破重点和难点时或某个单元的新课结束时采用的,其主要任务就是通过组织学生与学生、师生之间的交流、讨论与研究,相互取长补短,加深对某个问题的理解与记忆,培养学生的思维能力、辨别能力和表达能力,激发学生的兴趣。教师在进行讨论研究课的时候,要积极引导学生、适当启发,鼓励学生积极发言,各抒己见。

4. 复习巩固课

通常是在单元结束或者期中期末考试时采用,其主要任务就是帮助学生系统地复习、巩固已学的知识,使之系统化、深刻化,起到"温故而知新"的效果。教师需善于多角度、多侧面地阐发已学知识,以便使学生融会贯通、举一反三,形成系统全面的知识体系。

5. 考查课

通常是单元结束、期中检查和学期结束时采用,现在也有的用于学期开始前了解学生的基本功底或者检查学生的假期学习情况。其主要任务就是通过口试或者笔试来检查学生的学习情况,反思自己的教学方法,总结教学经验。教师在上考查课的时候,要严格考场纪律,让学生独立答卷。

6. 讲评课

通常是在书面作业之后或考试后采用的,其主要任务就是对学生的课后作业和考试卷进行分析和讲解,一方面表扬优秀学生的成绩,激励其再接再厉,争取更优异的成绩;另一方面,还要针对学生出现的普遍问题做深入细致的分析,指出缺点并纠正错误,使学生改进教学方法。教师在讲评课的时候,需要全面、客观公正。

(二) 综合课

这是相对于单一课而言的,是指在一堂课内完成两个或者两个以上的教学任务的课。综合课在思想政治课的教学中经常采用,综合课比较适合中学生学习马克思主义理论知识的特点。对于这种纯粹理论知识,课堂容易枯燥,学生不易理解。此时就需要教师根据学生的心理特点和实际情况灵活地运用各种教学方法,组织学生动脑、动口、动手、动笔去学习,总的来说,充分发挥综合课的优势,提高教学的质量。

三、课堂教学的基本结构

课堂教学的基本结构又称教学的基本环节,是指组成一堂课的环节或部分及其先后顺序和时间比例。由于课型不同,课的结构也不同。相同类型的课由于教学方法和学生特点不同,课的结构也会有所差异。

我国思想政治课传统的、最常用的课的结构包括以下五个环节:组织教学(创设良好的教学环境的环节);复习检查(通过复习检查旧课、导入新课的环节);讲授新课(向学生传授新知识,是一堂课的中心环节);巩固新课(帮助学生复习、消化、巩固、提高所学新知的环节);布置作业(向学生布置练习题或思考题的环节)。这种上课结构通常适用于综合课。这种传统的课堂教学结构渊源于赫尔巴特的"四段论"(明了—联想—系统—方法)和由此发展而成的"五段教学模式"(预备—提示—联想—总结—应用),强化于20世纪50年代凯洛夫"五环节"的输入。

(一) 组织教学

指教师走上讲台到开始讲课前,进行各种准备工作的环节。这一环节包括学生起立、检查人数、安定情绪、检查课前准备等活动。目的在于集中学生注意力,保证一节课从一开始就有纪律、有秩序地进行,创造认真学习的条件和环境。

这一环节虽不占教学时间,但绝不可忽视。因为它是课堂教学顺利进行的保证。教师一开始就要严明纪律,严格要求,如学生站立,必须同时起,同时坐,站立时不七扭八歪,更不能说话、乱窜。坐位时要求坐正,不能斜坐或趴在课桌上听课。有经验的教师,总是非常重视这一教学环节,使一堂课开始,就能马上安定学生的情绪,吸引学生的注意力,排除一切干扰,使学生聚精会神地期待着教师讲课。

(二) 复习旧课,导入新课

指教师在讲新课前用口头提问的方式进行复习和检查旧知识的环节。它能够加强新旧知识之间的联系与衔接,培养学生学习责任感和按时完成作业的习惯。这一环节的目的在于复习已学过的教材,对学生已学过的知识进行巩固和加深理解。复习旧课的内容可以是上一节课的内容,也可以是以前学过的或与即将学习的新知识有关的内容。复习旧课时提问的问题应简明扼要,提问时要面向全体学生,调动广大学生复习的积极性。提问后要总结,指出优缺点。如叫一名学生回答问题,一定要求其他学生注意听讲,给予补充和纠正,这样就可以把学生吸引过来达到共同复习的目的。

导入新课虽是过渡环节,但却不可缺少。有经验的教师都十分重视这一转导过程,因为它可以起到承上启下、从旧到新的作用。从而把学生的注意力很自然地从旧知识转移到新课上来。转导中要求语言简练明确,揭示出新旧知识的内在联系。

(三) 讲授新课

指教师讲授新知识的环节。这是课堂教学的中心环节,也是一节课的核心。其作用是传授知识,培养能力,提高认识和觉悟。老师讲授新知识时,要认真贯彻各个教学原则,并适当地选用教学方法,以便收到良好的教学效果。在这一环节中,教师一定要注意发挥主导作用,积极引导学生主动探索知识,使之成为知识形成的"参与者"与"发现者"师生双边活动,打破教师一言堂的局面。

(四) 巩固新课

指教师在讲完新课后,对整堂课内容进行总结、巩固与提高的环节。这是学生获得巩固性知识的必要条件,也是当堂检查教学效果和学生听课质量的必要手段。巩固新课可有教师或学生对新课做总结,也可运用各种类型的题目进行巩固练习。方法可用启发式提问、总结性谈话,以及口头或书面练习。如果发现学生掌握和运用知识上某些缺陷和错误,应及时补救和纠正。总之,这一环节必须由教师调动学生积极性来完成,才能收到实效。

(五)布置作业

指教师布置学生课后练习题或思考题的环节,是为了使学生进一步巩固和学会应用新知识,培养独立思考能力。布置作业不宜过多,题目要明确,对难度大的问题教师要给予一定的提示或解释。

以上是思想政治课课堂教学基本结构的五个组成部分。它不是固定不变的公式,要结合具体情况灵活应用。有些学校在教学改革中,根据客观实际的需要又创立了一些新的教学结构,这应予以鼓励。

传统的课堂教学结构有其严谨的逻辑结构,构成了一堂课的完整过程,有其合理性的一面,在我国思想政治课课堂教学中占有重要地位。但它也有不可避免的历史局限性:以教师为中心,置学生于消极被动的地位,缺乏教与学相互作用理论的指导;以传授知识为目的,忽视学生能力的培养和觉悟的提高;注重课堂教学规范性(当然这是必要的),忽视灵活性。因此,它已不能适应教学改革的发展趋势,不能适应全面完成思想政治课教学任务、实施素质教育的需要,必须进行改革。

近年来,在中学思想政治课教学改革中,对课的结构也做了一些改革和探索,"读、议、讲、练"课就是其中突出的代表。"读、议、讲、练"课指的是教师用"读读、议议、讲讲、练练"来组织思想政治课的课堂教学。"读读"是基础,教师指导学生在预习基础上进一步阅读课文,使学生大致了解基本理论知识,从中培养学生的阅读能力;"议议"是关键,教师组织学生联系社会实际和思想实际,在"读议小组"中开展议论,来加深理解理论知识和学习运用;"讲讲"贯穿在整个教学过程之中,教师根据学生读议情况和问题,有的放矢进行串讲、释义、答疑;根据教学需要,可以对个别学生讲,也可以对一个读议小组或整个班级讲,要讲得既有针对性,又能起画龙点睛的作用;"练练"是落脚点,教师组织学生把所学到的基本理论观点和知识,结合学生关心的"热点"问题,通过分析、切磋和训练,达到当堂消化、当堂掌握,提高学生分析解决问题能力和觉悟水平。

"读、议、讲、练"的教学形式,冲破了传统的综合课的固定程式,具有以下优点:① 把教学的侧重点放在学生"学"上,能充分发挥学生的主体参与作用,使学生在教师的指导下主动地生动活泼地学习,成为学习的主人。有人称这种教学形式为有领导的"茶馆式教学法",既有教师的启示、引导、点拨、解惑、总结,又放手让学生讨论,各抒己见,相互启发,生动地体现了教师主导作用和学生主体作用的结合。② 便于教师了解学生,有的放矢,因材施教,切实贯彻理论联系实际的教学原则。③ 有利于学生在理解掌握书本知识的同时,培养探索、创造精神和自学、思辨、分析、论证问题的能力,并通过自我教育提高觉悟水平,是全面完成教学任务的有效途径。④ 有利于教学相长,相得益彰。实施"读、议、讲、练"教学结构,对教师提出更高的要求,要求教师转变观念,充分重视发挥学生的主体参与作用;促使教师加强学习,充实自己,钻研和探索学生在议论中提出的各种课本上没有现成答案,但又必须解决的理论和实际问题;需要教师充分备课,根据教学内容、教学要求和学生实际,确定适当的上课结构和相应的读法、议法、讲法、练法。

"读、议、讲、练"的教学形式，不是一种固定不变的教学模式，要根据教学内容和教学实际灵活运用。既可以在一堂课内包括"读、议、讲、练"四个环节，也可以只包括其中两个或三个环节，还可以将这四个环节分为各自独立的单一课型，组成单元教学；一堂课内四个环节的顺序也可根据教学需要而有所变化。

在近年教改实践中，上海市育才中学在原来"读、议、讲、练"的基础上，又发展了"比、看、想、做"的教学方法。"比"是指通过科学比较，提高认识，分清是非；"看"是指让学生结合课文内容，走出课堂、学校，进行社会调查、社会实践；"想"是指启发学生动脑，多思考，多问几个为什么；"做"是让学生以正确的认识和方法指导自己的行为和实践，在做中学，在学中做，使认识不断提高，行动更加自觉。这样，把课堂教学与社会实践、学生的知与行结合起来，为学生的主体参与开辟了更加广阔的天地。

综上所述，我们一方面要看到思想政治课的教学过程作为一种特殊认识过程，具有课的基本类型和基本结构；另一方面又要认识到这种基本类型和基本结构并不是一成不变的。随着教学改革的不断深入，许多新的课型、新的结构正在逐步形成和不断完善，并已初步显示其实效性。我们介绍其中一些新的探索成果，并不是为了提供一种或几种新的固定模式，而是力图从中得到一些启示，以进一步实现教学观念上的根本转变，进一步去揭示制约课的类型和结构的各种因素，努力探求思想政治课课堂教学最优化结构，以取得最优化的教育教学效果。

四、课堂教学的基本要求

（一）要有明确的教学目的

一堂成功的政治课，必须具有明确的教学目标，并根据教学目标来安排整个教学。思想政治课的各项教学活动和整个教学过程，是为了实现预定的教学目标。

在教学实践中，评价一堂课的好坏和教学质量的高低，重要的一条就是看看有无明确、恰当的教学目标和是否达到了预定的教学目标，并收到了良好的教学效果。因此，教学目标是否明确、恰当，或是教学目标制定得是否适度，是否切实可行，将关系到一堂课的成败。

《初中思想品德课程标准(2011)》和《普通高中思想政治课程标准(实验)》(2004年3月)课程标准明确提出要实现三维目标：知识、能力、情感态度与价值观，构建起课堂教学比较完整的目标体系，由以知识本位、学科本位转向以学生的发展为本，真正对知识、能力、态度进行了有机整合，体现了对人的生命存在及其发展的整体关怀。

知识——基础目标；

能力——核心目标；

情感、态度与价值观——优先目标。

[案例1]

在学习"价值规律"内容时，学生掌握价值规律后，教师出示当年本地水果价格大跌、果农损失惨重的事例，让学生思考原因。随着思考的深入，学生转向了对果农的同情。教师启发道：能为果农想想办法吗？学生进而为果农献策，帮果农排忧解难。教师的诱导，既让学生通过事例进一步理解了价值规律,同时又培养了他们心忧人民的情感。

课时教学目的,是课的教学目的在每一堂课的具体化,不一定全部包括上述三个方面的内容,可以侧重于一两个方面。上课就是不折不扣执行教案或者事先设定的教学思路的过程,也就是实现预设目标的过程。

教学中我们既要关注预设目标,更要关注动态生成的目标。

(二) 要坚持科学性和思想性的统一

上好一堂课,不但要有明确的教学目的,而且要坚持教学内容的科学性和思想性的统一。这是由思想政治课的性质和任务决定的。

科学性主要是指课堂上讲授的基本观点要正确,概念、原理要准确,材料数据要真实,图表、实例要可靠,联系实际要适当,讲解要条理清晰、逻辑严密。

思想性是指课堂教学要紧紧围绕教学目标,使教学为培养社会主义建设者和接班人服务,讲授基础知识要坚持理论联系实际原则,培养学生马克思主义的立场、观点和方法。

教学过程的内在规律性之一,就是教学永远具有教育性,在传授和学习一定知识的同时,总有某种思想、观点、道德精神影响学生。

德国教育家赫尔巴特从理论上明确地表述了这个规律。他说:"我不承认有任何无教育的教学。"同时认为,不是所有的教学都对学生有很好的教育意义。孔丘主张:"君子博学于文,约之以礼,亦可以弗畔矣夫。"意思是说,君子能够广泛地学习文化知识,并接受礼的节制,也就可以不背离正道了。历史、文化、音乐、诗词等,都可以称为文。文属于知识范畴,属于工具,如果没有礼的节制就可能走到它的反面,危害他人和社会。唐朝韩愈说:"师者,所以传道、授业、解惑也。"宋朝周敦颐提出"文以载道"。这些都对教学理论和实践产生了很大影响。近代一些先进的思想家和教育家曾积极倡导科学教育,主张通过科学教育增长人的智慧,使人摆脱愚昧和宗教迷信,培养高尚的思想感情。

有人对科学性不以为然。教师为了展示课堂的热烈气氛,有的课堂无效提问、无效讨论过多。这也是科学性问题。

假问题:这样的景色美不美啊?这个孩子可怜吗?这样的现象可恶吗?

无效提问:比如在做了明确的阐述后拖一句"是不是"、"对不对"。

低效提问:如"偷税的含义是什么?"

作为教师要讲究问的质量、问的启发性,少问些"是什么",多问些"为什么""怎么样",从而给学生示范性的影响,通过一段时间的训练,学生就会慢慢地问起来,提问也就有深度了;有的问域又太大,学生难以把握。

[案例 2] 母亲的脚

日本一名牌大学毕业生应聘一家大公司,社长问道:"你替父母擦过身吗?""从来没有过。"青年人老实地答道。"那么,你替父母捶过背吗?"青年想了想,"有过,那是我读小学时。"社长对青年说:"明天这个时候,请再来一次。不过有一个条件,明天来之前,希望你一定要为父母擦一次身。能做到吧?"青年一口答应。这个青年家境贫穷,父亲早逝,是母亲为人做佣挣钱供养他读的书。青年回家后想,母亲出门在外,脚一定很脏,决定替她洗一次脚。母亲回来后,见儿子要替她洗脚,感到奇怪,"脚,我还洗得动"。青年将原委说出后,母亲坐下了。当儿子左手握着母亲的脚时,发现母亲的一双脚已像木棒一样僵硬,他不由得搂着母亲的脚,潸然泪下。在读书时,他心安理得地花着母亲送来的学费和零花钱。现在才知道这些钱是用什么换来的。次日,青年如约到公司,对社长说:"您使我明白了在学校里没有学过的道理。如果不是您的指点,我还从来没有握过母亲的脚,谢谢社长,我要照顾好母亲,再不能让她受苦了。"社长点头说:"你明天到公司上班吧。"

这不是课例,但这位社长不仅仅是精明的企业家,而且是位出色的教育家。他看上的是青年的诚实,而不是毕业的名牌大学;他通过一件体验性的小事激发了青年人内心的情感,悟得了人生的道理。这不正是我们思想品德课追求的境界吗?这是我们选用这一不是课例的案例的原因。

学习首先是一种经历,一种身心的活动过程。任何经历、活动都必然在一定的环境条件下进行。在教学中,师生双方、生生之间相互交流、相互沟通、相互启发、相互补充,在这个过程中,教师与学生分享彼此的思考、经验和知识;交流彼此的情感、体验和观念;丰富教学内容,求得新的发展,从而达成共识、共享、共进,实现教学相长和共同发展。课堂教学不再仅仅是知识与技能的传授,而是学生阅读、探索、思考、观察、想象、质疑、创新的过程,是师生进行包括知识、情感、态度、需要、兴趣、价值等方面及生活经验、行为规范在内的信息交流及形成的过程。这就是引导学生学会学习、学会合作、学会生存、学会做人。

把思想教育寓于知识教学之中,既要防止单纯讲授知识的倾向,也要防止课堂教学脱离基础知识进行思想教育的倾向。

(三)突出重点,突破难点

一堂课是否成功的一个重要标志,要看是否抓住了教学重点,突破了教学难点。

什么重点呢?就思想政治课来说,就是教学内容中最重要、最关键、最有现实意义的部分。具体地讲:从知识体系上讲,它是掌握马克思主义基础知识所涉及的最重要的基本概念和基本原理;从能力培养上讲,它是要培养学生能力的最关键的部分;就培养情感态度价值观来讲,它是与教学内容有联系的、学生普遍存在的影响大的最有现实意义的思想认识问题。

在课堂教学中,能否科学地运用教科书突出重点地讲好课,是关系到能否提高教学质量的重要问题。突出重点,首先要明确重点。要认真钻研课程标准和教材,明确全书的教学重点和每一教学单元、每一课的重点分布;再是要围绕教学重点安排教学活动。课堂教学的时间分配应突出重点,教学内容的安排也围绕重点。重点的概念和基本原理务求讲清,让学生真正弄懂,教学的举例说明或事实论证、联系实际的分析讲解都围绕着重点。另外,还要围绕教学重点组织复习和练习巩固,考查考试的主要内容是教学重点。

教学中常遇到难点。难点是指教学内容中学生应掌握而又不易理解的或接受的部分。教学内容中常有学生因知识水平、认识能力、思想觉悟、生活阅历等多种原因而弄不懂的地方,有些对学生的学习进展影响不大,并不构成难点;有些则不然,弄不懂或接受不了便直接影响到教学目的的实现,则形成了教学难点。这类内容大致有:一是理论表述抽象学生不易理解的概念、原理(如,物质概念);二是容易引起学生误解的观点(如,社会主义初级阶段与过渡时期、违法与犯罪);三是学生在道理上容易懂但思想上不易接受的观点。

如何突破难点？

中学生的抽象视野和认识能力有限。思维已有了很大发展,但是,他们思考、认识、理解和解决问题在很大程度上仍然需要借助于形象思维,且知识视野和认识能力有限。因此,思想政治课教师在教学中必须设法化难为易,化抽象为具体,变枯燥为生动,变被动为主动,激发学生的学习积极性,从而使学生理解、掌握和接受这些知识。我们在日常教学活动中,可采用的突破难点方式途径也有很多,如教学难点是教学过程推进的"拦路虎",必须突破。解决难点的方法很多。如,可用分解法,就是将一个比较难理解的概念、原理、观点等分解为几个比较容易理解的部分——帮助学生弄清,然后将几部分有机结合起来形成对整体的认识。还可以用从具体到抽象的方法,就是将抽象的概念、原理再回归到感性的具体事物,从中概括、提炼出要讲的难点。又可以用比较的方法,就是将相近、相似、相同、相反,既有区别又有联系的两个或两个以上的概念、原理、观点、事例等进行比较,帮助学生理解。再可以从学生已有的知识,实际生活经验,已学过的概念、原理、事例等作为材料来化解难点,引导学生理解。

[案例3] 从具体到抽象的方法

有教师在教授初三思想品德课《三思而后行》,是对自己行为负责的基本要求。在导入新课后,以校园生活中学生间常见的矛盾纠纷为例请同学在讲台表演小品"篮球风波"。

情境一:周末,小付和小泽在校园篮球场打了一场比赛,结果他们队输了,一个队友小王指责小付的球技太差,小付不服气,两人发生口角。小付的火气越来越大,对小泽说:"我们一起收拾他!"小泽……

情境二:小泽叫小付不要冲动,遇事要冷静,于是,他和小泽去找小王,准备心平气和和小王讲道理,结果小王仍然出口不逊,结果小泽也怒了,于是三人扭打在一起,小泽失手把小王的头打破了。使他住进了医院,小王的家长要求赔偿医药费并处分小付和小泽。

情境三:小泽认识到自己的错误,后悔当时太冲动,第二天一大早,就迫不及待拉着小付一起去找班主任承认错误,小付却理直气壮地说:"人是你打伤了,与我无关。"

整个小品其实分为三段,我们不难看出,教师其实创设了行为前、行为中、行为后三个情境,第一段就是要在行为前做出预见与选择,第二段就是重视行为过程中的及时调控,第三段要对行为后果及时自省承担应负责任。每一段都设置了问题并要求学生分组讨论,教师进行总结。这节课的成功之处就在于教师在讲授过程中始终以这个故事的发生、发展、结局作为一条主线贯穿始终,使学生在"看中学"、"聊中学"等探究合作式学习过程,经历知识点的发现,达到提升学习能力的目的,突破了重点。

总之,在我们具体教学过程中,要根据不同的教学内容来选择不同的难点突破方式。思想政治课突破难点的方式是多种多样的,化解疑难问题的方法也是多种多样的,这就需要教师在实践中不断地认真探索和研究,不断改进,不断创新,努力提高教学效果。

[案例4] 学生已有的知识、实际生活经验

用对立统一的观点看问题——教学重点:两点论和重点论,具体问题具体分析;教学难点:主次矛盾和矛盾主次方面相互关系的原理。

教师:我们的学习过程中是否一帆风顺呢？(从学生已有的知识,实际生活经验,已学

过的概念、原理、事例等作为材料来化解难点。)

合作探究一：

【一个高中生的困惑】我的成绩在年级里还算优秀，但近期在人际方面我一直很苦恼，很苦恼……我总觉得身边的人会讨厌我，有时候和关系比较好的同学说话，也会出现说两三句就尴尬的局面。我总会突然感觉落寞、孤独。有时候觉得累了，自己这样好傻，像个小丑。如果我也有能够主动找我玩的朋友就好了，总是这样想，上课有时候精力不能集中。

1. 请结合自己的感受，用哲学的观点为该同学的困惑出谋划策。
2. 目前的你除了抓好学习，还应该处理好哪些关系？为什么？

学生小组合作（一、三排同学向后转与二、四排同学合作，分成4个小组），然后选出代表发言。

教师总结：世界是普遍联系的，整个世界是一个普遍联系的有机整体。该同学应该增加一些业余爱好，主动与同学交流，否则，搞不好人际关系，就会影响学习。这时候人际关系成为他必须要解决的问题。

合作探究二：

目前，手机已是"旧时富人手中机，飞入寻常学生中"，悄然走进中学生的生活中。携带手机进入校园，已经成为普遍的现象，手机作为高科技产物，确实可以带来许多生活上的方便，但也为学校的管理带来了一定的麻烦。

请你结合自身的实际，对中学生该不该带手机进校园进行利弊分析，表达你的观点并说明你理由。

学生小组合作思考，回答

教师总结：

手机的利：获取大量有利信息；方便上下学途中与家长联系，等等。

手机的弊：玩游戏影响听课质量；考试作弊；助长学生攀比之风，等等。

我们的观点是可以带手机进校园，从利弊这一对矛盾的两方面看问题，可以带手机进校园，但进校园必须关机，有事可以通过班主任、任课教师联系，否则的话，影响学习，利变成了弊。

重点和难点，既有联系又有区别。有的教材内容既是重点又是难点，有的教材是重点但不是难点，也有的教材内容不是重点但却是难点。政治教师在教学实践中，要善于突出重点，解决难点。只有这样，才能使课堂教学收到事半功倍之效。

思想政治课教学内容比较庞杂，知识点覆盖面相当广泛，教师不可能，也没有必要面面俱到逐一讲解，而需要有一个去伪存真、去枝留干的过程，这就是教学内容的"抓大放小"。这一过程需要教师认真钻研教材和课程标准，占领"制高点"，准确把握教学的重点、难点和疑点。中学生已具备了一定的知识基础和社会经验，他们学习政治学科并非一无所知，不懂的是某些基本概念、基本观点。教学时如果我们从头至尾地讲解，教师输出的信息大多是无效信息，必然导致学生的注意和思维处于松弛的状态，课堂气氛就很难活起来。实践证明，只有对非教学重点内容适当剪裁，突出教学重点难点，课堂教学才能真正"活"起来。

[案例5]

教学"政党领导国家政权"这一内容时,"政党产生的条件"这一知识点主要让学生自己理解,留出更多时间重点教学"政党的特征"和"政党与国家政权的关系"。课上,可鼓励学生大胆发问,许多同学争先恐后站起来提出一连串的问题:我国历史上的东林党为什么不是政党？共青团组织是不是政党？政党为什么能领导国家政权？当今世界为什么仍有一些国家没有政党？政党为什么要领导并能够领导国家政权？……在此基础上,组织大家讨论,教学气氛极为活跃。课后同学们反映,这堂课学的内容记得牢,印象深。

教学实践证明,只有对非教学重点、难点、疑点内容作适当剪裁,突出教学重点、难点、疑点,课堂教学才能真正活起来。

(四)抓好开头和结尾

1. 抓好课的开头

良好的开端是成功的一半,上课也是这样。一堂课头开得好,一上课就抓住了学生的心。良好的开头,或可激起学生的学习积极性;或可以学生温故求新、承上启下;或可引起学生深思,引其求知;或可使学生明确主题,开宗明义,如此等等。可以说,任何好的思想政治课都要求有个好的开头。开头的方法多种多样,常用的有以下几种:如,承上启下式、诗歌式、音像式、创设情境式、即兴式、故事传说式、热门话题式、设问式、漫画激趣式。

第一,承上启下式

思想政治课的教材有些课节的内容是有联系的,在备课时,可以精心设计,反复推敲,通过新旧课的内容关联巧妙、简练地导入新课。

[案例1]

《七年级思想品德》(上册)以学会交往为中心,设计了第一单元"我和父母"、第二单元"师生情谊"、第三单元"文明交往"。在进行第三单元学习时,教师是这样导入的:

教师:上两课我们了解了和父母、和老师、和同学的交往。其实,人与人的交往除了这些交往外,还有其他的交往。同学们还能举出哪些交往吗？

学生:(略)

教师:非常好。既然人总是要和别人交往的,那么我们该怎样交往呢？

这一案例,教师善于挖掘教材中蕴含的"理",帮助学生感悟知识之间的逻辑关系和结构体系,把学生思维引入特定的逻辑框架之中,使学生系统地、宏观地把握所学内容,使思想品德课带有较强的理性魅力。

第二,诗歌式

诗歌是语言浓缩的精华,诗歌含义精深,意味深长,有很高的艺术性和很强的文学性。恰当地引用诗歌,使抽象的理论形象生动,使深奥的道理浅显易懂,既可以开发学生的非智力因素,有利于学生轻松地接受和形象理解所讲内容,还可以活跃课堂气氛,提高学生的学习兴趣。

[案例2]

讲述初一《寻求真挚友情》内容时,教师是这样导入的:

同学们,友谊是光彩熠熠的字眼,是人与人之间沟通的桥梁!古今中外,有多少著名诗人动情地写下了一首首赞颂友谊的诗歌。

"有朋自远方来,不亦乐乎!"

"海内存知己,天涯若比邻。"

"友谊在我过去的生活里就像一盏明灯,照亮了我的灵魂。"

"世间最美好的东西莫过于有几个头脑和心地都很正直的朋友。"

上述这些精彩的诗句,告诉我们人们需要结交朋友,人们不能缺少友谊,那么什么是友情?你渴望得到真挚的友情吗?就让我们来认识友情吧!

这样,运用众多的诗歌导入,使枯燥的思想品德课富有丰富的文学魅力,强化了思想品德课的教育功能,取得了良好的效果。

第三,音像式

音像包括音和像,是当代社会的交流媒介,也是学生们接触广泛的媒介。用其导入新课,最能激起学生思想的共鸣,达到了"课伊始,意境即生"的艺术境界。

[案例3]

一个教师在讲授《残疾人问题》时,首先让学生听歌曲《我能为你做些什么》。在听的过程中让学生领会歌词的主旨和背景音乐,然后让学生讨论这首歌的主旨到底是什么?一下就可以激发学生的兴趣。有部分学生听完后说是一首情歌,教师引导说恰恰相反,这首歌是典型的公益广告歌曲,而不是情歌。《我能为你做些什么》向世人呐喊:请你们尊重残疾人。残疾人也有自尊,也能够为社会做出自己应有的贡献……

这样,运用歌曲首先创设了一个特定的情境,自然衔接到新课,营造了"未见其人,先闻其声"的效果,尊重和保护残疾人的权益的主旨跃然纸上。

第四,创设情境式

创设积极的问题情境环境,就等于为学生的自主学习铺设好了一半道路,促使学生对整个过程都充满兴趣,让他们主动参与到整个过程中来。

[案例4]

一位教师在讲授《消费者权益受法律保护》内容时,创设了"旅游前在商店购买商品"这样的情境,让学生通过购买商品的活动,知晓了消费者应享有的权利,懂得当购买到假冒伪劣商品时,应采取什么形式保护自己的权益。

这种寓教于生活中的形式,正是生活教育的理念,即教育回归生活。新一轮课程改革再次强调教学要与学生生活、社会生活相联系。上述案例正好体现了未来教学活动的一个方向。

第五,即兴式

课堂教学是千变万化的,并无一定之规。按照事先备课的内容有条不紊地讲课,固然没有什么不妥,但灵活利用课堂资源,即兴发挥,找到导入的契合点,同样也会令课堂生辉,使学生感同身受,取得意想不到的效果。

[案例5]

一个教师在讲《正确认识自尊自信》一课时,恰值省课改办的领导、专家到学校调查新一轮的课程改革进展情况,深入课堂直接同师生交流,而学生则反应不一。等领导、专家走后,教师利用这一情况开始导入新课。"领导、专家在场时,同学们有的很好奇,有的冷淡,有的热情,有的无动于衷,有的东西张望,有的萎萎缩缩,有的大大方方……表现不一。那么,哪些表现是好的、得体的,哪些表现是不好的、不得体的呢?怎样做才能体现我们的自尊自信?"

这样顺理成章地导入新课,比事先的预设更具适时性、针对性、教育性。

第六,故事传说式

抛砖引玉是授课的导入形式之一。这里的"玉"是指书中的基本理论和基本知识点,"砖"是指沟通书中知识点与学生求知欲的桥梁,让学生通过这个桥梁的较高的兴趣投入到求知、获知的过程之中。这个"砖"可以引用幽默风趣的传奇故事,帮助学生进入理解、掌握基本观点和原理的学习过程。

[案例6]

一位教师在讲授初一《培养和保持良好的情绪》一课时,讲了这样一个故事:

从前有一位老太太,她有两个儿子:一个卖雨伞,一个开染布坊,老太太每天的日子过得却不开心。天晴时,她担心大儿子的雨伞生意不好做;天阴时,她又担心小儿子染的布干不了,影响生意。后来邻居知道了她的苦恼,就对她说:你干吗不换一种考虑问题的方法呢?天晴时,你的小儿子那里一定是生意兴隆;天阴时,你的大儿子一定可以赚大钱。老太太按邻居的方法去做,果然,她的心情好多了。

教师:那么,同样一件事,为什么她的感受会发生这么大的变化?

学生:她换了一个角度看问题。她以前看问题的角度很悲观,现在看问题的角度比较乐观。

教师:通过这种心理换位法去调控情绪,从而摆脱以自我为中心的情绪圈子,打消那些不良的情绪。

这样,运用故事导课,使枯燥的思想品德课富有丰富的文学魅力,强化了思想品德课的教育功能,取得了"一石激起千层浪"的效果。

第七,热门话题式

"理论是灰色的,而生活之树常青。"理论联系实际是思想品德课教学的基本原则,不联系实际的理论是空洞、僵化的教条,缺乏抽象理论概括的实际是零散的、杂乱的现象的罗列。因此,在思想品德课导语中,针对学生关心的热点导入,既有利于处理好教材事例的滞后性问题,又能处理好理论的现实性,贴近生活,贴近社会,把思想品德课讲活学活。

[案例7]

一个教师在讲《性格》一节课时,适逢电视台播放电视剧《水浒传》,学生中正流传水浒中的人物故事和战争故事。利用这一机会,教师这样设计这节课的导语:同学们,你们经常看《水浒传》,议论李逵、鲁智深、武松等人物,你们知道他们的性格有何不一样吗?

学生:"黑旋风"李逵鲁莽直爽;"花和尚"鲁智深仗义行侠;"打虎英雄"武松刚直勇猛。

教师:究竟什么是人的性格呢?今天我们一起学习性格这一节课。

第八,设问式

在现代教育理论和教育教学实践中,设疑一致被认为是调动学生学习兴趣,培养创新能力的重要手段,也是启发式教学的核心。"疑之始,思之端也",疑问是人们认知过程中不可逾越的环节,因此,教师应根据教学的要求和学生的情况,自觉运用由此及彼、由表及里的认识规律,精心设疑,使学生有的放矢地去思考,激发强烈的求知欲,达到释疑解惑的目的。

[案例8]

一个教师在讲《公民的著作权》时,这样导入:"同学们,著名作家金庸以1元人民币的价格将其著《笑傲江湖》的电视剧拍摄权转让给中央电视台,请问他为什么要郑重其事地收取这区区1元钱呢?"

悬念加趣味性,是最能吸引学生的,学生急于找到答案,迫切需要知道原因,想弄清为什么?于是教与学的最佳心理状态就形成了。

第九,漫画激趣式

漫画是一种特殊的信息形式,对人的感知活动有调节和支配作用。巧用漫画,可以使抽象问题具体化、枯燥问题趣味化、深奥问题浅显化,便于学生感知和理解教材内容,收到事半功倍效果。

[案例9]

一个教师在讲授《人类面临严重的环境问题》时,请学生看一幅长江与黄河对话的漫画,图下有两句对话:

"——长江,长江,我是黄河!——黄河,黄河,我也是黄河!"

教师让学生扩展长江与黄河的对话内容,结果学生利用自己所了解的知识,包括生物课、地理课上的知识,通过对话把这幅图所反映的人类破坏和环境污染对长江与黄河的危害谈得非常深刻。接着教师发问:"这幅图反映人类破坏了生态平衡中要求的哪方面稳定?为什么?"

采用这种导入教学手段,能使学生积极思考、发言、汇集所学知识,不局所限,展开想象,既达到学生重新建构知识的目的,又升华了主题,注意力很快被吸引到学习新知识上来,让学生在愉悦中受到启发和教育,一举两得,相得益彰。

思想政治课导入虽无一定之规,却有无穷之妙。教育的对象是人,教育的出发点和归宿点也是人,以人为本,是学科教学的最高原则。激发学生兴趣,引导学生进入知识的殿堂,创造一个轻松愉快、教学相融的课堂气氛,使学生由"畏学"、"苦学"、"死学"转为"好学"、"乐学"、"活学"。

值得一提的是在设计导入语时应注意以下几个问题:

(1)求精,有概括性。导语只是引语,并不是讲授的主要内容,因此,要切中重点,语言要精炼、概括,不能庞杂、烦琐、冗长。

(2)设疑,求启发性。不管是设疑布障,引起悬念,还是设置情境,展示意境,导语的设计都要有针对性、启发性。"针对性"是指导语的设计要根据教学目的来确定,围绕教学重点、难点来设计,而不能离题;"启发性"是指要有思考的余地,能引起思索。

(3)巧妙,有趣味性。设计尽可能追求生动活泼、趣味、形式多样,但绝不能故弄玄虚、哗众取宠,那样反而会冲淡和影响新课教学。

(4) 求准,有严密性、思想性。导语设计不能模棱两可,含糊其词,不能只顾了趣味性而忽视了教育性、思想性。

(5) 把握好时间。时间一般在3分钟左右为宜,长了会占据新课学习时间。

上述介绍了教学实践中用过的不落俗套但效果很好的几种导入设计。我们在今后长期的教学实践中会创造出别具一格的导入的方式,不妨把自己的思考和收获和同事交流。

2. 重视课的结尾

善始还要善终。思想政治课教学仅就课堂教学艺术而言,它既要有"凤头"——引人入胜的新课导入,又要有"猪肚"——巧妙自然的课堂提问、形象生动的教学语言、简洁美观的板书设计、民主和谐的课堂讨论、恰到好处的习题训练,还要有"豹尾"——收束有力的课堂教学小结。

好结尾的意义在哪里?一堂课上到最后阶段,时间快到了,学生精力容易分散,情绪容易松弛。但是,这正是一堂课的"收获"时节,教师应当重视课的结尾,运筹、组织、指导得当,甚至可以再形成一个"小高潮",使一堂课圆满结束,而不应来个"冷处理",简单地照着板书把讲课要点重复一遍、布置一下作业、让学生自己看书了事。课的结尾,可以做多种不同的处理:

第一,归纳总结法

这种方法是在课终之时,对全课的教学内容进行全貌式的归纳总结。归纳总结既可以是教师示范,又可以由教师引导学生或师生共同讨论来完成。归纳总结必须体现提纲挈领、全面准确、简明扼要和生动有力的特点。归纳总结可从内容和形式两方面入手,力求多维度、多形式、有深度、有创新,不能只是前面教学内容的机械再现、简单重复。

[案例1]"商品经济中无形的指挥棒"小结

教师:这一框的学习,我们知道了商品经济中无形的指挥棒就是价值规律。什么是价值规律呢?价值规律的基本内容概括地说,就是"价值决定"和"等价交换"。价值规律发生作用的表现形式,也就是等价交换原则的贯彻:供不应求,价格上涨;供过于求,价格下跌。价格反过来又会影响供求关系,使之达到供求平衡,实现等价交换。价值规律在商品经济中的作用主要是:调节劳动力和生产资料在社会生产各部门的分配;刺激商品生产者改进技术,改善经营管理,提高劳动生产率;导致商品生产者优胜劣汰。

教师的总结不是对教材内容的平铺直叙,而是抓住价值规律的"基本内容"、"表现形式"、"主要作用"进行总结,尤其是将价值规律的内容概括为"价值决定"和"等价交换",强化了教学重点,突出了教学主题。

第二,首尾呼应法

这种方法是在课终之时,解决新课导入时提出的问题,以达到前后照应、首尾相连、浑然一体的教学境界。运用此种方法小结,既可巩固本堂课所学知识,又可启发学生思前想后,体验学习成效,激发学习兴趣。

[案例2]"商品的使用价值和价值"小结

导入:对于商品大家并不陌生。但什么叫商品呢?这是我们学习这一框必须解决的问题……

小结:通过上面的分析,我们已经知道,商品是用来交换的劳动产品。一个物品要成为商品,必须同时具备两个前提条件:① 劳动产品;② 用来交换。商品是使用价值与价值的统一体。作为商品必须具备两个基本属性,即使用价值和价值。其中,使用价值是商品的物质承担者,是商品的自然属性;价值是商品的本质属性。

第三,比较异同法

这种方法是在课终之时,将教学内容中那些形式相似、意义相近或相异的概念和原理进行分析比较,同中求异或异中求同,以深化对所学知识的理解,防止学习的负迁移。

[案例3]"民族区域自治"一框小结

民族区域自治与"一国两制"下所设置的特别行政区有何异同?

相同点:两者都是中华人民共和国的地方行政区域,都必须服从中央政府的统一领导,都享有自治权。

相异点:① 对象不同。民族自治区是为了解决我国的民族问题,在少数民族聚居的地区实行区域自治,设立自治机关,行使自治权的地方行政区域;"一国两制"下所设置的特别行政区是指为了解决香港、澳门的历史遗留问题和两岸统一的问题,而将分别在香港、澳门和台湾设立的地方行政区域。② 社会制度不同。民族自治区是在中国共产党领导下走社会主义道路,特别行政区将保持原有的资本主义制度。③ 自治权的内容不同。特别行政区享有的自治权比民族自治区所享有的自治权大。

第四,师生对话法

这是一种以师生互问互答来进行课堂小结的方法。它既可以是学生质疑老师答,又可以是老师提问学生答。这种方法气氛和谐,调动面大,有利于实现教师的主导作用与学生主体地位的统一。

[案例4]"揭开商品之谜"一节的小结

师:我们学完了"揭开商品之谜"这一节,现在,大家考虑一下:两种不同的商品为什么需要交换?

生:它们具有不同的使用价值,并且属于不同的所有者。

师:那么,它们为什么能够进行相互交换呢?

生:因为它们都凝结着无差别的人类劳动,具有价值。价值是商品所共有的东西。

师:它们为什么要按照一定的比例进行相互交换呢?

生:因为商品价值的大小,即价值量是由生产该商品的社会必要劳动时间决定的。双方交换商品是以价值量或社会必要劳动时间为基础的。

第五,设疑深化法

思想政治课教学不能只是一味"求同",照本宣科,应有求异创新,有认识的深化。在一堂课或某一问题教学即将终结,学生以为"盖棺定论"之时,教师若能巧妙设疑,提出新的问题,可将学生的思维推向新的高潮,收到"课虽尽而思不断"之功效。

[案例5]"纸币与通货膨胀"的小结

师：纸币是由国家发行的强制使用的货币符号。纸币的发行量应以什么为限度呢？

生：纸币的发行量应以流通中实际需要的货币量为限度。

师：能否说"通货膨胀就是纸币贬值、物价上涨"？

生：不能。

师：为什么呢？因为在现实生活中，引起物价上涨的因素是多种多样的。只是由于纸币的发行量超过了流通中实际需要的货币量，从而引起纸币贬值，物价上涨，才叫做通货膨胀。在资本主义国家里，通货膨胀是资本主义国家剥削劳动人民的一种重要手段。那么，我们又如何看待我国现实经济生活中的通货膨胀现象呢？对这一问题同学们可以在课后去搜集资料，认真思考，下次课上我们再来讨论。

第六，练习检测法

练习是整个教学过程中不可缺少的一环，课堂练习尤为必要。新课讲授结束时，教师抓住重点、难点或关键点，根据教学实际，精心设计一些口头或书面作业，让学生动脑、动口、动手练习，既可使学生所学的知识得到强化，课堂教学效果及时得到反馈，又可培养和提高学生分析解决问题的能力，使学生养成学以致用的良好学风。

[案例6] 学习"税收的种类和作用"后，可联系实际，设计这样的习题来检测学习效果：

2009年8月5日，李某在商店里购买了一辆摩托车，在交通管理部门办理行车手续时，管理人员让他交10%的购置车辆消费税。李某认为这是一种乱收费。对此，你有何看法？

第七，悬念过渡法

每堂课都是整个教学链条的一个环节，对前面的课有承接关系，对后面的课有预示作用。在一堂课终结之时，教师若借用旧体章回小说惯用的"欲知ＸＸ如何，且听下回分解"手法，设计一个预示下一课题的悬念，承前启后，就可激发学生的好奇心和求知欲，急切地盼望"下回分解"。

[案例7]"劳动力成为商品的条件"小结

教师：通过本框的学习，我们知道了劳动力成为商品的两个前提条件（略）。劳动力成为商品，在其买卖过程中，必然要遵循价值规律，实行等价交换的原则，那么，资本家是怎样发财致富的呢？要知资本家赚钱的秘密，且听下回分解。

第八，呼唤感召法

思想政治课是中学德育的主要途径之一，它对帮助学生确立正确的政治方向，培养学生社会主义的政治思想道德素质起着奠基作用。在课堂教学终结之际，可以捕捉教育时机，将教材理论与学生实际相结合，或提出目标、使命呼唤，或给予榜样、信任感召，在晓之以理的基础上，动之以情，导之以行。

[案例8]"立志培养爱国情操"小结

爱国是一种对祖国深厚的、神圣的、崇高的感情。据说，有人问波兰著名音乐家肖邦：

人生存在多种爱,你最珍视哪一种爱?肖邦毫不犹豫地说:"爱祖国高于一切!"在市场经济条件下,我们绝不能泯灭一颗爱国之心。

热爱祖国,要有为祖国英勇献身的精神,而这种英勇献身的精神要体现在实际行动中。我们青少年一代是"21世纪的太阳",是祖国社会主义事业的建设者和接班人。为了祖国的繁荣富强,让我们"从我做起,从现在做起,从每一件小事做起"吧!

第九,行为评价法

这是一种通过对学生课堂学习行为的评价来进行课堂小结的方法。评价学生的课堂学习行为,在多数情况下,不是通过书面测量而是直接从课堂上获得反馈信息来进行的。从评价的形式来看,它既可以是教师评价,又可以是学生互评。从评价的内容来看,不是看教师给予了多少,而是看学生接受了多少;不是看教师教授了什么,而是看学生学会了什么;不是看教师的自我感觉,而是看学生的课堂反应。在学生学习的过程中,对其学习行为作出准确、公允的评价,无疑是学生奋发向上的一种催化剂或推动力。

[案例9]"我们应该怎样认识资本主义民主?"讨论后的小结

"同学们发言热烈,尽管有个别同学的看法有点偏激,但都是大家的肺腑之言。敢说真话,不说假话,确实难能可贵。对资本主义民主大家既肯定了其历史进步性,又指出了其阶级局限性。这里就贯穿了历史的观点、阶级的观点、一分为二的观点。今后,我们还会讨论许多政治问题,我相信大家都能像今天这样踊跃发言,都能坚持两点论,反对一点论。"

课堂小结如同一出戏的闭幕式,如果"表演"得当,可以促使学生达到"唯恐聆听之不周,不知铃声之既响"的境界。为此,课堂小结必须遵循以下几点基本要求:

(1) 巩固性。这是对课堂小结最基本、最起码的要求。它要求在课终之时,教师的小结要以巩固基础知识、基本技能及政治思想道德素质教育效果为目的。

(2) 针对性。长期以来,根据凯洛夫的课堂教学"五环节",布置作业几乎成了课堂小结的唯一模式。其实,课堂小结应根据教师与学生的差异、课型与教学内容的区别,千姿百态,或收于情,或结于理,或启于思等。

(3) 简约性。课堂小结要以"小"为前提,要做到语言简洁。寥寥数语,或画龙点睛,发聋振聩;或旨深意远,耐人寻味;或另辟蹊径,别开生面。

(4) 发展性。这是现代教学理论对课堂小结最根本的要求。传统教学理论侧重于课堂小结的巩固性。现代教学理论侧重于课堂小结的发展性,它不是将其仅视为课堂教学的终结,而是将其作为教学的新起点,侧重于学生知识的深化、能力的发展和政治思想道德素质的提高。

(5) 灵活性。课堂小结在备课之时要精心设计,但教学情况是千变万化的,课终之时可能会出现原来意料之外的情境,教师应随机应变,因势利导,巧妙地给课堂教学画上一个圆满的句号,使整个教学不仅有"凤头"之美,而且有"猪肚"之富,更有"豹尾"之强。

课堂结尾靓起

第二节　思想政治课的课外活动

一、思想政治课外活动的含义和作用

课外活动是思想政治课教学的重要辅助形式,是课堂教学的继续和补充,是整个思想政治教育体系中不可缺少的有机组成部分。

（一）思想政治课外活动的含义

思想政治课外活动不同于班级开展的课外活动,它是学科教学活动的一部分,有着强烈的学科目的性。它是根据思想政治课的教学目的、任务和内容,在政治教师的指导下,在学校内进行的有组织、有计划的教学和教育活动。对思想政治课外活动的理解要注意三个方面:一是要把它看成是一种学科教学活动,而不是单纯的娱乐活动;二是它是有组织开展的活动,而不是自由活动;三是它的活动空间是在课堂之外,它又可以分为校内活动和校外活动。二者的区别在于组织指导的不同。校内活动是由学校领导、教师组织指导的活动;校外活动是由校外教育机关组织指导的活动。这里应注意的是,校内活动并不仅仅限于学校范围之内,也可以是在校外组织活动,它与校外活动的区别只是在组织和领导方面的不同。在这里,我们把校内活动和校外活动统称为课外活动。

（二）思想政治课外活动的作用

思想政治课外活动从它的地位来看,是思想政治课堂教学活动的不可缺少的辅助形式,它具有弥补课堂教学不足的功能。具体说有以下重要作用:

1. 有利于巩固和深化课堂教学效果

课堂教学尽管是教学的主阵地,它的优点是大家公认的,但是由于受到时间和空间的限制,受到教学内容的限制,在很多方面是难以达到理想效果的,例如,学生主动性和能动性的发挥、能力的培养、体验性经验的获得、因材施教等都会受到一定的局限。思想政治课外活动恰恰在这些方面有它的优点,如时间和空间上的灵活性,教学内容的伸缩性,个体能力培养的针对性,学生自主性的体现等。这些方面可以降低课堂教学产生的副作用,形成良好的弥补、互补作用,相得益彰。

2. 有利于发挥学生的主体作用

课堂教学是一种集体授课制,特别是在我国普遍是以大班形式授课,教室里坐满了学生,活动空间非常狭小。在教学过程中,即使教师想让学生动一动,都是很困难的。教师在这种条件下的教学,只能是突出"主导",弱化"主体"。而课外活动通常是以学生为主,由学生当"主角",每个学生的主动性和积极性能够得到较充分的发挥,而且要事事亲力亲为,各种能力能够有锻炼的机会,因此,学生是欢迎开展有意义课外活动的。

3. 有利于发现和发挥学生的特长

在课堂教学中,由于受到各种限制,尽管师生面对面,但教师仍然对学生的具体个性、

能力等方面不太清楚。但是在课外活动中，教师有机会和学生个体产生更多的互动，彼此可以获得更多的交流和了解，特别是对一些平时不太注意的学生有了了解，不仅发现学生的特长，而且能够收集到学生真实的看法、想法，对改进课堂教学，增强教学的针对性大有帮助。

4. 有利于贯彻理论联系实际的教学原则

课堂教学主要是传授课本上的教学内容，让学生通过学习能够较好地掌握科学理论的基本知识、基本观点和方法要求。课外活动则提供了更加广阔的生活实际，使学生能够把在课堂上学到的知识与丰富的社会生活实际联系起来，做到学用结合，增强运用理论知识的能力，也坚定了对科学理论的追求。思想政治（品德）课的教学实效性只能在理论联系实际的过程中才能得到体现。

课外活动的这些作用是由它本身的特点决定的，是课堂教学无法代替的。课堂教学和课外活动各有优点又不可兼得，各有不足又需要相互补充。因此，在强调加强课堂教学的同时，又要重视课外活动，发挥它的辅助作用，为提高思想政治课教学质量贡献它应有的作用。

二、思想政治课外活动的主要形式

（一）组织开展各种兴趣小组活动

兴趣小组活动是思想政治课外活动最常用的形式。兴趣小组是以兴趣为纽带，按照自愿原则组织起来，共同探讨有关政治课教学某些方面内容的学习小组。因为在政治课教学中，学生个体对政治课学习的内容有不同的兴趣，例如有些学生对法律知识感兴趣，有些对心理知识有兴趣，有些对经济学知识或者对哲学知识有兴趣等。课堂教学只能按照统一要求进行，如何满足不同学生个体的学习需要比较困难。因此，政治教师可以通过建立多种兴趣活动小组的形式，使这些学生在学科学习内容的某些方面得到更多的发展。参加兴趣小组的学生人数不要太多，一般可以控制在10人左右，活动方式灵活多样，能够吸引学生则好。在这类兴趣活动小组中，教师不仅要给学生提供更宽的知识面，而且要引导学生理论联系实际，让学生的能力得到更多的锻炼。

思想政治课政治教师在组织指导兴趣小组活动时，要注意几个问题：

第一，活动的计划性。兴趣小组活动虽然是课外活动，但不是自由活动。活动的内容和时间、方式都应该事先做好计划，让兴趣小组成员心中有数。切忌雷声大，雨点小，开始组织的时候轰轰烈烈，组织起来以后，没有什么动静，或者虽然有活动，但随意性大。一般可以在开学后组织小组同学共同确定活动计划，计划要体现可操作性和可行性。

第二，活动内容的新颖性。虽然是兴趣小组活动，成员是感兴趣自愿参加的，但是如果活动内容没有新颖性和趣味性，学生的兴趣就会降低甚至转移，有兴趣变成没兴趣，他们就不会积极参加小组活动。

第三，活动过程的导向性。兴趣小组在学习和探讨问题过程中，会出现各种不同的想法，或者会受到不同理论的影响，尤其是联系现实社会事件时，可能会比较偏激。对于这些情况,政治教师要善于指导和引导。一方面,对于学生敢于表达自己的想法和用有关理论知识来证明自己的观点要给以肯定;另一方面,对学生中存在的问题要中肯指出,增强学生辨别是非的能力,提高科学理论的修养。

(二) 组织开展各种专题讲座活动

为了配合课堂教学内容的学习,扩大学生的知识面和提高学生对理论联系实际的认识和能力,政治教师要想方设法组织开展一些学科专题性的讲座活动,通过这些活动吸引学生对政治课的关注。

专题讲座活动的内容可以多个方面,例如,与教学内容有关的知识讲座、学习方法讲座、经验交流、时事报告等。

专题讲座报告人可以是学校的领导和老师,也可以是校外的有关人员,如政府工作人员、企业人员、社会各行各业的人员,甚至学生也可以成为报告人。

专题讲座内容要注意思想性、知识性、科学性、趣味性和针对性。

(三) 组织开展各种竞赛活动

开展各种竞赛活动也是课外活动的常用形式。中学生的心理特点决定了他们比较喜欢一些带有竞争性的活动。政治教师可以利用这个特点,将知识的传播、教育的渗透与中学生的竞争心理巧妙地结合起来,通过这些活动一方面增长了学生的知识,培养了兴趣,发展了思维,锻炼了才能;另一方面又培养了学生不怕困难、敢于进取的优良品质。竞赛活动的内容是非常丰富的,例如学科知识竞赛、演讲比赛、辩论赛、小论文竞赛等。

[案例1] 组织学生举行国情知识竞赛活动,进行爱国主义教育

我与历史、地理老师配合,联手组织学生举行了一次别开生面的富有教育和纪念意义的"援祖国,话澳门,盼同归"为主题的国情知识竞赛活动。具体做法是:竞赛前由教师分别组织一定数量的竞赛题,提前印发给学生,让学生做好充分准备,然后由各班选出一定名额的代表参赛。这类竞赛活动大大激发了学生的学习兴趣,调动了他们学好思想政治课的积极性,丰富了学生的知识,开阔了学生的视野,锻炼了学生的能力,提高了他们的思想政治觉悟,同时也活跃了学校生活,并为今后开展活动课积累了宝贵经验。

中学生演讲比赛,是校园活动的重要形式之一,也是校园文化建设的重要组成部分。演讲比赛作为一种探讨问题、亮明观点、展现风采的活动形式,对培养学生口头表达能力和临场表现能力,具有重要作用。演讲比赛的主题选择至关重要。

[案例2]

党和国家提出了实现中华民族伟大复兴的中国梦的奋斗目标,学校举办了"中国梦·我的梦"的演讲比赛;纪念反法西斯胜利70周年,学校举办了"勿忘国耻·圆梦中华"的演讲比赛;针对当前我国环境污染不容乐观的状况,举办了"环保行动从我做起"的演讲比赛。通过此类活动延伸了思想品德教学课堂,提升了学生的内在素质,培养了学生的爱国热情,增强学生的民族自尊心、自信心和自豪感,激发了学生立志成才,担当起建设现代化历史重任的豪情。

理不辩不明,事不鉴不清。辩理求是,论道启真。在教学中,可以召开辩论会,如教

《对自己的行为负责》一课时,根据当前老人摔倒,因害怕被讹诈,而无人敢于施救的社会现实,设计了一场辩论。学生们唇枪舌剑,通过双方的激烈的辩论,澄清了是非,达到了共识。认识到了社会呼唤真善美,青少年要敢于承担责任,做一个有正义感的人。

竞赛活动的组织要注意几个问题:

第一,目的性。组织开展各种竞赛活动的目的不是为竞赛而竞赛,竞赛是手段,是形式,不是目的。通过竞赛活动要达到的目的是促进学生在知识、品质、能力等方面的提高,促进学生懂得互相学习、合作精神的重要。总之,竞赛的导向性要正确,要突出思想教育性。

第二,群体性。虽然在竞赛中可能是几个同学代表,但并不是说,其他同学与竞赛活动无关。首先,代表的产生本身就是在本群体内通过竞争产生的,每个同学都要积极参与竞争;其次,代表产生以后,为了能够争取在竞赛活动中取得好的成绩,要充分发动本群体成员积极出谋划策,做好充分的准备工作;再次,在现场竞赛过程中,大家还要为参赛代表摇旗呐喊,鼓舞士气。总之,通过竞赛活动,每个同学都受到鼓舞和教育,都有收获。

(四) 研究性学习活动

研究性学习活动在学习方式中另行具体阐述。

三、开展课外活动的基本要求

(1) 课外活动要纳入到学期教学工作计划中,使它与课堂教学有机地结合起来,真正体现出它是课堂教学的必要辅助形式。

长期以来,在一些政治老师的认识中,课外活动是可有可无的,有兴趣就搞,没有兴趣就可以不搞。在学期教学工作计划中,也很难看到课外活动的安排。当然造成这种现象的原因是复杂的,这里不去探究,但是在当前新的课程改革要求下,课外活动已经成为一个重要的活动形式,因此,政治教师在制订学期教学工作计划时,要结合教学内容和学校条件,合理安排好一定的课外活动,使这种教学活动能够有计划性,而不是随意地开展。

(2) 课外活动的开展要体现学科性、思想性、科学性、应用性、趣味性和实效性的要求。

学科性是强调活动的开展要突出政治课的特点,不是班级开展的课外活动。思想性是强调活动的正确导向,即对学生的教育意义。科学性是要求活动的过程和内容必须符合科学的规定。应用性是强调活动要体现理论联系实际,尽可能多地让学生锻炼各种能力。趣味性则是要求活动的形式符合学生的需要,学生愿意主动参加。实效性是落脚点,开展课外活动的目的能否达到是衡量实效性高低的重要尺度。

(3) 课外活动的形式力求多样化。选用课外活动形式必须从不同年级和类型的学生实际出发,从课堂教学内容、社会实际、学校条件、教学时间、学生特点等方面考虑。尽量能够吸引更多的同学积极关注或参加课外活动,有条件的可以打造"精品"项目,扩大影响力和知名度。

(4) 课外活动中师生的定位要正确。政治教师是课外活动的组织者和指导者,学生是课外活动的参加者和活动者，这个定位一定要清楚，不能错位。要防止出现政治教师过多地代替学生活动的现象，或者是过多地干预学生的活动，使学生的自主性和能动性受到影响，降低参加活动的兴趣的现象。政治教师要在组织者和指导者上下功夫，要创造条件大胆放手让学生去开展活动。

怎样组织开展活动呢？教师要当好"导演、演员和观众"的三重角色。

开展活动，教师要制订计划、统筹安排，从活动的主题、内容、形式、进程、可能发生的问题（特别是安全）等周密考虑，要与班干部商量，充分发挥他们的骨干作用，有时还要征得家长的支持与配合。对发挥学生的主体作用和教师的主导作用通盘考虑，特别要注意把握时代的脉搏，使活动和形式适应形势的发展，这就是所谓"导演"的角色。有了好的导演，"活动"这个"舞台"就一定会展示出生动、有趣、感人和有实效的活剧。

除了当好"导演"，班主任还要当好"演员"。也就是说不能光指手画脚，叫学生要如何如何，还要"身临其境"，参加到活动中去。教师的"角色投入"既可激励学生，又能改善自己在学生中的形象，和学生打成一片，"同台演出"会增加亲切感，让学生感到你好似他们中的一员。这对形成朋友、同志加导师的新型师生关系有好处。例如，在唱歌比赛中，教师也放声歌唱一番，那比赛的热烈气氛定会大大增加。

老师在活动中还要善于当好"观众"，如前所述，"闪光点"的发现，全面认识学生，慧眼识"苗苗"等，无不需要班主任细致的探索、精心的观察，才能在五彩缤纷的"活动"舞台上发现"蛛丝马迹"，甚至"观看"出学生身心发展的动态。

当然，要同时当好这三重角色是有一定难度的，只要我们怀着忠诚于党的教育事业的一片真心，积极努力，也是可以办得到的，特别是"导演"和"观众"这两个角色是一定要当好的。

此外，对于活动的频度和效应也应注意。频度过高，冲击以学为主的主旋律。是不可取的。对于活动效应的期望值也不宜太高，企图通过一次、两次活动解决若干问题，那是不现实的，有时有些活动还可能产生负效应，这是要注意防止的。

总之，对于活动这一教育的好形式。需要研讨的问题很多，许多老教师、老前辈有着丰富的经验和独到的见解。许多教育战线上的年轻战士在实际工作中做出了突出的贡献，也积累了不少的新经验，其中不乏新的见解。

重视课外活动

第三节　思想政治课的社会实践活动

新一轮的基础教育课程改革增加了综合实践活动课程，并且把它作为从小学到高中都要开设的必修课程。其中，社会实践活动是综合实践活动课程的一个重要内容。过去的中学思想政治课在教学组织形式方面，就非常明确地把社会实践活动作为一个不可缺少的重要形式。现在，随着新课程的实施，初中思想品德课和高中思想政治课在教学形式方面就要更加重视社会实践活动。

一、在思想政治课教学中开展社会实践活动具有重要意义

思想政治课是具有德育性质的课程,这种学科性质决定了教育的效果不可能只在课堂上就能实现。尽管政治教师在教学过程中会结合大量的社会实际,使学生对社会现象有一定的认识,但是,这种认识还是很肤浅的。特别是学生中存在各种各样的想法,也不是政治教师在课堂上说说就完全能够解决的。通过反思这些年政治课教学实效性的问题,我们非常认同"德育回归生活"这句话。只有让我们的学生更多地接触社会生活,让他们在社会实践活动中通过自己的耳闻目睹观察社会、了解社会、思考社会,才能使他们真正感受到时代发展的气息,增强社会公民的责任感和自己将要如何发展的使命感。

通过社会实践活动,学生能够运用课堂上所学习的理论知识来看问题,不仅是对书本上知识的巩固,更重要的是通过这个环节把知识转化为能力,转化为思想认识,转化为行为,提高学生的综合素质。

二、社会实践活动的主要形式

从目前开展社会实践活动的经验看,虽然社会实践活动的范围非常广大,但是由于受到一定主观、客观条件的限制,开展比较多的形式有:参观访问、社会调查、社会服务。

(一) 参观访问

参观访问是中学生进行社会实践活动的基本形式。之所以把它作为基本形式是因为开展这方面活动的条件要求不是很高,可以经常开展。参观主要是指带领学生去接触社会有关单位,可供参观的地方非常多,如企业、街道、村镇、军营、机关行政事业单位、各类场馆以及许多地方都建立的青少年德育教育基地、爱国主义教育基地等。最近中央下达了关于加强未成年人思想道德建设的通知,各地党和政府都纷纷采取一系列具体措施,为青少年的健康成长做实事、做好事,许多地方的博物馆、展览馆都免费为青少年开放。访问的对象是那些对中学生的健康成长有教育意义的比较典型的人物。现在,整个社会都在关注青少年的成长问题,都在为他们的健康成长营造良好的社会环境,这就为学校开展社会实践活动创造了有利的条件。

由于参观访问是在校外开展活动,政治教师在组织过程中应该做好充分的准备。一般来说有三个环节要考虑周到:一是活动前的准备,即参观地点和访问对象的确定、联系,有什么要求,要注意的事项,达到什么目的等。二是活动过程中的组织,即要指导学生干什么,不要把它作为是出外旅游。另外,还要注意安全,加强组织纪律性。三是活动后的总结,既要总结学生在这次活动中的表现,又要总结(老师或学生都可以进行)收获。

(二) 社会调查

社会调查是中学生进行社会实践活动的又一重要形式。社会调查的内容同样是很广泛的,尤其是在高中阶段,学生学习了经济学、哲学和政治学的许多理论知识,可以对社会的很多现象和问题进行理论分析和研究。社会调查和参观访问有些不同,参观访问主要

是增加学生对社会的人和物的感性认识,社会调查则是通过对社会现象(包括参观访问的对象)在进行感性认识这个基础上,进一步去探索、研究,并提出自己的看法和建议。通过社会调查,学生可以获得许多丰富的社会实际知识,能够加深对所学理论的理解,培养独立观察问题、分析问题和解决问题的能力。同时,社会调查还能解决一些平时在课堂上不易解决的思想认识问题,提高学生的思想政治觉悟。

社会调查分为不同的类型。中学生比较适宜的是典型调查和抽样调查。典型调查是对某一有代表性的对象进行调查,其特点在于被选择的调查对象能够比较充分、集中地体现同类事物共有的本质特征,因此只要对典型对象进行全面而又深刻的了解就可以使调查的结论具有普遍意义。抽样调查是对某类事物按照一定的方法(如随机抽样法)选取一部分对象进行调查,并将这部分调查对象的调查结果推论到全体对象。社会调查活动的开展一般要经过三个阶段:

(1) 准备阶段,主要做好以下工作:第一,制订调查计划和调查提纲。调查计划包括调查目的、要求,调查题目和范围,调查对象和地点,调查的类型、方式和步骤;调查提纲主要是调查的内容、范围、问题等。第二,组织准备工作,主要是与调查对象取得联系,帮助学生明确调查的目的和意义,划分调查小组,交代调查的具体任务和注意事项,提供必要的资料和知识等。

(2) 调查阶段,主要任务是广泛接触调查对象,了解情况,占有材料。了解情况和占有材料可以采用多种方法,如问卷法、访谈法、座谈会等。这一阶段要求学生做到"腿勤、嘴勤、手勤、脑勤",总之就是要求"人勤",否则就会觉得没有什么可调查的,掌握不了大量真实的第一手材料。

(3) 分析总结阶段,在调查阶段的基础上,对调查所得到的材料进行加工处理,即"去粗取精、去伪存真、由此及彼、由表及里"。在占有丰富材料的前提下,能否运用科学的思维方法,正确的理论观点,就成为认识事物本质的关键,这方面就可以运用思想政治课学习过的基本理论知识,如观点、原理、方法等。在分析、归纳的基础上就可以撰写调查报告,进行总结。调查报告可以个人写,也可以小组集体完成。由于中学生个人活动能力有限,加之进行调查活动时都是以小组为单位进行,我们提倡合作学习,所以,可以要求以小组集体完成调查报告,发挥小组每个成员的智慧,写出高质量的调查报告。报告完成后,要及时进行交流,可以采取多种方式,如全班宣读、汇编成册、墙报等,有些具有较好社会价值和应用价值的调查报告,可以提交或推荐给相关部门参考。

(三) 社会服务

社会服务是中学使用较多的又一种社会实践形式。通过社会服务可以使中学生增强公民责任感,培养为人民服务的思想品质,养成良好的道德情操和道德行为。

社会服务的范围和内容也是非常广泛的。例如:到社会有关单位、场所参加义务劳动、进行法律宣传等。虽然社会服务的范围和内容很广阔,服务的形式也是多种多样,学生得到的锻炼也不尽相同,但是开展这类活动的目的是相同的,即让学生了解社会、服务社会,提高学生的公民意识。因此,政治教师在教学过程中,可结合教学内容开展适当的社会服务,但是要注意结合不同年龄段学生的特点,开展他们能够力所能及的社会服务活动。同时,不要为活动而活动,以为参加这些活动是"好玩",政治教师要在活动过程中注意引导学生明白参加社会服务活动要达到的目的。

除了以上三种比较重要的社会实践活动形式以外,还有许多形式可以利用,如:可以结合法律常识的教学内容,组织学生旁听当地的法庭审判或参加对中学生有教育意义的宣判大会,对贩卖毒品犯罪分子的公开宣判大会等。

【思考题】

1. 课堂教学追求的是共性与个性的统一。你认为思想政治课堂的共性追求是什么?个性追求又是什么?在实践中如何实现两者的有机统一?

2. 传统的政治课关注单一的知识传授,把课堂理解为教师表演的舞台、宣讲的阵地,这对思想政治课的教学产生怎样的负面影响?要改革这种状况该如何做?

3. 新课程改革特别重视学生在课程上的知识生成,鼓励质疑、创新,那么课程的教学进度也许受到影响,你认为该如何处理这个问题?在预设与生成的关系上如何把握其中的度?

【阅读书目】

1. 刘国胜.中学思想政治(品德)教学论.北京师范大学出版社,2010年版。

2. 李强华,高耀东.中学生思想政治课教学论与教学技能实训教程.中国传媒大学出版社,2011年版。

3. 李俊.中学思想政治教学实践与反思.西南交通大学出版社,2014年版。

4. 郭绍仪.基于认知冲突的政治课堂教学策略.中学政治教学参考,2017年第22期。

5. 闫生厚.道德与法治课堂讨论存在的问题及其对策.中学政治教学参考,2017年第24期。

第七章 思想政治课的学法指导

[学习要求] 懂得学法指导在思想政治课教学中的意义,掌握学法指导的基本要求和主要方法。

在思想政治课的教学活动中,教师不仅要善于掌握教书育人的施教方法,而且要指导学生善于读书做人,加强对学生的学习指导,帮助学生明确学习思想政治课的目的,培养感情,提高学习兴趣,端正学习态度,改进学习方法。这也是搞好思想政治课教学的重要保证。

第一节 思想政治课学法指导的意义、原则和要求

搞好思想政治课教学,不仅要求教师有较高的教学水平,也要求学生有较高的学习水平。两者的相互促进,是形成师生思想共鸣、配合默契的教学气氛以收到最佳教学效果的必要条件。为此,就要在教学过程中注意对学生的学习指导。对学生的学习指导,既包括引导学生确立正确的学习目的、端正学习态度,又包括指导学生掌握科学的学习方法,善于学习,提高学习效率。当然,学习有法,但无定法。不过,如果政治教师重视思想政治课学习指导的研究和运用,那么对于学生学好思想政治课,全面完成思想政治课的教学任务,培养为社会主义现代化服务的德、智、体全面发展的建设者和接班人,其意义是深远的。

一、思想政治课学法指导的意义

(一) 提高思想政治课教学质量,完成教学任务的需要

教学质量的高低,主要取决于师生在教和学中的积极性和科学性。传统的教学论,比较重视教师教的科学性,这是正确的;按照现代教学论的观点,在重视教师教的科学性的同时,还要特别重视学生学习的科学性。这样,教学质量的提高才可能成为现实。学生学习的科学性,要求学生掌握科学的学习方法。学习方法指导的核心就是启发学生的积极思维活动,调动他们的积极性和主动性,掌握科学的学习方法。因此,要搞好思想政治课的教学,提高教学质量,顺利完成教学任务,必须正确处理好教与学的关系,实现以教师为

主导和以学生为主体相结合。政治教师的主导作用,是教学工作的客观要求,它不仅表现在施教上,也表现在对学生进行学习指导上。因为学生是学习的真正主人,必须积极主动参与整个教学过程。对学生进行学习指导,就是实现教师的主导作用和突出学生的主体地位的最佳结合,使学生掌握学习主动权,充分发挥学生学习的主动、积极性的和创造性,不仅想学,而且会学。"教"是为了"学","会教"固然重要,"会学"才是根本。人民教育家陶行知先生早就说过:"教是为了达到用不着教,讲是为了用不着讲。""先生的责任不在教,而在教'学',而在教学生学。"这一精辟的论断揭示了教与学的根本目的和本质要求。教学的真正含义,是要教师教会学生如何学。因此,发挥教师的主导作用,必须为了更好地调动学生学习的主观能动性。思想政治课的教学效果,最终取决于学生的学习效果。有经验的政治教师总是不断地钻研和改进自己的施教方法,经常深入了解并研究学生的情况,在教学过程中,注意指导学生学习,帮助学生运用正确的学习方法,激发学生的求知欲,引导学生消化课本上学到的基础知识和基本原理,并能够用学过的理论去分析和认识实际问题,又在运用中进一步掌握知识和加深对理论的理解。使学生尝到学习思想政治课的"甜头",提高学习效率,以便更好地将教的科学性与学的科学性有机地结合起来,从而开展有效的教学活动,最大限度地提高教学质量,顺利地完成教学任务。所以,教师的施教方法和艺术,不仅仅指教师自身的教法和技巧,而且应该包括对学生进行学习指导的方法和技能在内。正由于这样,对学生进行学习指导绝不是增加教师的额外负担,而是教师整个教学工作的一个重要组成部分。研究和加强对学生进行思想政治课的学习指导,不仅是培养学生学习能力,提高学习效率的需要,也是充分发挥政治教师的主导作用,获得最佳教学效果,提高教学质量,顺利完成教学任务的需要。

(二) 对学生进行学习指导,是减轻学生负担,研究和改革思想政治课教学方法的需要

当前有不少中学生学习思想政治课是为了应付学校的考试,或者为了升学的需要。这种动机虽然也能产生一定的积极性,但是这种积极性是不稳定的,往往平时对思想政治课不重视,只是在教师提问前或考试前临时突击,与这种学习动机相联系的是死记硬背的学习方法。学生不是在理解的基础上去记忆,而是囫囵吞枣,生吞活剥地去背一些概念和原理,更谈不上通过政治课的学习来提高觉悟和培养能力。学生把学习视为负担,兴趣索然,或者只注重考试分数,使学习效果大受影响。改变这种不正常状况的措施之一,是加强对学生的学习指导,教会学生用科学的学习方法,掌握自己探求真理的本领。以研究学生科学的学习方法作为创建现代教学方法的前提,这是当前教学方法改革中的一个新的发展趋向。教师的教,如前所述贵在使学生学会学习。可是,长期以来,我们在研究和改革思想政治课教学方法的实践中,总是偏重教的一面,而忽视学生学的一面;总是以如何教得好为出发点,而没有或很少注意学生如何学得好;总是只从教的一面片面地去评估教学效果,而忽视学生的学习质量去评估教学效果。这种片面性所造成的后果,广大政治教师已有了充分的认识,并通过积极的教学改革,开始出现了新局面。总之,要减轻学生的负担,把学生从死记硬背的困境和苦恼中解脱出来,研究和改革思想政治课的教学方法,就必须十分重视对学生进行学习指导。只有这样,思想政治课教学方法改革才能不断深化,使其教学充满生机和活力。

(三) 对学生进行学习指导,是培养他们的自学能力和终身学习意识,以适应时代发展的需要

当代科学技术发展迅速,知识信息量急剧膨胀。根据科学家推算,25年后,人类的知识总和将比今天增加3倍;50年后,将比今天增加31倍。现代科学知识的迅猛发展,使人们置身于知识的海洋之中。学生在校学习期间,不可能学到一生中所需要的全部知识,只能打下一定的知识基础,具有一定的自学能力,即自己获得新知识的能力。有了这种能力,他就能不断地更新自己头脑中的知识,并改革知识体系。可见,时代的发展表明,我们培养的学生,要适应这个时代,就必须具有优良的学习品质和较强的自学能力。联合国教科文组织出版的埃德加·富尔所著的《学会生存》一书指出:"未来的文盲,不再是不识字的人,而是说没有学会怎样学习的人。"所以,培养学生自学能力已成为时代赋予当今学校教育的神圣使命。思想政治课的教学也不例外。它的教学内容是马列主义基础知识,而马列主义是放之四海而皆准的普遍真理,但它不是僵死不变的教条,而是随着时代、科技、革命和建设的实践的发展而发展的。因而,现在的思想政治课教学,必须注意既打好知识基础,又培养自学能力,让学生在离开学校后能继续独立地学习马列主义理论,以适应时代发展的需要。政治教师应当指导在校学生掌握一套学习思想政治课的科学方法。这不仅有助于他们今天学好思想政治课,而且将会长期起作用,使之终身受益。历来的优秀教育者都主张"赠之以鱼不如授之以钩"。所以,学生在校学习期间,政治教师有责任和义务教会学生掌握科学的学习方法,独立地学习。可以说,学生会不会独立地学习马列主义基础知识,能不能掌握一套自学思想政治课的科学方法,是关系到学生未来能否适应时代发展需要的一个极为重要的因素。据《光明日报》和《人民教育》报道,哈尔滨九中、北京九中、上海育才中学开设学习方法课或举办讲座多年,均取得理想效果。

另据湖北大学黎世法老师的调查表明:非重点中学学生中有8%的人能基本掌握一些科学的学习方法,而这些人恰恰是班上成绩最好的。他从非重点中学选取50名原平均成绩不及格的学生进行实验,参试者在掌握了科学的学习方法后,经过长期努力,平均成绩提高到80分以上。许多实例证明:优智儿童掌握了科学的学习方法后,智力发展更快;一般儿童掌握了科学的学习方法后,往往使学习产生关键性的转折。

总之,对学生进行学习指导,是政治教师整个思想政治课教学工作的一个重要组成部分,是提高思想政治课的教学质量,顺利完成教学任务的基本保证,是学生未来发展的需要,也是思想政治课教学方法研究和改革的迫切任务。我们要扫除种种思想障碍,开拓前进,努力开创思想政治课对学生进行学习指导的新局面。

二、思想政治课学法指导的基本原则和要求

(一) 学习指导与教法改革同步的原则

思想政治课的教与学是一对矛盾,是对立的统一,是同一过程的两个不同的方面,可以分开来研究,但实质上是联系在一起的。在教学实践中,政治教师的施教方法也包括对学生的学习指导,教的目的就是促进学生学,教学生学。思想政治课的学习指导如前所

说，就是在教学过程中实现教师的教法与指导学生的学习最优结合。广泛深入地开展学习指导，必然导致课堂教学结构和教学方式的改革。政治教师必须从学情出发，设计课堂的施教方法，从而促进学习指导与教法改革同步进行。如被政治教师广泛采用的"五步教学法"，即课堂教学的五个环节：导—读—议—讲—练，这每一步，每一个环节都是以学生的学习为主，教服从于学，为学而教，政治教师指导学习于教学全过程中。但是，强调学生要自己看书学习，并不反对政治教师对马列主义基础知识作必要的讲解与指导；重视学习指导，并不能忽视教法，不能简单地提"变教为学"的口号。正确的做法应坚持学习指导与教学改革同步进行的原则。

（二）理论指导与培养实际能力相结合的原则

理论是行动指南。政治教师为指导学生掌握科学的学习方法，应指导学生懂得必要的关于学习方法的理论知识。例如，指导学生掌握记笔记的方法，就必须让学生懂得什么是笔记，为什么要记笔记，如何记笔记等有关理论知识。与此同时，要注重记笔记方法的实际训练，将知与行结合起来，让学生亲身体验这种记笔记的方法是否可行和有效，只有这样，才能逐步转化为学生记笔记的实际能力，逐步养成习惯。其他的学习方法指导也是这样，在学生基本掌握有关学习方法的理论知识后，加紧训练，培养实际能力，并注意指导学生先易后难，对某种学习方法，在经过一段时间取得经验后，再逐步展开。

（三）学习指导与育人相结合的原则

思想政治课的学习指导不能单打一，政治教师在指导过程中，能否发挥指导的应有作用，学生学习思想政治课的实际能力能否提高，与学生的心理倾向等方面有密切关系。如果不注重解决学生的实际需要，培养和激发学生学习思想政治课的动机，树立科学的世界观和远大的理想，再好的学习指导也难于转化为学生自己的实际行动。因为，学生的上述心理倾向制约着学生学习思想政治课的目的、态度、作风、习惯和学习精神，有动力、定向、引导、调控和强化的作用。当然，政治教师指导学生掌握和运用学习思想政治课的科学方法，又必然激发和增强学生学习思想政治课的热情和信心，两者是相辅相成的。因此，坚持思想政治课的学习指导与育人相结合的原则，会极大地提高思想政治课学习指导的实际效果。

（四）坚持个别指导与一般指导相结合的原则

学习指导对共性的问题采取一般指导的形式是很重要的，它可以面向大多数，有利于全体学生掌握最基本的学习方法，执行学习常规，养成良好的学习习惯。但这还远远不够，必须对个性的问题进行个别指导，即有针对性地做好个别学生的学习指导。只有当学习方法等适应学生的各自特点与各自的知识、经验水平时，才能充分发挥其方法的功效。由于我国地域辽阔，各地的教育差异较大，因而各地之间、城乡之间的学生学习方法会有所不同。还由于各个学生的素质不同，性格、习惯、兴趣爱好的不同，加上学校、家庭、社会生活条件各异，因而学习方法也就各不相同。因此，政治教师必须根据各地、各校、各班、各位学生的实际情况，在坚持一般指导的同时，进行个别指导，不能搞"一刀切"，要从学生的实际出发，尽可能具体，因人而异，包括因"性"而异，所提要求应难易适度，所用方法要符合学生的智力发展水平和教材特点，使学习指导更有针对性，也使学生逐步掌握具有自己特色的学习思想政治课科学学习方法,从而合理运筹学习时间,提高单位时间的利用率,大幅度地提高思想政治课的学习质量。

(五) 坚持集中与分散相结合的原则

思想政治课的教学过程中,政治教师对学生进行学习指导的形式,应坚持集中与分散相结合的原则。集中的学习指导,是政治教师以科学的学习理论为指导,结合收集并总结历届思想政治课学得好的学生的学习经验及教训,有针对性地给每届新生做几次系统的思想政治课的学习指导讲座。时间最好安排在初一或高一的第一学期。分散的学习指导,是政治教师根据全部的思想政治课教学过程中各个环节的学习需要,对全体、部分、甚至个别的学生所做的及时而有的放矢的学习指导。

(六) 指导学生学会科学的学习方法

科学的学习方法,不是与生俱来的,而是后天在学习活动中获得的。它往往需要经过由实践到认识,由认识到实践这样多次反复,才能形成。这就是掌握科学的学习方法的正确途径。政治教师指导学生沿此途径去掌握思想政治课的科学的学习方法,学会科学学习,必须注意如下两点:

第一,充分认识掌握思想政治课的科学的学习方法具有长期性和阶梯性的特点,使学习方法指导既有中学阶段的长期计划,又有学期内的短期安排。所谓长期性,是指掌握一种科学的学习方法,不能一蹴而就,需要长期的实践和摸索,反复实践,有一个不断完善的过程;所谓阶梯性,是指掌握科学的学习方法的过程,是由简单到复杂,由单一到综合的螺旋上升的过程。比如预习法,低年级主要是指扫除障碍的预习,高年级则是指学生自己发现问题,解决问题。

第二,指导学生认清思想政治课的学习特点,去掌握科学的学习方法。思想政治课是马克思主义常识课,这就决定了它有着不同于语文、数学等课程的鲜明特点。学科之间固然有些共同的学习方法,需要指导学生学会,但更要指导学生掌握那些具有思想政治课特点的学习方法。这种学习方法要使学生既学会怎样读书,又学会如何做人。读书是读马列主义毛泽东思想的书,做人是为社会主义现代化服务的,德、智、体全面发展的建设者和接班人。这是思想政治课学习的根本目的。

(七) 重视非智力因素的作用

科学的学习方法强调的是非智力因素的发展,不仅能促进学生的学习目的的明确,觉悟的提高,而且能培养学生坚定的意志和不折不挠的毅力,从而使学生自强、自立、自制,产生经久不衰的学习动力。而学习动力的持久,反过来促进学生更有效地学习。非智力因素是指学生学习的动机、兴趣、情感、意志和性格等。它对学习过程的影响一般是间接的,但其作用带有根本性质,影响极为巨大。现代学习理论认为,学生的学习过程必须以人的全部心理活动为基础。在学习过程中,智力因素活动以一种认识的方式在启迪和制约着非智力因素活动的能量和水平,而非智力因素活动能加强或抑制智力因素活动的速度和效率。思想政治课的教学实践证明:学习的成功与否,主要是由智力因素和非智力因素活动的共同作用而决定的;而在智力因素基本相同的学生中,学习的优劣则往往由非智力因素的作用所决定。因此,在思想政治课的学习指导中,还必须指导学生充分发挥非智力因素的积极作用。

指导学生发挥非智力因素的积极作用，就要指导学生端正学习目的，认清学习意义，深感学习的迫切需要而自觉学习，激发学生的学习情感，具有热烈的爱学之情和学好的责任感；和学生的政治水准、思想脉搏贴近，指导学生学习有趣的教材。思考有趣的问题，使之学习兴趣日浓；进而具有按照既定目的去克服各种困难，完成学习任务的意志；而且决心大，信心足，恒心稳定，养成科学的个性，以科学的人生观、世界观为指导，对人对己、对人生、对社会均有正确的态度。这些非智力因素活动会加强学生学习过程的观察、认识、思维、想象等智力因素活动，提高智力因素活动的效率。同样，智力因素活动的成效，又往往使非智力因素的能量增大，兴趣浓厚，情感加深，意志增强，强化优良性格。这样两个方面互相促进，保证学习的良性循环。

此外，实施思想政治课的学习指导要注意及时性和坚持性。青少年学生往往是热得快，冷得也快，学习指导要趁热打铁，否则，时过境迁，效果就大不一样。同时，要注意政治教师的指导工作不能一曝十寒，要持之以恒。还要注意运用典型人物、事例进行教学与指导，变说教为吸引，在指导的整个过程中，不要越俎代庖，要"引而不发"，放手让学生走自己的路。

第二节 思想政治课学习指导的主要方法

在教学实践中，教师都有这样的切身感受，就是学生"不爱学习"、"不懂学习"、"不会学习"、"不良学习"的现象较为严重。为什么会这样？长期以来，我们的教学活动片面强调"教"，而忽视、轻视"学"，要改变在学生中存在的那些不会学习、不良学习的状态，不仅要重视教法研究，也要重视学法研究，而且要把教法立足于学法研究的基础上，研究学法，绝不只是让学生学懂、学会了事，更重要的是让学生会学。只有这样，才能达到叶圣陶先生所说的"教是为了不教"的境地，因此教学生"会学"，加强对学生学法的指导，优化学生的学习素质，是现代教学论中必须研究的迫切课题。总结政治教师指导学生学习思想政治课的实践经验，可概括为以下几方面的主要学习方法指导。

一、教学生"会读"

课本是教师施教和学生学习的基本依据。教师要引导学生不论是在课堂学习还是课后学习、练习及考试前都要反复熟读课本。熟读的过程就是接受和理解基本概念和基本原理的过程。同时，也要引导学生注重读课本中的事例。事例有的是抽象理论的具体反映，有的则是重要原理的具体运用。熟读既可以帮助学生加深对基础知识的理解，又可以使学生在读书中受到教育，并逐步学会运用政治理论去观察、分析问题。因此，教师要指导学生认真阅读课文。怎么读？因人而异，因书而别，因需而变，可说是五花八门、多种多样的，这里只概述我们在思想政治课教学中常用的三种。

(一)"三到"、"四遍"读书法

所谓"三到",是指在阅读的全过程中,做到眼到、心到、手到。眼到、心到,就是边读边想,读思结合;手到就是用各种自学符号,点、划、摘、记,以加强记忆,加深理解,促进思考。三到之中,心到为重。所谓"四遍"是指在阅读顺序上要由浅入深地反复阅读几次,以求逐步读懂学会。第一遍,了解全貌,胸有全局,登高观景,重在看"全";第二遍,了解结构,分析层次,逐层观景,重在各"层";第三遍,把握重点,提要钩玄,观赏奇景,重在举"要";第四遍,理解记忆,探求联系,就景论理,重在内"联"。用这样的方法读书,方能读出新的境界。

(二)研究结构读书法

根据思想政治课各课的构成部分及其作用去分别阅读课文。读标题,包括目、框、课、单元的标题,了解全课(单元)的框架结构,脉络体系;读提要,明确中心,把握纲要;读前言,弄清任务的提出,知识的内在联系;读概念,掌握科学理论机体的细胞,认清其本质;读原理,掌握基本立场、观点和方法,指导实践;读引文,强化论点,提高信度;读事例,充实证据,帮助理解;读注解,排除障碍,加深理解;读后语,掌握结论,或抓住"下回分解"的问题;读思考题,理解编者要求,检验学习效果。通过这样分解结构的阅读,再综合理解,便能准确地把握全课的体系、层次和精神实质,以便用所学理论指导行动。

(三)粗、选、精读书法

这是粗读、选读、精读三种读书法,既可各自独立使用,又可三者结合使用。粗读又称初读,就是指把某本书或书中某些章节与大小标题先浏览一遍,以便对整本书或某章节有个轮廓性了解。选读又称跳读,就是指一本书不是从头到尾地读,而是有选择地读。精读又称细读,就是指为了巩固知识,加深理解,或进一步搞清楚某个问题而深入细致地读。

读书是大量吸收知识的重要途径,一个人不可能事事都去直接实践而取得知识,一生之中大部分的知识都是书本给予的。因此,政治教师,应该结合思想政治课的特点,指导学生学会正确地运用上述三种读书法,认真阅读教科书。

(1)要归纳整理,处理好粗读与精读的关系。对每课书的主要内容,读后要能简要地归纳出来,能说出它讲了几个什么问题,讲了哪些基本概念和原理。以便抓住课本的重点和本质,加深理解和记忆。粗读与精读可以交替使用,一般内容可以粗读,重点内容可以精读,并以此带动粗读,以粗读补充,寻找精读的内容。对非重点书则粗读。比如在复习阶段,就要认真精读教科书,对于各种复习资料只能粗读,以此作为理解教材的一种补充。否则,绝不会有好的效果。

(2)要推敲钻研,正确处理观点与材料、理论与实践的关系。在选读和精读时,对于课本中的基本概念、原理和重要结论,要仔细推敲,逐字逐句进行分析研究。要研究课本用哪些具体事例说明基本概念和基本原理的,以便抓住概念和原理的关键和本质。例如,对于"剩余价值"这个概念所下的定义里,"工人劳动创造"、"被资本家无偿占有的"、"一部分价值"都各有它具体的含义,是不能任意变更的,应逐字逐词地钻研和领会它的含义(即内涵)。这是掌握概念的最基本的要求。同时还要研究剩余价值这个概念的适用范围(即外延),它只适用于资本主义社会,不能乱用于社会主义社会。只有这样,才能正确地牢固地掌握"剩余价值"这个基本概念。同时,又要研究课本中的理论观点怎样统率材料,解决实际问题,以便学以致用,指导行动。

（3）要前后联系分析比较,弄懂课本的思考题。在读新课文时,应与已学的有关课文联系起来分析比较,加深对理论知识的理解和巩固。例如在读"人际关系"这一问题中的"第一类是血缘为基础的人际关系"时,就应该和前面讲的"家庭关系"这一问题联系起来,加以分析比较。有些概念相近或容易混淆可以对比来读。如新事物与旧事物、认识和真理、劳动与劳动力、违法与犯罪等一系列概念。这样,掌握的理论知识才能融会贯通,理解记忆,课本上的思考与练习题,一般说来,都是教材的主要内容或重要问题。能够依照思考与练习题进行系统的反复读书,经常复习就可以巩固和加深对理论知识的理解。

当然,不同的课型,指导学生读课本应有不同的要求。凡新课,教师应提出思考题,让学生带着问题看书,要求学生做到"三出来",即把主要观点标出来,重要论点划出来,不懂的问题提出来;凡与上节内容紧密衔接的课,要求学生通过读书把握课本内在的逻辑联系,从整体上把握这些基础知识,并能用精练的语言把它自述出来,使其理解深刻,记得牢固;凡上复习课,要求学生认真读课本,把分散的理论观点连成一体,做好系统整理。这时,要指导学生重在阅读小结,达到联系、全面、贯通的要求,让书本上的知识结构变为学生自己的知识结构;凡预习、总结课,则要求学生通过读书或自己编写提纲,或绘制图表,或做小结……旨在开拓思维,培养能力,能把所学知识形成科学体系。

认真读书,还应该在读好思想政治课课本的基础上,适当选读一些报刊资料,以及科普、哲理、道德、法制、修养方面的书籍,以开阔视野、活跃思路,加深、充实自己在课堂上获得的理论知识。会读课本,一般就能在课前做好预习,为上课做好准备。我国青年数学家张广厚曾讲过一则"吃书"的故事,对我们如何预习读好书很有启发。他说:"有一次,我看到一篇关于亏值的论文对自己的研究有好处,就用心地一遍又一遍地学习。这篇论文一共只二十多页,我反反复复地念了半年多,以至白白的纸边被摸成了一条黑线。爱人开玩笑说:'这哪叫念书啊,简直像是吃书一样。'我说:'要是没有这种吃书精神,我在科研上,一定很难取得成功'。"

这"吃书"要有正确的方法:其一是专心一意地"吃"。就是读书时要集中思想,排除杂念,开动机器,勤思苦想,达到出神入化的境界。"小和尚念经,有口无心",不能做到专心致志,书是读不进的。其二是反反复复地"吃"。就是抱住"对自己研究有好处"的书,熟读细读精读,读懂读通,真正做到学有所得。这就要切忌浅尝辄止,更要切忌囫囵吞枣。苏轼提倡"旧书不厌百回读,熟读深思子自知",可见熟读深思,这就是古人读书奥妙,也是使人成才的要津。

二、教学生"会听"

古人云:听君一席话,胜读十年书。这里对"听"与"读"作了比较,"话"固然是在"谈笑有鸿儒,往来无白丁"的氛围中所得,然而听而不明,不解其味,即使是圣人之言又有何用?中学生获取知识的重要方式之一就是"听课",听必须善于选择主次,捕捉纲目,分解信息,感知重难点。"听"是各种学习的重要手段,更是一个人终生学习、工作乃至现代生活的必不可缺的基本能力。然而,听的声音稍现即逝,不像阅读文字那样可以回"听"、跳"听"、剪裁、错位,它必须循序渐进地捕捉要点,摄取信息,贮存大脑,容后反刍。因此,要求听讲者思维高度灵敏,依据以往听的经验来接收信息,还可据此推测即将出现的信息,做好接收心理准备。自从"教室授课"形式产生以来,学生获取知识的主渠道就是"课堂听讲",学生听课质量如何,直接影响到学习的其他环节和学习效果。然而,目前多数学生听的能力比较差,听课抓不住重点,分不清难点,听课记不下笔记,把握不住要领,教师在黑板上板书多少,就抄多少。因此,教师应重视学生听的能力的培养。

(一) 教学生会听关键语

所谓关键语,简言之就是指寓意深刻,能突出地揭示概念、原理的本质属性或特征的一些词语。教学中关键语是较多的,但使用频率高且有规则可寻的关键语主要有:首要、前提、基础、核心、主要、主导、实质、本质、根本、根源、决定、源泉等词语,它们在教学过程中都起着画龙点睛的作用。教学生去听关键语,无疑会产生执简驭繁,化难为易的听课效果。

(二) 教学生会听重音

教学本身就是一门艺术,执教者的语气、语调的变化应该体现艺术性,教师讲到关键处,或者是有意要让学生特别留心的地方,就应使用"重音",让讲解的教学内容更加突出,以便引起学生注意或加深理解,如分析人民代表大会与人民代表大会制的区别时,往往把重音放在"制"字上,从而突出问题的关键,引起学生的有意注意和深层次思考,使学习内容得以理解消化,从而达到融会贯通。

(三) 教学生会听提示语

有经验的教师,在教学中,十分重视"提示语",如"请同学们注意"、"问题的关键是"、"值得大家引起重视的是"……这些提示语在提醒学生,下面讲述的内容很重要,应专心听讲,及时理解,有的教师在使用提示语后,有意地停顿一会,以期引起学生的重视,有的教师还要用眼神敦促走神的学生马上把精力集中起来,然后才讲述下去。对于困难生,教师不能放任自流,更不能讥讽挖苦,而要多找他们交谈,让他们听明白"提示语"的重要性,并要求他们每听到"提示语"后就专心致志识记或记录有关问题,久而久之,学生就会养成"注意"的好习惯,就能"会听"起来。

(四) 教学生会听重复语

教师的教学语言要力求精练,但有时必须恰当使用"重复"这种课堂艺术手段。如教学内容中的重点难点疑点处,教师在提示时往往要重复。这时,教师应该放慢语速,以便学生记录,还可以提示学生,或者走到学生中间巡视,以引起学生的重视。

此外还应教学生会听结论语,如:"总而言之"、"综上所述"、"归根结底"、"因此"等。学生会听这些内容之后,学习的悟性就会更好。俗语说:"心有灵犀一点通",学生会听了,就会"听"而"明"之、"听"而"通"之,理解、吸收的效率就大大提高了。

三、教学生"会问"

"问"是学问的重要内容。然而,我国过去衡量教育成功的标准却是:将有问题的学生教育成没问题,因此年龄越大,年级越高,问题就越少;但美国衡量教育成功的标准是:将没问题的学生教育得有问题,如果学生提出的问题老师都回答不出来,就算是非常成功,所以美国的学生,年级越高,越富有创意,越会突发奇想。是的,提出一个问题,就是学生刻苦和主动钻研的表现。因此,教学生"会问"十分重要。但从目前的有关调查资料表明,大量的中学生不愿发问,认为提问是知识贫乏的表现,或者是喜欢出风头。这种心理障碍,不仅阻碍学生将求知的触角伸向知识的深层次,而且成为教学过程中的拦路虎。为此必须排除,否则学生要达到"会问"的境界是不可能的。

(一) 勤问

勤学多问是一种优良的学习品质,有了这种品质,学生在学习过程中,才能集中精力,才能对所学知识产生浓厚兴趣。因此要教学生"会问",就得培养学生勤问好问。有些教师的做法是有意给"问"的话柄,吊学生"问"的胃口。如教"抓本质和主流"这一内容时,有位教师说"事物的性质主要是由居支配地位的矛盾的主要方面决定的,这是因为……"后边的话就煞住了,学生往往会循着这个"因为"的话柄向自己或向他人问,时间一长,学生就会勤问。有些教师爱把话题让给不爱发言的学生,从而培养他们"问"的品质。有次公开课,教学内容是"价值规律",执教者并不急于提出问题,首先让学生自学,然后指着一个平时不爱开口的学生,让他代表教师设计几个问题,几番周折以后,他提出了"价值规律的内容是什么?""价值规律的表现形式是什么?""这只看不见的手是什么?""它是怎样促进劳动生产率提高的?"等问题。虽然有的问题较简单,但教者在全班表扬了这位学生,给他以极大鼓励。对于发问的学生,不论问得深浅,都不要讽刺打击,以保护学生的积极性。大声呵斥只能使学生产生心理障碍,导致学生不敢发问。

(二) 善问

善问就是"问"问题要有质量,富有启发性。如有一位教师执教"生活消费的地位和作用",有位学生一连提出了两个问题:"既然生活消费在社会再生产中具有重要作用,那么'高消费'、'超前消费'不是对生产有促进作用吗?""既然生活消费是个人的事,那么别人是不是管不着?"由于提的问题既有质量又具有针对性,课堂气氛十分活跃,许多同学争先恐后发表自己的意见,大大提高教学实效。记得有一位同行讲到"爱国主义"时,有位学生提出了这样一些问题:"抵制洋货是爱国主义吗?""出国就是不爱国吗?"许多学生认为这位学生打断教师讲话不礼貌,但教师反而要全班学生对"洋货与爱国"的关系、"出国与爱国"的关系进行分析,结果既保护了学生提问的积极性,又揭示了该提问的启发性。在教育实践中,如何培养学生"问"的质量和"问"的启发性,关键在于执教者在提问时就应讲究问的质量,问的启发性。少问些"是什么",多问一些"为什么"和"怎么样",从而给学生以示范性影响。通过一段时间的训练,学生就会慢慢问起来,问得也有质量了。

四、教学生"会练"

"会练",其实也是听、思、问内化后的外化,是听、思、问等养分转化的成果。一般说来,会听、会思、会问的学生,往往也是"会练"的学生。(美)贝斯特在《教育的荒地》中说得好:"真正的教育就是智慧的训练。经过训练的智慧乃是力量的源泉。"因此,"会练"也是思想政治课教学质量的内在性反映。在教学过程中,在教的基础上加强训练,是知识转化为能力的契机,是提高学生运用知识解决实际问题的重要途径和手段,通过训练真正达到提高学生的识记能力、理解能力、分析能力、综合能力、比较能力、评价能力、表达能力的目的。但是练要练得恰当,练要注重效率,教师就得教会学生"巧练"。

(一) 练要注意灵活性

首先对于一个概念和原理,不能只简单地提出是什么、为什么。这对学生灵活掌握知识帮助不大。其次,即使用一个原理分析一个具体问题,也要注意题目的"灵活"性。题型多种多样,可以用选择题、简答题、辨析题或材料分析题。再次,一个问题可以用几个不同的原理分别分析论证,也可以用几个原理综合分析论证,培养学生能够从不同角度分析问题的能力。

(二) 练要体现阶梯性

首先,是描红式训练。自成一家的书法大师,亦曾填写过描红字帖。在课堂训练时让学生"描红",能促使学生当堂巩固,消化所学知识,并能诱发学生学以致用。其次,架桥式训练。教师教与学生学,巩固旧知识与学习新知识,掌握知识与应用知识等,均可通过切实的训练形式在两者之间架起桥梁,架桥要有明确的目的,目的愈明确,练的效用愈大。有次某教师教"当代世界两大主题",精心为学生架设桥面,使之达到知识迁移的目的。他以课文中的"和平问题"为例,详细分析了"和平问题"的含义、根源、解决的途径,接着对"发展问题"不再逐一分析讲解,只让学生根据"和平问题"所学知识回答出"发展问题"有关要点。由于创造了良好的训练条件,学生在较短的时间内完成了训练任务。再次,自主式训练。在通常情况下,教师教、学生练。当这对动态矛盾发展到一定程度,也就是当一些学生能够逐步、部分地"摆脱教师"的时候,就可以实施教师指导下的生"教"、生"练"(即一些学生当了小老师)。最后,便是学生个体的自学自练。此时学生自己安排"练"的程序、自定步调、尝试答疑、查阅资料、自我评价、进而提高。在这种情况下,学生的"练"达到了最高意义上的境界——会练、善练。

总之,高效率的思想政治课,应该是在课堂有限的时间和空间"会听"、"会思"、"会问"、"会练",尽可能实现耳、眼、脑"全频道"式接受,"多功能"协调,"立体"式渗透,使学生大脑皮层处于积极的兴奋状态,从而达到会教会学,以教促学,乐教乐学的理想境界。

五、教学生"会思"

列夫·托尔斯泰说过:"知识,只有当它靠积极的思维得来,而不是凭记忆得来的时候,才是真正的知识。"这段话非常准确地揭示了知识与思维之间的辩证关系。知识本来是"死"的,唯经过"积极的思维"这一必经之路,才能成为真正"活"的知识,这大概就是人们常说的"念而不思,隔靴搔痒"的道理吧。赞科夫说得好:"教会学生思考,这对学生来说,是一生中最有价值的本钱。"为此,教学生"会学"的主调就是要落实在会思考、会思维上来,以发展学生多方面的能力。

（一）明确思标

射击运动首先得看清靶子的高低远近,据此调整标尺,使其缺口对准星而射击,这说明,标明才能径捷,标暗则要绕远甚至迷路,这是显而易见的常理。会思亦然,要学生会思,首先,必须让其明确思标。如今教材有"前言",每课都有"节题"、"框题"、"思考与练习",有的还有本课的"简短结论",这些明显的思标,学生一目了然。此外,教师每提出一个问题让学生思考,总都有个目标。不过,这种"标"只是设在教师的脑子里,执教者明白,并不意味着学生一定清楚。有经验的教师每上一堂课,每设计一个思维训练环节,总先亮"标",这虽属举手之劳？但它强化了学生的参与意识,可使学生思维少走弯路,这确实是明智之举。因为只有师生同时明"标","导"和"思"双边活动,才能配合默契。倘若学生每次思维都能"对靶放枪",必然会大大加快思考的节奏。

（二）开掘思源

教学实践表明,任何新的一轮思维,都必须以前一轮思维所获得的"真正知识"为标基,否则,就必然是"消极"的思维。换言之,真正高效的思维必须以巩固旧知、增强新知为目的。从这个意义上说,引导学生会思,如果缺乏充足的旧知信息源,思维就会出现阻塞。为此,会思又必须开拓思源。"开源"的渠道较多,不过常见的方法是以旧知引新知。如教"社会主义市场经济体制"这一内容时,应该将"价值规律"的有关内容掺和起来,以此来说明市场对资源的合理优化配置。这样,学生对原有的旧知信息经过重新加工整理以后,就会产生质的飞跃,并由静态转化为动态。这就必然促使其从已知中去发现未知,开拓新知,进而领悟出新意来。另一条渠道是把课内与课外结合起来,通过现代化教学手段,把课外乃至社会政治生活中的热点,经过筛选以后,相继迁移到课内来,丰富课内思维的信息源。这样做的好处是能大量注入课内思维以时代的活水。

（三）调控思路

多年的教学经验告诉我们:学生是在思维活动中学会思维的,由于思想政治课教学内容包含经济、哲学、政治、文化等方面知识,都有其丰富的内涵。思维活动本身又有一个发生、发展的过程,因此要让学生学会思维,就得向学生充分展开编者的思路和执教者的教路,通过执教者的巧妙调控使之与学生思路有机结合,形成"导"与"思"的"和谐共振"。从而使学生达到既能更好地理解、掌握和应用有关知识,又能促进思维发展和能力提高的目的,最终使学生学会思维。

【思考题】

1. 要减轻学生的负担,把学生从死记硬背的困境和苦恼中解脱出来,你认为怎样对学生进行具体指导？

2. 在教学实践中,教师都有这样的切身感受,就是学生"不爱学习"、"不懂学习"、"不会学习"、"不良学习"的现象较为严重。你认为为什么会这样？怎样才能改变？

3. 在组织的课外活动中,你认为教师应该怎样引导学生去充当"主角",激发学生能动性、创造性？

【阅读书目】

1. 刘强.思想政治学科教学新论(第二版).高等教育出版社,2011年版。
2. 黄新古.学生主体性建构与核心素养的提升.中学政治教学参考,2017年第22期。
3. 刘潘贵.怎样提高自主学习效能.中学政治教学参考,2017年第17期。

第八章　思想政治课的教育评价

> [学习要求] 了解教育教学评价对思想政治课教育的重要意义，掌握思想政治课教育评价的基本方法，避免教育教学评价给素质教育带来的负面影响。

思想政治课教育评价对其教育教学活动具有导向功能。传统的思想政治课教育评价过分重视学科知识记忆和模仿性运用能力的检测，忽视学生社会生活参与能力和情感、价值观的发展评价。其评价停留于学科认知领域和层面，重量化评价，轻质性评价；重结果性评价，轻过程性评价，评价标准一元化。这些对本课程全面推进素质教育有很大的负面影响。因此，必须对其进行改革，建立反映本课程性质特点、能够有效促进学生现代公民的思想政治道德素质和社会科学文化素质全面发展的教育评价理念和实践方式。

第一节　思想政治课评价的特点、原则与实施的基本程序

一、思想政治课教育评价的内涵和特点

思想政治课是社会主义公民思想政治道德素质和社会科学文化素质教育课，这一特殊性质决定了该门课程的评价必然有与一般文化课程不同的特殊性。一般文化课程往往只强调认知领域的评价，而对学生参与社会生活的能力、情意态度、思想品德领域则没有特殊的要求。而过去思想政治课在考试问题上的误区恰恰是把自己等同于一般文化课程，采取了一般文化课程的考试方法。因此，思想政治课教育评价必须突出三个特点：一是体现思想政治课的性质，坚持知识、能力、觉悟"三维一体"的评价观；二是强化知识、观点生成能力和创造性运用能力、社会生活参与能力和体验能力的发展评价，反映学生思想道德的形成发展规律和思想政治课的课程、教学理念；三是以思想政治课程标准为基本依据。只有突出这三个特点，才能使之区别于一般文化课程的教育评价，同时又区别于日常德育的评价。

据此，我们对思想政治课教育评价做如下界定：即以思想政治课的教育测量为基础，以教育教学为对象，对其实践过程与结果给予价值上的判断。广义的思想政治课教育评

价,涉及思想政治课教育的一切领域,如课程评价、教材评价、教学设计评价、教学实施评价、政治教研组工作评价、政治教师素质评价、学生的学科学习评价、思想品德素质发展评价和思想政治课实施的环境评价,等等。狭义的思想政治课教育评价,则主要以学生的学习过程和结果为对象,科学、全面、公正地评价学生对所学内容的接受程度、理解程度、运用能力以及思想道德素质的发展状况。我们主要对狭义的思想政治课教育评价进行研究,其评价内容及其意义如下:

(1) 对知识目标的评价。既包括思想政治课的理论观点和原理,又包括其应用性知识及其操作规范。要注重考评学生对知识意义的实际理解和把握。要注意本课程"内容标准"对有关概念、原理、观点、方法等内容目标的陈述,在不同意义上表达对相关知识评价的要求。

(2) 对能力目标的评价。主要伴随着思想政治课教育教学活动的展开,根据学生在活动过程中的表现,进行动态的、综合的、有侧重的评价。它既包括课程学习能力的评价,又包括本课程相关实践能力的评价;既要注重对本课程理论观点、原理的运用能力进行考评,又要强调对"动脑"思维、"动手"操作的学科能力进行评估。

(3) 对情感、态度与价值观目标的评价。本课程的评价既要坚持正确的价值标准,又要尊重学生的个性表现,关注学生情感和态度变化的趋向。评价主要依据学生在本课程实施中参与各类活动的行为表现,以及学生对当前社会现象和问题所表达的关切和持有的观点。

二、思想政治课评价的原则

思想政治课的评价原则是本课程理念在评价环节上的具体化,是本课程评价方法和操作行为规范要求。根据思想政治课的新理念,本课程的评价必须坚持下列四项原则:

(一) 效用性原则

该原则是思想政治课评价的目的性原则,体现了新时期思想政治课评价的本质特征。该原则认为,评价过程是教育过程,评价不是目的,而是思想政治课教育过程的一个环节,是教育管理和决策的依据,是促进学生思想道德和学科文化素质发展的手段。其要求:一是通过突出思想道德素质和坚持知识、能力、觉悟"三维一体"的评价,给学生的学科学习和思想品德素质的发展以方向性的引导。评价起着一种"指挥棒"的作用。用什么标准来衡量学生的学科学习和思想品德素质,直接影响着学生的努力方向。二是通过诊断性评价,从微观上给学生的学科学习和思想品德素质的发展提供具体指导。评价是为了使学生及时把握自己的学科学习情况和思想品德素质发展状态,哪些方面还没有达到或没有完全达到目标要求,其原因何在,今后应采取哪些措施加以改善,从而给学生学科学习和思想品德素质的发展以具体指导。三是通过评价激发学生的内在发展需要。评价要防止两种情况:其一,把评价视为单纯的管理手段,成为变相"卡"、"压"学生的工具;其二,把评价只看成是鉴别、选拔学生的方法。要切实把评价过程变为教育过程,充分发挥评价的诊断、导向、激励、发展等功能。

(二) 科学性原则

科学性原则是其有效性的前提条件。该原则要求：一是评价客观，对评价对象要采取实事求是的科学态度，以事实为依据，不主观臆断，更不弄虚作假；二是评价公正，对评价对象公平对待，一视同仁，坚持统一的评价标准；三是评价全面，要完整、立体地考查学生的学科学习和思想品德素质；四是评价标准应多元，注重学生的个性特长；五是评价要有动态性，既看原有基础又看发展水平，既看结果又看主观努力的程度和过程。从过分关注学习结果转向对过程的关注，将终结性评价和形成性评价结合起来；六是坚持定量与定性评价相结合，不再仅仅依靠笔试的结果。将量化评价方法和质性评价方法有机结合起来，采用多样化手段，丰富教育评价的方法，比如成长记录袋、情景测验、行为观察和开放性考试等，达成评价的科学性和实效性。

(三) 民主性原则

民主性原则主要表现为：学生既是评价的对象又是评价的主体，评价主体多元化。这是新时期思想政治课评价的重要特征和根本要求。只有实现了评价的民主化，才能使评价成为一个真正的教育过程。评价民主化的基本要求是：由政治教师的一方评价，变为学生个体的自我评价、学生群体的"互评"、其他任课老师和学生家长的"助评"、班主任综合评价与政治教师评价有机结合。实行民主评价，有利于评价更加客观科学；有利于培养学生自我认识、自我教育、自我调节和自我控制的能力，提高学生的积极性；有利于增强同学之间的相互了解和理解，树立正确的集体舆论，培养健康的人际关系，进行集体主义教育。但是，民主评价不等于放任自流。在民主评议的过程中，必须突出教师的主导作用，使民主评议成为促进学生公民素质自我发展的过程。

(四) 可行性原则

可行性原则要求：一是制定学生学科学业成绩和思想品德素质的评价标准和指标体系，一定要从实际出发，既要符合思想政治课程标准的统一要求，又要充分体现本校、本班学生的学业和思想品德发展的实际状况，评价标准不能设计得太高或过低；二是评价的指标体系力求具体简明，实用易行，使评价项目能看得见、想得到、抓得住，容易为评价对象理解和接受，指标不能繁杂，虚无缥缈，不可捉摸；三是评价的组织力求简单易行，不搞繁文缛节。

三、思想政治课教育评价实施的基本程序

(一) 确定评价的目的

评价是一种有目的的活动，确定教育评价目的是思想政治课教育评价实施的首要环节。一般说来，思想政治课教育评价的目的主要是：其一，为了促进学生思想道德和社会科学文化素质的发展，即评价为教育教学活动提供有效的诊断和反馈，强化和改进教育的实施，进而促进学生更好地向前发展。促进发展正是新课程评价的根本目的；其二，为了鉴定水平，即评价是为了对评价对象与评价指标的适应程度作出区分和认定。如毕业考试就主要是为这一目的而进行的评价。与新课程评价不同，传统的思想政治课教育评价则主要是为了实现后评价目的。不同的评价活动具有不同的评价目的，有的评价活动可

能只是为了某个单一的评价目的,而有些评价活动则可能是两个目的兼而有之,但一般说来必有一个"重心"。评价目的的不同,直接影响着评价方案的设计,决定着在评价过程中会设计怎样的评价指标体系,采用何种评价方法和手段,收集和获取哪些评价信息等。因此,在评价活动实施之前,我们必须首先确定评价的目的。

(二) 设计评价指标体系

确定评价的目的是解决为什么而评价的问题,那么,分析思想政治课教育测量和评价的目标,分解成若干个可测量的、行为化的评价指标,并形成一个有机联系的系统(即评价指标体系),就是解决评价什么的问题。由于思想政治课教育评价指标体系是规定评价什么的,对思想政治课教育活动而言,它比思想政治课教育目标更具有导向作用,因为"评价什么"直接决定了"做什么"、"怎么做"。因此,思想政治课教育评价指标体系的科学性对整个评价活动有重要的影响。

评价指标体系的设计依据。思想政治课教育评价指标体系的设计,应以思想政治课的教育目标要求和课程内容标准、教育评价原则为指导,根据不同的评价目的和评价对象来制定。如评价的目的是为了促进发展,评价指标的设计就应该以质性指标为主,用质性指标来统整量化指标;而如果评价的目的是为了鉴定水平或选拔淘汰,评价指标的设计就应该以量化指标为主,以确保其客观性。评价对象不同,评价的内容也会不同,如教师评价和学生评价的内容就截然不同,因此其评价指标体系也各不相同。

评价指标体系设计的基本要求指标应具有代表性、关键性特征,能起到标志和区分学生思想品德和社会科学文化素质发展水平的作用;指标应尽可能具体化、现象化和可观测,以减少评价中可能出现的主观臆断,提高评价的信度;各个指标应保持相对独立,不重叠,同时要有一定的相关;定性指标和定量指标相结合,并根据各指标在学科知识体系、生活实践以及学生思想政治素质发展中的地位和作用赋予权重。

(三) 收集和获取评价信息

在明确了为什么而评价、评价什么之后,第三步工作就是要解决怎么评价的问题。这是一项具有较强技术性并建立在获取大量信息基础上的工作。其中,收集和获取评价信息是评价阶段一项具有基础性意义的工作。全面的信息是作出科学的评价结论所必不可少的条件。但是,教育是一项十分复杂的系统工程,在有限的人力和物力的情况下,要把各方面的信息全都收齐几乎是不可能的,因而在全面收集信息的基础上,要特别注意有重点地收集信息。

学生评价的资料通常包括两部分:一是学生的作业、测验、研究性学习、小论文、问卷调查表、活动过程记录等表明学生学科学习状况的原始资料;二是来自各方面对上述内容的评价,如教师给学生的分数、等级、评语、改进意见,学生的自我评价,同伴的观察记录与评价,以及来自家长和社会的各种相关的或能说明学生发展状况的信息等。为保证评价信息的全面性、可靠性和有效性,评价实施者在收集学生评价资料数据时,要注意这样几点:坚持多渠道收集信息;确定收集材料的类型时要与评价目的和评价内容结合起来;带有评语的原始资料比单纯的分数或等级更重要;收集的资料不仅要涵盖学生发展的优势领域,也应涵盖被认为是学生发展的不足的领域。

（四）汇集整理和评议评分

这一阶段的工作是上一步工作的继续，就是对已获取的评价资料和信息进行汇集整理、评议评分。

汇集整理是评价阶段一项具有全局性意义的工作。它直接影响对评价结果的分析与处理，是联系收集、获取评价信息阶段和评价信息分析、处理阶段一个重要的过渡环节。在这一环节中，我们要对前一个阶段获得的定量的或定性的评价信息，按照不同的评价指标进行编码、归类。如学生评价信息的归类，可按照思想政治课程目标的分类目标进行编码和归类，教师评价可按照职业道德、教师的知识结构、能力结构等方面进行编码和归类。能否对评价资料进行正确的归类，直接影响评价结果的信度和效度。评价资料的汇集与整理，既要迅速又要准确。在以往手工操作的情况下，这是一项十分繁杂的工作。目前，计算机的普遍使用已使得这项工作简单得多。评议评分是评价阶段一项具有关键性意义的工作。它主要是指对定性评价资料的评议和对定量测评资料的评分。在对定性评价资料进行评议时，应注意理清资料的时间顺序，并尽量再现当时的情景。对定性评价资料的评议，要能全面、客观地反映被评对象目前的状态和水平，并力求符合被评对象的个体化特征。对定量测评资料进行评分时，则必须严格按照评价指标中已设定的量表来进行，评分要客观和准确。在某种意义上，可以说，这一步是评价活动的核心所在。对被评对象每一方面所做的评判是否符合被评对象的实际，将影响被评对象今后的工作或学习乃至长期的发展。因此，必须十分注意评判的科学性。

（五）分析和处理评价信息

评价结果的分析和处理是评价活动的最后一个阶段。它的质量关系到评价的作用能否充分发挥，因此，是一个很重要的阶段。这一阶段主要有以下几项任务：

（1）形成综合判断。就是从总体上对学生作出关于其学科学习与思想品德发展的定性或定量的综合意见。需要注意的是：评价结果的呈现方式应是量化表述与质性描述的有机结合，评价的语言应采用激励性语言，以让学生真切地感受到真实的关怀。

（2）分析诊断。为了更好地帮助学生改进思想政治课学习和解决发展中的问题，在形成综合判断的基础上，还需要对评价过程得到的信息进行细致的分析，对学生的优缺点和长短得失进行系统的评论，以帮助学生认清存在的问题和问题的症结所在，从而有针对性地改进学习，促进学生的思想道德素质发展。

（3）估计本次活动的质量。在对学生的全部评价工作结束以后，根据评价结果和碰到的问题估计本次活动的质量。这是一项很重要的工作。如果评价活动本身质量不高，根据这一活动得到不十分可靠、准确的信息作出决策，很可能导致工作失误。对评价活动本身质量的估计，也是为我们发现评价方案存在的问题、修改评价方案提供了科学的依据。

（4）向有关方面反馈评价信息。由评价获得的信息一般需要向三个方面进行反馈：一是向有关领导部门反馈，为上级的决策提供重要依据；二是向学生进行反馈，使他们能有针对性地改进学习；三是在有些情况下，还需要在一定范围内公布评价的结果，向同行反馈，使同行能相互借鉴、相互督促和相互鞭策。

第二节 思想政治课学习的平时评价

一、平时评价的地位和作用

思想政治课学习的平时评价是教学活动的一个重要组成部分。加强和搞好平时评价,有利于对教学现状进行严谨而科学的诊断,以便为教学的决策指明方向;有利于学生变更学习策略,改进学习方法,增强学习的自觉性,使教学效果越来越接近预期的目标;有利于克服单一终结性评价给学生带来的焦虑感和紧张感,使学生获得心理上的满足和精神上的鼓舞,激发他们的成就动机,以向更高的目标努力;更有利于学生情感上的体验与认同,从而内化为自己的品德与觉悟。但是,由于受传统的教育评价观的影响,目前我国思想政治课学习的评价方式过多地依赖终结性评价,把考试成绩作为衡量学生思想政治课学习成绩的唯一标准。这种忽视平时评价的不科学的评价方式,不仅扼杀了学生学习的积极性和创造性,而且给课堂教学带来了极大的负面影响,导致教学活动完全围绕考试内容进行,题海战术和死记硬背等不正常的现象充斥思想政治课教学,使思想政治课教学走进了应试的怪圈。

二、改进思想政治课学习的平时评价

思想政治课传统的平时评价主要以教师的课堂观察、口头提问、课堂测验为主,其缺点在于只注重对课本知识的掌握,评价方式方法单一,忽视成就动机、人文精神、创新创业意识、本学科特有学习方式方法,以及社会认知能力和社会参与能力的形成性评价和培养。

新的思想政治课程标准对思想政治课评价要求作出了明确的规定。它要求"把形成性评价与终结性评价结合起来",要求"学业的完成,需要经历必要的过程;思想政治素质的状况,更要在一定的过程中表现。终结性评价应建立在形成性评价的基础上,与形成性评价相结合,才能保证评价的真实、准确、全面"。只有这样,才能使评价真正成为促进学生发展和提高教学质量的有效手段。

(一)增强评价的开放性,强化思想情感的评价

思想政治新课评价要求全面、客观地记录和描述学生思想政治素质的发展状况,注重考查学生的行为,特别关注其情感、态度与价值观方面的表现。然而,传统的思想政治课平时评价基本上围绕着课本知识的掌握而展开,其教学评价也固守以知识为核心的教育价值观,认知目标几近成为唯一指标,导致了教师在课堂上只关注知识的有效传递,而不愿意多花时间考虑学生的人格、态度、情感、能力等其他方面发展,违背了思想政治课教学评价的初衷,也不利于促进学生的全面发展。为此,思想政治课平时评价中必须强化情感评价,加强思想品德评价。强化思想情感评价,必须坚持民主性原则,增强评价的开放性,

充分发挥学生在评价中的主体作用。在这方面,许多教师作了有益的尝试。

(二) 强化形成性评价,增强评价的指导性

形成性评价是指在教学前或教学过程中,为了获得有关教学反馈信息、改进教学,使学生对所学知识达到掌握程度所进行的评价,即为了促进学生对未掌握的内容所进行的评价。因此,形成性评价是一个综合复杂的过程,它贯穿于整个思想政治课教学评价的始终。与终结性评价相比,形成性评价是在一种更为开放的、宽松的和非正式的氛围中进行的。评价结果可采用多种形式来体现。形成性评价的目的是使学生获得成就感,增强自信心,并帮助和指导学生获得有效的学习方法,调控自己的学习过程,提高自主学习的能力。由此,思想政治课的平时评价必须立足于形成性评价,不断地反馈学生学习成功或失败的信息,重在激励学生,并为学生的学科学习和素质发展提供具体的建议和指导。

(三) 注重发展性评价,增强评价的多元性

平时评价应注重发展性评价,增强评价的多元性。这是针对强调评价标准一元、以分数和奖惩为目的的终结性评价的弊端而提出来的。平时评价应当面向未来,鼓励学生多元发展。多元性发展评价是形成性评价的深化和发展,强调以人的独特个性和创造性发展为本的思想。如果说原始意义上的形成性评价强调对教学工作的改进,那么发展性评价强调对评价对象人格和个性的尊重,强调人的发展。发展性评价着力于人的内在情感、意志、态度的激发,着力于促进人的个性完美和发展,是"学本"发展观的高度体现。发展性评价在重视施教过程中静态常态因素的同时,更加关注施教过程中的动态变化因素。比如对于教师提出的问题,学生的回答可能大大超出教师的预想,甚至比教师预想的更多更深刻更丰富。这就要求教师及时把握和利用这些动态生成因素,给予恰如其分的引导和评价;同时,发展性评价更加强调个性化和差异性评价,要求评价指标和标准是多元的、开放的和具有差异性的,对信息的收集应当是多样、全面的,对评价对象的价值判断应关注评价对象的差异性。这有利于评价对象个性的发展。

(四) 重视非规范性评价,增强评价的灵活性

在教学过程中,除了有计划有目的的规范性评价外,教师还要注重非规范性评价的作用,这同样对学生的发展起积极作用。非规范性评价常见的有即时性评价与生成性评价。即时性评价,常见于课堂教学中。学生非常在意同学和教师的评价。恰当的课堂即时评价,会保护学生的自尊心,呵护学生的求知欲,激发每一个学生的创造欲望。反之,教师随意的、未加思考的语言,可能对他们的心灵造成伤害。对即时性评价,教师的评价语不能停留在用没有针对性的概括性评价上。如果教师一直用"很好"、"很棒"一类词,学生开始还兴趣盎然;时间久了,他们会越来越不感兴趣。面对一个个不同特点的学生,我们的评价应该个性化、准确化。教师的评价可以引导学生主动学习,不断超越;也可以对学生的创新思维的火花给予积极的肯定,进一步激发学生的创新思维;还可以引导学生质疑,培养学生发现问题、解决问题的能力。课堂教学是一个动态的、不断发展推进的过程。这个过程既有规律可循,又有灵活的生成性和不可预测性。通过课堂生成资源的适度开发和有效利用,促进预设教育目标的高效率完成或新的更高价值目标的生成。同时,新课程也要求我们教师在教学中抓住课堂中的生成性资源,运用适当的评价进行引导、挖掘、升华。

因此,利用好课堂生成资源,能提高课堂效益的附加值,促进学生的发展。在学生的学习过程中,时刻都可能有新的资源不断生成。我们要能及时利用生成性资源,使学生在学习过程中得到真正意义上的发展。

第三节 思想政治课的学科考试与综合能力测试

思想政治课学科考试主要考查学生对所学内容的理解程度、接受程度和运用能力,侧重于考查学生的知识和能力,同时也渗透着情感态度和思想行为的考查。由于单纯的学科考试已经难以适应本课程素质教育改革实践的要求,为此必须深化改革,建构学科考试为主体,笔试、口试、综合能力测试、表现性评价和研究性学习评价等多样性评价方式结合的思想政治课认知评价范式。

一、命题

命题是搞好思想政治课考试和综合能力测试的关键,也是思想政治课教师的基本功。命题一般按下列三个步骤进行:

(一) 确定命题原则

命题原则主要有七条:第一,准确、全面地反映思想政治课程标准和教材的要求。即:命题的范围和深度应该与课程标准和教材的要求相适应,不出怪题、偏题,当然也不能降低要求。第二,知识、能力、觉悟统一。命题要正确认识和处理知识、能力和觉悟的内在关系,做到关注基础知识和基本理论、能力立意,突出思想的考查。第三,点面结合。考试是抽样测量,只能选取教育目标中的部分问题让学生回答,这就要求选取的内容尽量全面覆盖课程标准的知识点和教材的每一课内容,但又必须突出重点,围绕社会热点和重大现实问题,抓住最基本的理论知识。第四,理论联系实际。这一原则是本课程教学的基本原则和生命力所在。思想政治课命题不仅要联系国家的社会实际和学生的生活,而且要联系本地实际,体现地方特色,应当从不同的层面、角度反映现实背景,紧扣时代热点、国家和本地社会经济政治生活中的重大现实问题以及中学生的生活,要求学生运用所学的基本理论和马克思主义的基本立场、观点和方法加以分析,学以致用。第五,关照综合。我们面对的社会生活是复杂多样和广泛联系的,在解决社会现实问题时必须综合运用多种知识。因此,命题不仅要关照思想政治学科内部内容之间的综合,而且要兼顾学科之间内容的综合;不仅要关注知识之间的内在联系,更要强化学生综合运用所学基本知识和理论观点观察社会现象、分析和解决问题能力的考查。这要求学生既能从复杂多样的事物中找到并抓住主要问题和问题的本质,从材料中归纳出自己的观点,又能综合运用所学知识分析评价有关事实或现象,提出解决问题的方案。第六,科学地选择题型,注意各种题型的配合。思想政治课试题的类型是多种多样的,各种题型都有其独特的功能、适用范围。客观性试题虽然答案唯一,评分准确、快速,但难以测量学生分析问题、解决问题的能力和学生的独特见解。而这恰好是主观题的优势。因此,必须注意两者的结合。第七,难度适当。命题要符合大多数学生的实际水平,并使卷面形成恰当的梯度。

(二) 制定命题细目表

命题细目表是上述原则的表格表现形式,是命题的依据,具体可分为两种:一是双向细目表。它以表格形式反映所要考查的知识和能力,以及对每一种知识、能力的相对重视程度。思想政治课在认知领域主要从识记(再认或再现)、理解、应用、评价(或综合认识)、恰当使用思想政治学科术语有逻辑地表述等五个方面的能力要求,有能力层次和学习内容为两个轴,考查学生对本学科基础知识、基本观点和方法的理解程度、接受程度和运用能力。二是三维细目表。它是在双向细目表的基础上增加题型比例项目。这样,就可以清楚地表达出各部分内容、各种能力、各种题型之间的比例关系。有了命题细目表,编制试卷就可以减少主观因素的影响,在一定程度上保证试卷的科学性、合理性。

(三) 命题与制卷

命题制卷必须在把握各种题型特点、功能、适用范围的基础上,以命题原则为指导,严格按照命题细目表进行;同时,命题要力求原创,并注意做好安全保密工作,以避免试题、试卷被猜或泄密,影响考试评价的信度和效度。

二、学科考试的类型和方法

思想政治课学科考试是指对学生的学科知识掌握、学科能力发展及思想品德形成发展等方面的数量化的测定。在教育测量中,经常使用三个概念,即测验、测量、考试。

测验,通常是指运用某种仪器、试题来引起人们的某种行为,从而测定人们的某种特性。它是进行数量化分析和科学推断的前提和手段。

测量比测验的含义要广泛些,不仅包括运用仪器、试题来测定事物的质量与特性,而且还包括运用调查、观察等方法来测定事物的质量和特性。这就是说,测量既包括对事物的测验,又包含对事物进行数量化的分析,并对测验结果进行一定的解释和评价。现代思想政治课的考试与教育测量同义。

思想政治课学科考试或评价的类型,一般分为平时考评和定期考试两种。平时考评是考评工作的重要组成部分,以表现性、形成性和诊断性评价为主,其形式包括学习日记、日常观察、口头提问、板演练习、大作业、单元测验等。通过平时考评,可以及时了解学生的学习情况,及时发现教学中存在的问题,以利于改进教学。教师对考查的结果应当作出准确的评语或评分,并进行记载,作为评定学生学习本学科总成绩的重要依据。定期考试是带有总结性的一种考核,包括期中考试、期末考试、毕业考试、升学考试等。它不仅能使学生所学知识系统化,加深对所学知识的理解,提高运用能力,巩固平时学习的成果;而且可以了解学生的阶段学习情况,发现学科教学中存在的问题,总结教学经验,改进教学。其考试成绩是评定学生本学科学习总成绩的主要依据。

思想政治课考试的方式主要有两种:口试和笔试。口试是学生用口语回答考试问题的一种考试方式。其优点是通过学生口答或教师的追问,能比较深入、准确地考查每个学生理解理论知识的实际程度和运用理论知识的实际水平,还可以培养学生的口头表达能力。但它的工作量大,耗费时间,常常受到时间、师资力量和学生年龄特点与实际水平的限制。因此,在实践中,它只在条件允许的情况下才使用。笔试是学生用笔回答考试问题的一种考试方式,包括闭卷和开卷两种形式。笔试的特点是能在较短的同一时间内完成大面积的考试任务。对教师来说,时间、精力比较经济。两种笔试的功用有所区别,闭卷笔试比较有利于考查学生对基本概念和原理的记忆程度、理解水平和运用能力,但在考查学生灵活运用理论说明某些重大现实问题的实际能力方面,则不如开卷笔试。

三、综合能力测试

传统学科考试和高考给思想政治课教学和基础教育及人才培养带来了许多负面的作用。为此,从 20 世纪 80 年代起,我国对高考和中学毕业考试进行了一系列改革。本次改革已经进行了五年,其重点是内容改革,考核重点由知识主导向能力主导、由学科教育目标向整体教育目标演进,基本形式是 3+x,突破点是综合能力测试。虽然综合能力测试与思想政治学科考试的基本评价方式都是纸笔测验,操作程序和方式方法也基本相同,但两者的目的、性质和功能却不同。

（一）综合能力测试的基本性质、目标和范围

综合能力测试是建立在中学文化科目基础上的,以考查学生理解、掌握和运用中学所学知识能力为目的的考试。它关注的主要东西不是学生的记忆能力,而是分析问题、解决问题的能力,尤其是学习水平和潜能。其目标一是考查学生理解事物发展变化过程的能力;二是考查学生综合运用知识的创新意识和能力;三是体现基本的科学精神和人文精神,以正确评价人与自然、社会的关系,反映经济繁荣、社会公正、生态安全的可持续发展的价值趋向,全面、科学、正确地认识和解决人类生存和发展中的重大问题。测试范围视综合程度而变化,文科综合为政、史、地,文理大综合为理、化、生、政、史、地。

（二）综合能力测试的特点

综合能力测试以能力考查为主导,多以现实生活中的有关理论问题和实际问题立意命题。试题对学生的要求主要不是对事物的局部或某一侧面进行描述,而是注重对事物的整体结构、功能和作用的认识,以及对事物发展变化过程的分析理解。就知识和能力的关系而言,学科考试所涉及的知识多以基础性、典型性和单一性呈现出来,所强调的能力主要是学科能力;综合能力测试所涉及的知识,以多样性、复杂性和综合性呈现出来,所强调的能力主要是运用学科内的多门知识和多学科的知识分析和解决问题的能力。这决定了综合能力测试具有下列特点:一是以图文呈现情境材料,以问题立意命题。二是突出综合。试题以学科内综合和并列式综合题为主,融合式综合为辅。三是围绕热点但不唯热点。它加强了重大现实问题解决过程和多学科解决问题能力的考查,并把联系实际的范围扩展到社会生活的各个领域。这对克服应试教育中的"猜题押宝"现象,真正实现能力考查,推进素质教育具有重要的作用。四是试题由封闭走向适度开放,灵活性有所增加。五是在能力考核中,不忘基础知识的考查。这里的基础增添了新的含义:"首先,它选择的是学科中更基本、更核心的内容,即精选终身学习、发展必须具备的基础知识与技能,舍弃

了部分无法再生的知识;其次,它突出了从综合的角度考虑其基础性。"

四、考试质量分析

一次考试结束后,要对考试质量进行分析和评价,以考察这次考试是否真实地反映了学生的实际情况,由考核得到的教学反馈信息是否有实用价值,特别是考试本身是否具备科学性等。考试的质量分析一般可以从三个方面进行:

(一)计算平均分和标准差

平均分和标准差是两个不同的代表值。平均分是反映总体的一般水平。平均分虽然是一种代表性的指标,但它的代表性随标准差的大小而有所不同。标准差小,平均分的代表性大;标准差大,则平均分的代表性小。标准差是测量平均分所能代表总体的程度,对平均分的描述起着辅助作用。

(二)统计和分析试题的难度和区分度

难度是指试题的难易程度。它是试题对学生知识和能力水平的适合程度的指标,通常用通过率来表示。一般来说,试题难度应控制在 0.3—0.8 之间为宜;整个试卷的难度,中、高考应控制在 0.6 左右,平常考试应控制在 0.7 左右;一张试卷中,通常容易题占 30%,中等难度题占 50%,难题占 20%。区分度是指试题对不同水平的学生加以区分的能力。假定其总分反映了学生实际能力的水平,那么某题得分高的人其总分也高,得分低的人总分也低,这就是该题有较好的区分优劣的能力。一般来说,区分度在 0.4 以上、0.7 以下的,有极好的区分作用,属优秀题;0.3 以上有较高的区别作用,属较好的题目;0.2—0.3 之间尚有区分作用,属一般题;0.2 以下无区分作用,属劣等题,应予以淘汰。考试难度要适当,区分度要高。因为难度适当,是保证良好效度的重要措施之一;区分度高,能准确鉴别学生的能力。

(三)衡量考试的信度和效度

信度是试卷的可靠性、稳定性指标。考试应力求反映学生的真实水平,尽量减少偶然因素的影响。因此,信度是考试的基础。对大规模的标准化考试来说,试卷的信度应在 0.9 以上;对于经验命题的考试,其试卷的信度也应在 0.6—0.8 之间。效度是反映考试的标准性和有效性的指标。一次考试虽然能反映出学生在某些方面的稳定水平,但不一定能反映出某个方面的真实水平。效度就是表示考试对它所要考的东西实际考得有多好的指标。一个效度低的考试,其得分在很大程度上受到与考试目的无关因素的影响;而效度高的考试,受无关因素的影响是很小的。因此,效度是衡量考试水平的重要方面。总之,评价考试质量必须进行统计分析,要有数量的依据,并从中获得指导教学工作的有关信息。这是思想政治课改革的需要,也是教育现代化、科学化的要求。

第四节　学生思想品德评价

一、思想品德的考核方法

思想品德领域的评价是思想政治课评价的难题。目前,思想政治课特别是高中思想政治课在该领域还没有找到一种科学、实用的评价方法。因为思想政治课内容具有较高的抽象性,随着年级的升高,理论知识由浅入深,抽象程度逐步提高,从理论转化为行为的过渡期逐步变长,行为表现与课程内容的联系将逐步由直接到间接;同时,学生的思想品德是社会环境和多种教育因素交互影响作用的结果,这就决定了所测得的结果很难说它就是思想政治课教育教学的产物。由于思想政治新课程理念主要强调"评价促进发展"的功能,而不是精确鉴定思想政治课促进学生思想品德发展的直接成果;并且鉴于表现性评价比较适合思想政治课在思想品德领域承担这一评价功能,所以我们主张创建表现性评价为主的思想品德评价范式。思想政治课思想品德领域的考核方法,主要有行为观察法、情景测验法、成长记录或档案袋评价等。这些方法的主要功能在于收集、获取学生思想品德发展状况的信息资料,对学生的思想品德状况作出事实判断。由于这些表现性评价方法主要属于质性评价或定性评价,而单纯的表现性评价方法又难以准确地反映学生的思想品德发展状况,因此必须辅之以定量考核方法,如带有量化性的测验法和调查法等。

(一) 观察法

观察法分为自然观察法和实验观察法。自然观察法所观察到的是各种活动场景中的真情实景。从对行为的发生、发展和终结这一整个过程的行为表现来观察,可以使观察者的认识逐渐趋向并接近于此行为的根源、本质。尤其在使观察对象产生某种处在日常生活中难以出现的突如其来的危机感的场景中,其思想行为表现更接近思想行为的本质,可使观察者对其思想品德的认识愈发深刻。实验观察法要事前确定观察的范围,并要明确对所观察的行为或人格特征设置场景,以获取合乎实际目的所需的资料观察法是获得学生思想品德发展状况的感性认识的基本方法。为了保证观察材料的真实性,提高观察材料的可靠性,必须注意把观察与思考有机地结合起来,坚持观察的客观性、全面性、过程性原则,采用多种方式和方法对学生的思想品德状况进行全方位的观察。

(二) 测验法

测验一般要求被测者在测评者严格控制的条件下作出某种确定行为的反应。由于是在严格控制或统一的条件下进行的,所获得的信息一般可用性较大。测验多用于测量思想品德中的认知因素、潜行为特征、思想品德中的个性差异等领域。其中,影响最大、用途最大的是情境测验法和投射测验法。情境测验法就是为被测者设置日常生活中司空见惯的场面、现象、行为等问题情境,通过对被试学生的观察谈话或问卷,了解其情意态度、思想品德行为。这类测验方法主要有角色填空法、道德两难问题的测验法等。投射测验法是向学生提供模糊而不确定的测验刺激,以引起学生的幻想,让他的价值观、理想、动机、情绪、焦虑或冲突在不知不觉中流露出来。它具体有填空法、故事续编法、图片联想法等。

(三) 成长记录

该方法也被一些学者翻译为档案袋评价,是指通过收集、记录学生、教师、同伴和家长做出评价的有关材料,来评价学生的学科学习情况和思想品德素质发展状况。所要收集的材料主要包括学生的作品、学生在完成作品过程中的表现、活动体验和自我反思、日常行为记录、各方面的评价,以及其他涉及学生思想品德发展状况的相关证据和评价材料等。由于成长记录档案袋记录了学生在某一时期一系列成长故事,而且其内容主要由学生自己决定,因而它能帮助学生学会自我反思、自我评价和自我教育。这是民主评价学生进步过程、努力程度、反省能力及其最终发展水平的一种重要方式和方法。

(四) 调查法

调查法是运用座谈、访问、问卷等方式,有计划地、系统地向与测评对象共同学习和生活的第三者或被测评对象本人搜集资料,然后通过对资料的整理分析,了解被测评对象的情感态度和思想行为表现,并对其进行评价的方法。用调查法对中学生进行思想品德测量,常用谈话法和问卷法。谈话法也称面谈法,是指直接与调查对象面对面地交谈,以观察有关调查对象的特征,并提出各方面的问题要求他回答,从而获得有关调查对象的性格或思想行为方面资料的方法。问卷法是运用统一的有问有答的资料搜集工具,向被测试者了解有关情况与意见的一种方法。问卷法运用较广的有自由表述问卷和是非选择问卷两种。此外,还有多项选择问卷、排序问卷等。这些方式相对比较复杂,结果的处理需要一定的技术,但能获得更丰富更准确的信息。

(五) 自我报告法

在传统的思想品德素质检测中,学生基本上处于被动地位,忽视自我报告。自我报告检测提倡发挥学生在检测上的主体作用。该方法可获得其他手段无法获得的信息,包括学生的态度、兴趣以及个人感觉等方面的报告。自我报告的信息可以通过个人访谈、问卷调查、个人小结、自我展示的方式获得,但问卷调查更加常用。自我报告的过程也成为促进学生反思与提高的过程。当然,自我报告有效的前提是报告者不仅愿意而且能够提供准确的报告。因此,应当努力确保这些前提的实现。

二、思想品德的评价方法

学生的思想品德评价是在思想品德测量基础上所作出的价值判断。学生的思想品德评价方法主要有以下三大类型:

(一) 定性评价法

它是指教师在与学生充分交流的基础上,依据被评价者的思想品德表现信息,对照评定指标体系中的各项指标要求作出性质判断,从而形成一个以简明扼要的文字形式表达的关于被评者思想品德状况的评价。定性评价的优点:一是内涵清晰,提供的信息量大,可以反映学生思想品德的整体面貌;二是有层次等级、主要倾向和特征,使人一目了然,印象深刻。但是,这种评定方法过于简单,容易受主观意识和外界因素的干扰,凭借的往往是评价者的"印象判断",对学生的品德评语抽象笼统,难以客观、准确地反映学生的思想品德状况。

(二) 定量评价法

这种方法将数学方法深入到评价的各个环节中去,使得整个评定过程数量化、等级化,具有较大的可比性。其优点在于量化评价以客观事实为依据,注重对学生实际行动的考察和思想品德表现信息的积累;同时量化的依据比较具体,有操作性。这些都保证了评定结果的客观性和准确性。但是,把对物的量化方法引用到精神领域,也有其无法克服的缺陷。因为思想品德是人的精神世界的东西,不能直接测量。同时,人的精神世界与其外在行为表现之间具有相关性,并非是线性函数关系。因而至今我们尚未找到一种融科学性与实用性于一体的思想品德量化评价方法。实践证明,只有采用定量与定性相结合的方法,才能更客观地对学生的思想品德作出评价,才能更好地发挥思想品德评价的导向、激励、改进功能,促进学生思想品德不断提高。

(三) 综合评价法

这种方法集定量、定性评价法之长,克其之短,相互补充,有机结合。在定量测量的基础上,对测量结果再作出定性的解释(采取评语或图示的方法),使得思想品德测量的结果再"回归",复现出学生的思想品德实态,从而体现出学生的思想品德个性。

【思考题】

1. 传统的评价制度主要采取考试评价的形式,这种评价有什么弊端?它对思想政治课的教学产生怎样的影响?

2. 有人认为,学生的平时表现不稳定,所以评价信息应该以正规的考试、考核成绩为准才能体现公平。你怎样看待非正规的日常信息与正规考试信息之间的关系?在实践中如何确定它们的比例?

3. 评价考试质量的主要指标是什么?如何获得这些指标的数据,并据此对考试质量进行分析和评价?请以思想政治课的某次考试为例进行分析说明。

【阅读书目】

1. 鞠文灿.中学思想品德课程与教学论.东北师范大学出版社,2014年版。

2. 高青兰,张建文,郑瑜主编.中学思想政治课教学论.人民出版社,2013年版。

3. 马仲宏.核心素养背景下的思想政治课评价体系.中学政治教学参考,2017年第7期。

第九章 思想政治课程资源及其开发利用

[学习要求] 识记课程资源的内涵、思想政治课程资源的特点，掌握课程资源开发利用的方法，培养思想政治课程资源开发利用的能力，树立新课程的课程资源观。

课程资源是新课程改革提出来的一个核心概念。没有丰富和适当的课程资源，再好的课程改革理念也只能是纸上谈兵。无论是国家课程的创造性实施，还是地方课程或校本课程的建设，都必须以课程资源开发利用为条件。由于我国对思想政治课程资源课开发与利用的研究还处于起步阶段，许多理论和实践上的问题尚未搞清，本章试图对其作一点探讨。

第一节 思想政治课程资源开发利用的意义

一、课程资源的内涵

在我国，关于课程资源的含义众说纷纭。目前主要有以下几种意见：有人认为，课程资源的概念有广义和狭义之分，广义的课程资源指有利于实现课程目标的各种因素，狭义的课程资源仅指形成课程的直接因素来源……相对广义的课程资源概念，指的是形成课程的因素来源与必要而直接的实施条件。

有人认为，"课程资源是指供给课程活动，满足课程活动需要的一切。它包括构成课程目标、内容的来源和保障课程活动进行的设备和条件，即所谓'素材性课程资源和条件性课程资源'"；有人认为，"课程资源也称教学资源，就是课程与教学信息的来源，或者指一切对课程和教学有用的物质和人力"；也有人认为，"课程资源是课程设计、编制、实施和评价等整个课程发展过程中可资利用的一切人力、物力以及自然资源的总和"，等等。上述几种意见虽然不完全一致，但都考虑到课程资源和课程的相关性，为我们揭示课程资源的本质提供了有益的启示。

《普通高中思想政治课程标准》对课程资源定义为：课程资源是课程设计、编制、实施和评价等整个课程发展过程中可利用的一切人力、物力以及自然资源的总和。至于课程资源的类型,我国学者按照不同的标准划分为不同的类型。按照课程资源的功能特点,可以把课程资源划分为素材性课程资源和条件性课程资源。如:知识、技能、经验、活动方式与方法、情感态度与价值观以及培养目标等方面的因素,就属于素材性课程资源。它们的特点是作用于课程,并且能够成为课程的要素。又如,直接决定课程实施范围和水平的人力、物力和财力、时间、场地、媒介、设备、设施和环境,以及对于课程的认识状况等因素,就属于条件性课程资源。它们的特点是作用于课程却并不是形成课程本身的直接来源,但它在很大程度上决定着课程的实施范围和水平。

现实中的许多课程资源往往既包含着课程的要素来源,也包含着课程实施的条件,如图书馆、博物馆、互联网络、人力和环境资源等课程资源就是如此。

按照课程资源空间的分布,可以分为校内课程资源和校外课程资源。

课程和课程资源存在着十分密切的关系。没有课程资源也就没有课程可言,有课程就一定有课程资源作为前提。但是,它们毕竟不是一回事。课程资源的外延远远大于课程的外延。课程资源只有在经过相应的加工并付诸实施时,才能真正进入课程。课程实施的范围和水平,一方面取决于课程资源的丰富程度,另一方面取决于课程资源的开发和运用水平。

二、思想政治课程资源的特点

(一) 德智共生性

这里所谓"德",是指思想品德。思想政治课要促进学生思想品德的发展,这是思想政治课最为旗帜鲜明的课程理念,是思想政治课的本质特征,也是该门课程性质的根本标志。这里所谓"智",是用来支撑学生思想品德发展的马克思主义的基本知识、基本观点和基本方法,以及相关的学科知识——社会科学、自然科学、思维科学,特别是其中的马克思主义理论、教育科学、心理科学等有关的学科知识的教育。这一特点正是思想政治新课程的五大理念之一——构建以生活为基础、以学科知识为支撑的课程模块的体现。要使学生形成科学的世界观、积极向上的人生态度,必须通过马克思主义的基本知识、基本观点和基本方法来支撑。所以,它的第一个特点是德智共生性,也就是说,任何抛开马克思主义基本理论的纯粹的道德说教,或者离开学生思想品德发展需求的纯智力活动的课程资源,都不属于思想政治课程资源。

(二) 思想性

思想是对客观存在的反映。它不仅是对物质资料生产方式的反映,也包括对社会政治制度、法律制度以及意识形态等上层建筑的反映。思想内容是一个多要素的综合系统,它是人类特有的、包含着制约人的行动的各种精神因素的总和,其中有直接支配人的行动的因素——动机系统,包括"需要"、"兴趣"、"动机"等;有调节人的行为动机的因素——心理过程系统,包括"认识"、"情感"、"信念"、"意志"、"习惯"等;有指导人们行为动机的因素——观念系统,即人们的认识内容和认识水平,包括哲学观点、政治观点、经济观点、法制观点、伦理观点、道德观点等。所以,思想政治课程资源应蕴涵这些思想内容,即应有直接支配人的行动的内容因素,有调节人的行为动机的内容因素,有指导人的行为动机的内容因素。

(三) 丰富性

作为思想政治课程资源,它既具有校内的,又具有校外的;既有宏观的,又有微观的;既有知识性的,又有情感态度、价值观方面的资源;既有马克思主义的一些基本知识、基本观点、基本方法方面的资源,又有相关社会科学方面的资源;既有人文的,又有科学的;既有静态的,又有师生在教学过程中不断动态生成的资源。按不同角度,思想政治课程资源可以划分为以下多种类型:

(1) 以空间标准划分。有校内课程资源与校外课程资源。校内课程资源包括校内的图书馆、资料室、计算机中心、功能教室、实验室、校园文化设施等有形的和师生的知识、技能、经验、活动方式、情感态度、价值观等无形的资源。校外的课程资源包括图书馆、纪念馆、文化馆、教育基地、网上资源、乡土资源等。

(2) 以资源载体划分。有文字与音像资源、人力资源、实践活动资源、信息化资源等。文字与音像资源中最基本的资源是思想政治教科书,其他涉及道德、法律、经济、政治、文化、哲学等各类人文社会科学,以及时事政治等各方面的报刊、图书资料、录音录像影视作品等,也是思想政治课程的重要资源。

(3) 人力资源。思想政治课教师是最重要的人力资源。同时,各科教师都有渗透德育的任务,所以各科教师也是思想政治教育的人力资源。学生是学习的主体,同时也是重要的人力资源。社区工作人员、关心下一代工作委员会成员、家长以及各方面从事青少年工作的人员,都是思想政治课程重要的人力资源。

(4) 实践活动资源。广义的实践活动包括课堂讨论、辩论、演示等,也包括课内外的参观调查、访谈等,博物馆、纪念馆、文化馆、自然和人文景观、教育基地等,这些都是实践活动课程的一部分。

(5) 信息化资源。网络资源的开发在于突破传统课程资源的狭隘性,在相当程度上突破时空的局限。网上充足的信息,可以使我们的思想更开阔。多媒体强大的模拟功能,可以提供实验或实践的模拟情境和操作平台。网络便捷的交互性,可以使交流更及时、开放。通过网络,学生可以以独特的方式进行学习,与教师实现零距离对话;也可以在适合自己的时间、地点,在网上寻找有关的学习资料。总之,师生可以通过信息技术和网络技术,收集网上资源,包括文字资料、多媒体资料、教学课件。

(6) 乡土资源。乡土资源主要指学校所在省市社区的自然生态和文化生态方面的资源,包括乡土地理和历史、政治经济、民风习俗、传统文化、生活特色和生活经验等。这些资源可以有选择地进入地方课程、校本课程,或者创造性地进入国家课程的实施过程中,成为师生共同建构知识,形成健康的情感态度、价值观的平台。

三、思想政治课程资源开发利用的意义

如前所述,思想政治课程具有丰富的课程资源。积极开发利用思想政治课程资源,对于激发学生的学习兴趣,强化思想道德教育,转变学生的学习方式,促进新课程创造性地实施和教师的专业成长,都具有十分重要的意义。

(一) 开发利用思想政治课程资源是适应新课程改革的需要

没有思想政治课程资源的广泛支持,再美好的课程改革蓝图也很难变成思想政治课程实际的教育教学成果。课程资源的丰富性和适切性程度,决定着课程目标的实现范围和实现水平。概括地说,此次课程改革的根本任务是:贯彻党的教育方针,调整和改革基础教育的课程体系、结构、内容,构建符合素质教育要求的新的基础教育课程体系,使学科课程与经验课程,分科课程与综合课程,必修课程与选修课程,国家课程、地方课程和校本课程等各种课程类型都得到均衡和协调发展,重新认识和确立各种课程类型以及具体科目在学校课程体系中的价值、地位、作用和相互关系,使之体现课程结构的均衡性、综合性和选择性,以利于学生个性全面而又有特色的发展。

(二) 开发利用思想政治课程资源是由思想政治课的学科特点决定的

思想政治课的教学内容直接充分地体现了德育目标。思想政治课的内容特点比较抽象、概括,要实现抽象的内容形象化,概括的内容具体化,深奥的内容通俗化,就需要有大量丰富的课程资源作支撑;思想政治课具有更为鲜明的时代性和社会性,这就更需要教学内容要与时俱进,更需要收集许多富有时代气息的和为广大青少年学生喜闻乐见的课程资源来充实教学过程。思想政治课的培养目标是要直接引导学生树立科学的世界观、人生观、价值观、法治观,培养良好的社会责任感,这就需要用大量先进人物积极进取和不断求索的精神来感染熏陶学生。思想政治课的教学方式更要重视理论联系实际,这就需要通过广泛汲取课程资源的乳汁,把深刻的道理通俗化,把抽象的理论具体化;需要通过综合实践活动,引导学生去体验、去践行,从而在体验中加深对理论在指导实践过程中的巨大作用的认识。同其他学科相比,思想政治学科更侧重于学生健康的情感、健全的人格、积极的人生态度、人生追求和价值观的培养,而过去人们习惯上利用的教学资源——黑板、粉笔、教科书和教师的一张嘴,已经完全不能适应思想政治新课程的教学需要。思想政治课要改变长期以来受学生冷落的状态,除了要解决应试教育指导思想问题外,还必须解决思想政治课教学方式陈旧、课程资源贫乏的问题。因此,积极开发、合理利用思想政治课程资源显得尤其重要。

(三) 开发利用思想政治课程资源是思想政治课程功能和学习方式转变的主要标志

实现课程功能的转变,是此次课程改革的核心目标:即改变思想政治课程过于注重马克思主义基础知识传授的倾向,强调形成学生积极主动的学习态度,使其获得马克思主义基础知识与基本技能的同时,成为学会学习和形成正确价值观的过程;即从单纯注重传授知识转变为引导学生学会学习、学会合作、学会生存、学会做人,打破传统的基于精英主义思想和升学取向的过于狭窄的课程定位,而关注学生"全人"的发展,着力于学生思想政治和道德法律素质培养。

这一根本性转变,对于实现新课程的培养目标,在基础教育领域全面实施素质教育,培养学生具有社会责任感、健全人格、创新精神和实践能力,以及终身学习的愿望和能力、良好的信息素养和环境意识等具有重要意义。同时,密切课程内容与生活和时代的联系,改善学生的学习方式,建立与素质教育理念相一致的评价和考试制度等。所有这一切,都需要思想政治课程资源的广泛支持。思想政治课程资源的丰富性和适切性程度,将决定着思想政治课程目标的实现范围和实现水平,这是课程功能和学习方式转变的重要标志之一。

第二节　思想政治课程资源开发利用中的问题

一、思想政治课程资源开发使用的误区

(一) 误区一:课程资源就是教材资源

这一理解明显缩小了"课程资源"的外延,《普通高中思想政治课程标准》对课程资源定义为:课程资源是课程设计、编制、实施和评价等整个课程发展过程中可资利用的一切人力、物力以及自然资源的总和。可见,课程资源的概念是非常丰富的,课程资源不仅仅是教科书、教学参考书、练习册,在教学的实施中,凡能促进课程内容与现代社会、科技发展和学生生活的紧密联系,给学生提供主动参与、探究发现、交流合作且能增长知识、开发智力、培养能力、陶冶情操的一切可用教育资源,都应是课程资源,且可经过筛选、整合以及与学校其他老师的交流合作,形成每个学校特有的"校本课程"。比如,在讲授《文化生活》时,可从博大精深的齐鲁文化、享誉全球的孔子儒家文化和特色鲜明的实验文化等角度入手,尽可能发掘其中的自然、社会、人文意义,形成开发最便捷、效果最突出的校本课程资源。

因此,每个教师应当改变只把教材作为唯一的课程资源的倾向,树立新的课程资源观。特别是要认识到教师本身的学识、态度和价值观也是构成学生学习的课程资源的一部分,是可以充分利用的重要资源。只有这样,才能使各种资源和学校课程有效地融为一体,更好地发挥课程资源的作用。

把教材作为唯一教材资源的做法固然不可取,但也要防止矫枉过正,走入另一个极端——抛弃教材,一味追求课本上所没有的、偏难怪的东西。教材是教学的根本,教材上所涉及的基本内容都是学生应该牢固掌握并能灵活运用,教材中所引用的事例、资料也都是典型的、具有说服力的"论据"。一旦抛弃了教材,课程资源开发就会变得苍白无力、无所依托,整个教学也就会失去其基本的准则与方向,教学效果自然也无从谈起。所以,在课程资源开发过程中,教材是绝不能忽视的重点。总之,在高中政治课课程资源的开发与利用中,应坚持"两点论"与"重点论"的统一。

(二) 误区二:教师是课程资源的开发者,而学生只是课程资源的享用者

教师应该成为课程资源的开发者、引导者,但并不意味着课程资源只单凭教师来开发。上文中曾提到过"学生的生活经验、感受、兴趣、爱好、知识、能力等构成课程资源的有机成分,学生应发挥主观能动性,创造性地利用一切可用的资源,为自身的学习、实践服务"。千万不要把课堂变成"教师展示成果,学生配合欣赏"的场所。有的教师课前把一切程序都设计好了,甚至于把每个问题的标准答案都设置好了,就等着把学生一步步引入

"埋伏圈",若有差池,教师边纠正或搪塞,唯恐打乱设计而不能达到预期的教学效果。这实际上就是师生全被放到了一个被动的位置上,绕过了师生之间心灵沟通的界面,浪费了宝贵的课程资源,也剥夺了学生参与课程资源开发的权利。

殊不知,课程资源有一种不可预测性,课堂随时有教学资源产生,就看教师是否会开发利用了。课堂上学生一个创造性的思考,一个不可预料的错误,都是不可多得的课程资源。所以说,教师在课堂上要密切关注学生,把学生的错误当作一种有效的教学资源,及时调整教学计划和教学方法,使课堂教学朝着有利于学生学习和发展的方向。

(三)误区三:多媒体手段的运用就意味着课程资源利用的高效性

在中学教学中我们经常见到这样的情形,一旦有公开课、实验课、教研课等,多媒体教学大多成为教师表现的亮点,可见信息技术已与中学学科教学紧密结合,教师的时代意识与综合素质在不断增强。

但同时,有不少教师认为应用了先进的信息技术,制作了精美的课件就是最大限度地使用了资源。在课件的制作过程中,又有很多教师把注意力放在了图片的选用、路径的设置和背景音乐等方面,花费了大量的精力,似乎教学资源得到了开发和利用。然而同时有的老师也会产生这样的困惑:"自己备课十分认真,准备的资料也较丰富,既有精美的图片,也有声情并茂的视频,学生似乎对这些图片、视频也很感兴趣,但总觉得上课时受课件、讲义的束缚多了,没有以前上课时那样放得开。"

确实,如果缺乏灵活性与选择性,只知道一味地制作、运用多媒体课件,很可能会出现以下两种问题:一是缺乏灵活性的多媒体教学,使教师与学生的交流受阻,多媒体课堂实质上变成了一种新型的、"灌输式"课堂。有的老师欣喜于多媒体呈现的形象化、便捷性,课前用收集到的图片、视频,精心制作课件、讲义,上课时,大部分时间花在"点击式"呈现上,教师沿着课前设计好的顺序,主导着课堂。有的讲授式课堂成为基于多媒体的"教师的独白",大部分学生在课堂上没有进入质疑状态,或有疑而不发。结构化的课件与以往"灌输式"课堂一脉相承,表面上节省了教学时间,提高了授课效率,实际上挤占了课堂上学生思考的时间,也最终导致了学生资源的闲置;一是图片、视频的堆积,整个课件变得花哨、热闹。表面看起来,整个课堂丰富多彩、学生热情高涨,但由于其中不少资料未经过仔细的筛选、斟酌,或过于简单、粗俗,或与知识点联系不密切,所以实际上会出现学生"只看热闹而不懂门道"、课程资源利用率低的情况。当然,"不滥用"不等于"不用",图片、视频资料的价值在高中政治课教学中是不可取代的。政治课的特点是时政性强,所以作为教学"主阵地"的课堂可以借助多媒体资源使学生了解急剧变化的社会现实,做到"身在课堂,心系天下"。面对大量涌现的信息资源,这就要求教师有针对性地挑选资源,一些品牌的节目,如中央一台的《新闻联播》《新闻三十分》《焦点访谈》,山东卫视的《新闻六十分》,凤凰卫视的《时事开讲》等,其中很多时政热点都是不可多得的课程资源。比如,在讲授"民族精神"一课时,恰逢神舟六号成功发射这一历史性事件,于是马上上网寻找相关视频,并以此为主线,充分挖掘学生的民族自豪感,圆满完成了民族精神这一课的教学。

总之,多媒体课件在课程资源开发与利用上功能的发挥,很大程度上取决于教学策略的应用,选择性、针对性与灵活性缺一不可。

（四）误区四：政治课程资源开发就是本学科资源的整合

要想充分、有效地进行课程资源开发，显然需要本学科老师之间的协同合作，比如在讲到"各具风采的区域文化"时，由于政治组老师可能来自五湖四海，既有地地道道的本地人，也可能有"外乡来客"，大家都对自己风格迥异的家乡的文化侃侃而谈，从而使每个人的教学资源都得到了极大丰富，讲起课来更加丰富生动、游刃有余了，真是"众人拾柴火焰高"。但是这所说的"众人"绝不仅仅局限于本学科的老师，还应该看到与其他学科老师的配合，重视对其他课程资源的利用和整合，树立大课程资源观，现在的"基本能力测试"就体现了这一点。比如，在讲到"真理的条件性"时，就需要向其他学科老师请教各门学科中体现真理条件性的例子，如物理中的"牛顿经典力学原理"只适用于低速运动的宏观物体等，这样才能使该哲学知识点具有说服力，才利于学生在理解的基础上记忆。牛顿经典力学认为质量和能量各自独立存在，且各自守恒，它只适用于物体运动速度远小于光速的范围。

同时，我们还要看到，课程资源开发不仅仅是一个整合、利用的过程，还应该是一个资源共享的过程。教师之间实现资源共享可以大大节省劳动，实现资源的有效利用。实现这点关键在于建立界面友好的校内、校外课程资源平台，每个教师上传自己的教学资源，通过资源平台实现交流，设置简明的目录和方便的搜索，学生也可以上网浏览自主学习，这样一来能使资源得到最大程度的利用。济南市教研室网站上设置的教学资源、交流园地等栏目，就是给广大中小学老师提供了一个不错的资源共享平台。

通过以上对几大常见误区的剖析可以发现，在高中思想政治课程资源开发与建设的过程中，需要遵循高效、协调、共享的原则。同时，作为课程资源开发主体的教师，必须具备高度的政治敏锐性、资源共享意识、合作探究意识、与时俱进精神与敬业奉献精神等综合素质，只有这样，才能肩负起开发和利用课程资源的重大责任，为新课改的顺利推进做出自己的努力。

二、思想政治课程资源开发使用存在误区的原因

（一）教师课程资源开发利用意识薄弱

课程资源理念是课程资源开发利用的核心和灵魂，它是教育理念在课程领域的体现。它具体指人们关于课程资源的地位与功能、目的与价值、开发与实施等思想观念的总和。课程资源理念作为一种自觉的意识，同样具有支配功能、评价功能、导向功能。思想政治教师是思想政治课程的主要实施者，如果其课程资源意识薄弱，就不会自觉地意识到开发利用思想政治课程资源是适应新课程改革的需要，也不会意识到课程资源开发的程度和水平是决定思想政治课改革把设想变为实际教育教学成果的前提，因而在实践中可能对丰富的课程资源视而不见，听而不闻，使其成为过眼烟云。由此，就很难实现思想政治课程的课程目标和课程功能，更谈不上引导学生学习方式的转变。

（二）过于关注应试的课程资源

在应试教育的大气候影响下，受高考指挥棒的作用，一些政治教师违心地随大流适应

应试教育。多年来,他们更多的是关心应试资源,许多"名家"以其旗号一年又一年、一本又一本地兜售他们的"高考大全",引导基层政治教师去猜题押宝。他们以学科为本位,把学科知识传授凌驾于育人之上,把生动、复杂的思想政治教学活动局限于固定的、狭窄的认知主义的框架之中,重教书轻育人,忽视学生在教学活动中的道德生成和人格养成。这种种弊端把思想政治课教学引进了死胡同,改变了整个思想政治课教学的大方向。

(三)教师把教材作为主要的课程资源

在传统的思想政治课教学方式中,教师把教材作为主要的甚至是唯一的课程资源,教师负责教教材,学生负责学教材,以教为中心,学围着教转。在这样的课堂上,学生是被教会,而不是自己学会;教多少学多少,怎么教怎么学。在这样的课堂上,重结论,轻过程,从而形成结论的生动过程变成了单调刻板的条文背诵,从源头上割裂了知识与智力的内在联系,剥夺了学生思考的权利,抹杀了学生的个性;在这样的课堂上,把学习建立在人的客体性、受动性、依赖性的一面上,导致学生的主体性、能动性、独立性不断销蚀,学生处于他主性和被动性的学习状态之中。这种学习方式过分强调接受和掌握,冷落和忽视发现和探究,从而在实践中导致对学生认识过程的极端处理,使学生学习思想政治教科书仅仅成为直接接受书本知识结论的过程。这种学习,窒息学生的思维和智力,摧残学生的学习兴趣和热情,其结果不仅不能促进学生的发展,反而成为学生发展的阻力。

通过对上述三方面的分析,应该引起我们的深思:为什么思想政治教师的课程资源意识这么薄弱?为什么应试教育的指挥棒能横行无阻?为什么长期以来我国的思想政治课程教学方式和学习方式一直得不到彻底改变?这能不能归咎于中国的思想政治教师群体?显然不能。

第三节 思想政治课程资源开发利用的原则和方法

一、思想政治课程资源开发利用的原则

(一)目的性原则

根据思想政治的课程教学目标的需要,开发利用课程资源。教育是一种有目的、有计划、有组织的培养人的实践活动,对课程资源进行最优化的配置是教育活动的基本要求。课程资源开发应着眼于学生的终身可持续发展,对可资利用的资源进行甄别、遴选,选取具有较大育人价值、能使学生获得可持续发展能力的资源作为课程资源。思想政治课程资源的开发,是为了课程目标的有效达成。针对不同的目标,应该开发与之相应的课程资源。一般说来,每一种课程资源对于特定的课程目标具有不同的作用和功能,不同的课程目标需要开发不同的课程资源;但是,由于课程资源本身的多质性,同样的课程资源又可以服务于不同的课程目标,所以,思想政治课程资源的开发就必须在明确的本课程目标的前提下,认真分析与课程目标相关的各类课程资源,认识和掌握其各自的性质和特点,这

样才能保证开发的目的性。

(二) 适应性原则

所谓适应性原则,是指思想政治课程资源的开发不仅要考虑一般学生的共性情况,更要考虑当前特定地区、特定学校、特定年级、特定年龄段甚至特定班级教学对象的具体特殊情况。例如,就目前江苏来说,应当适应江苏省提出的在全国范围内率先实现现代化、率先全面实现小康社会的要求来开发具体的课程资源,确定恰当的教学目标。在课程资源的开发中,要掌握学生已经学过哪些内容,以及他们现有的知识、技能和素质背景等一些情况;还要考虑从教者本人的特点,至少应适应教师本人的现有水平。

(三) 综合性原则

所谓综合性原则,是指要把反映教育的理想与目的、社会发展的需要、学生发展的需求、学习内容等资源整合起来思考。通过思想政治课,要让学生学会参与社会生活的各种本领、各种知识(经济、政治、文化、哲学、法律、道德等)、各种技能和素质,以及对社会为个人施展才能所提供的种种机会进行综合的了解,引导学生做出恰当的判断。

(四) 时代性原则

所谓时代性原则,是指开发利用思想政治课程资源要具有时代特点,体现素质教育的新课程理念,坚持马克思主义基本观点教育与时代特点相结合。那么,现时代具有什么特点呢?

简要地说,现时代具有五大特点:即知识经济时代、信息化时代、全球化时代、可持续发展时代、个性化时代。就个性化时代而言,现时代是个性追求与个性彰显的时代,是对代表工业文明成就的标准化、一统化、模式化等的逆反的时代。特别是创新已经成为社会生产力提高的关键因素,因此,不断激发人的创造潜能,培养人的创新精神,就必须以尊重人的个性发展为前提。思想政治课程资源的开发应体现这些要求。

(五) 实践性原则

实践性原则是思想政治课程在实施过程中统领教学方式和学习方式的基本原则。它对各门课程的实施都起支配作用,实践性原则对于思想政治课程资源的选择尤其重要。这是因为,思想政治课程的教学内容和价值取向,学生思想政治道德素质的形成发展及其教育过程,本身就具有极强的实践性。选择思想政治课程资源要体现实践性:其一,课程资源的选择要有利于引导学生融入社会实践活动之中,感受经济、政治、文化等各领域应用马克思主义基本原理基本观点认识和改造社会的价值,以及引导他们认识用理论思考问题的意义;其二,要引导学生在教学过程和各种实践性活动中学会体验,获得体验,在增长知识、提高能力的同时优化自己的情感、态度、价值观。开发思想政治课程资源坚持实践性原则,是因为只有通过实践,才能实现体验,引导体验。

二、思想政治课程资源开发利用的策略

(一) 利用思想政治教材资源

思想品德教科书是思想政治课程资源的核心。新教改后,教材按教学内容结构要求

可分为引语、正文、案例、阅读与思考和探究与实践五个部分。据统计,整套初中政治教材穿插的共有"阅读与思考"36个,"探究与实践"36个,"小栏目"273个,其中初一部分109个,初二部分87个,初三部分77个。可见,这些内容在教材中占有很大份量,已成为教材内容的重要组成部分。

例如,在活动教学"人生难免有挫折"这一框题时,创设"勇于战胜挫折的保尔·柯察金"的情景,让大家思考:自己印象最深刻的挫折是哪一次?当时你的心情怎样?你是怎样对待挫折的?学生结合自己的实际,畅所欲言,有的学生讲得非常生动感人,同学们听后产生共鸣。既有效地激活了学生的思维,又有利于培养学生的思维能力。

又比如"阅读与思考"、"探究与实践"等这一教学资源,不仅能调动学生主体活动和发挥教师的主导作用,更重要的是有利于强化素质教育,提高学生的能力。同样,案例资料的资源开发对学生从多角度去解决问题,增强创新意识和提高创新能力的作用也是不可忽视的。

(二) 学生中的课程资源

苏联教育家苏霍姆林斯基强调:学生是教育最重要的力量,如果失去了这个力量,教育也就失去了根本。因此,学生不仅是教育的对象,更是教育的重要资源。学生的哪些方面可以作为资源去开发呢?

1. 学生的经验是一种资源

学生的经验实际上就是学生已有的知识水平,认知结构和社会阅历等,这就是教学的起点。

新课程更多地关注学生的心理特点,关注学生现有的学习和生活。在教学中,让学生多观察、多感受、多参与,注重学生的亲身体验,这往往比老师的说教更为深刻,更能打动学生的情感。例如:江苏省蔡学之老师的《天下父母心》教学中设计了三个教学环节:① 爱的误区:播放自制 Flash《一碗面条》,故事大概是:孩子与父母发生矛盾离家出走,饥饿难忍,路边的婆婆送给他一碗面条而感动,引出一段对话,让孩子飞奔回家,母亲在那儿焦急地等待。而后让学生在与同伴的分享交流中,以自身的经历、感受去解读"子女为什么会经常陷入爱的误区"。② 爱的体验:父母部分付出统计表格,从做饭、洗衣、生活费三方面,按照一天、一年、14年三个时间进行计算。③ 爱的表达:调查《父母平凡的一天》——学生谈调查感受。学生围绕课题,自主探究思考,启发学生思维,引发学生讨论,尊重和激励学生学习热情,促使学生健康成长。这样的活动设计远远比传统的道德说教更能打动学生的心灵。

善于利用学生的社会生活信息。思想品德《新课标》实行"知行统一"的教学原则,强调了"社会实践是本学科不可缺少的部分",教师要善于把学生已经掌握的和能够发现的信息作为课程资源,以使教学内容更丰富、贴近生活、贴近学生。例如,教学《改革开放好》这一课时,为了让学生更加深刻地了解改革开放、富民政策实行之后发生的变化。教师创设两大品德教育主题:①《宁波招商节》——配合宁波市政府的招商节活动,观看大街上彩灯高挂,锦旗飞扬,招商广告铺天盖地的热闹情景。让学生畅谈我们家乡有哪些地方特色、土特产品可以引进外资,再播放招商节活动的新闻录像。布置学生回家后收看《宁波新闻》和《浙江新闻》,查阅《宁波日报》《宁波晚报》等有关招商节的报道。从而使学生自然而然地对家乡有了深层次的了解。②《我家的变迁》——鼓励学生搜集调查家里的"第一个",楼房、电视等。鼓励学生到新城区、万达广场、天一广场、科技园区、高教园区等新建设楼区去走一走、看一看,请已搬进新家的同学谈一谈新家与旧家的对比,居住新环境与旧环境的对照。家乡改革开放后的巨大变迁便直观展现在学生脑海中,此时,教师顺理成章地告诉学生这是党的改革开放、富民政策好。爱祖国、爱家乡的感情便在学生心底油然而生,不须教师连篇累牍地赘述了。

2. 学生的兴趣是一种资源

兴趣是学习的动力,要想取得理想的教学效果,就必须把教学活动与学生的兴趣结合起来,以达到事半功倍的效果。例如有这样一个学生,他喜欢看报、看新闻联播和上网看新闻,教师叫他在每节思想品德课前1—3分钟举行新闻发布会。这样一来减轻了老师的工作量,二来使全班学生也了解了国内外发生的时事,三能使学生自觉地搜集时事资料。

3. 学生的差异是一种资源

学生之间会因为差异而形成冲突,(看出题的角度不一样,也是一种资源,如在公务员考试中有对漫画等材料的理解)引导得好,学生可以共享差异,取长补短,进而丰富和拓展自己,将差异看成是教学资源则更有利于学生的全面发展。因此,在课堂教学中要尊重学生的个性,对学生不同思维方式加以发挥和引导。如在《竞争与合作》的教学准备中,要加深学生对竞争应遵守公平规则的体验,教师应考虑学生由于兴趣爱好的不同,对规则的理解与体验存有很大差异,这关系到活动的取舍安排与教学目标的达成。如部分学生对足球、篮球比赛中的规则了如指掌,而有的学生几乎一片空白。如果设置以足球比赛为材料作为探讨的活动,对部分学生来说体验不深刻。那么教师可以设置学生能普遍接受的"扳手腕"比赛。通过选取个头差异大、男女学生、双手与单手等不公平的竞争,使学生领悟到竞争中遵守公平规则的重要性。同时教师应考虑到有些学生在上述活动后可能马上提出一些自己所熟悉的其他体现公平性规则的事例,可能生成一些教学资源,为此教师在活动设计时要合理安排,如增加一个"请你说说其他你所熟悉的体现公平竞争的事例"。学生除了谈到一些体育比赛项目外,还涉及到报考公务员等竞争较为热门的话题。这一活动形成了以普遍性为基础同时又顾及个别差异,既注重了发散思维与聚合思维的结合及思维广阔性与深刻性的培养,又引发生成资源的生长。

4. 学生的错误是一种资源

学生的错误是一种鲜活的教学资源,教师要善于利用。学习中产生错误是每个学生必不可免的,我们要深挖错误的教学价值,"从错误中学习"。错误非但不是我们课堂教学中唯恐避之而不及的东西,反而是一笔来自学生的弥足珍贵的课程资源。善于发现、挖掘并运用这些形形色色的"错误",将会给我们的教学带来勃勃生机和活力,将会更好地促进学生的发展。例如在七年级思想品德《法不可违》这一框时,教师让学生写一则公益广告,写好之后请同学们展示自己的成果。有一位女生居然写了一个小故事,面对这一"离题"之作,全班一片哗然。这时,教师面带微笑说:"刚才这位同学的语文水平非常高,居然能在短短几分钟内写出这么好的故事。"有的同学迫不及待地说:"但她写的不是广告语啊。"

"那么大家说说,广告语应该是怎样的呢?""应该是简短有力、通俗易懂、朗朗上口。""现在,谁能把她写的故事用一句话来概括出来,成为一句广告语呢?"通过教师的巧妙引导,不仅矫正了学生的错误,而且使学生知道了广告语的一般要求,在此基础上,学生写出了许多精彩的广告语。

(三) 教师中的课程资源

教师是课程实施的组织者和促进者,也是课程的开发和研究者之一。因此,教师本身就是一种重要的课程资源,教师应注意自身资源的开发和利用。

1. 以身立教,共鸣互动

对课堂的控制方式上,教师应以强调学生对教材内容的记忆的"结构化""封闭化""权力型"转变为注重学生创新品质的"非结构化""开放式""非权力型",形成生生互动,师生互动的良好学习氛围。例如:湖北省吴又存老师讲授《难报三春晖》,在爱的回忆中把自己融入到课堂中,充分发掘自身的课程资源,与学生一起回忆和父母之间的最真挚、最感人的事件,他声情并茂地讲述母亲对他的恩情,深深打动了学生和在座的评委、老师,赢得三次热烈的掌声,不少观摩教师流下了感动的泪水,使在座的所有的人产生了孝敬父母的情感共鸣,继而开展现场模拟情景剧场活动,媒体中只有"看见妈妈生病时,我……"这几个字眼,但学生却会精彩表演出一连串的故事出来,老师在现场采访这位学生为什么会这样做时,学生回答是"因为我妈妈很爱我,我尽点孝心是应该的。"最后在爱的献礼——我的"孝心"要让你感受到,假如明天是你父母的生日,你将给爸爸或妈妈送上一份什么生日礼物? 礼物多种多样,各具特色,有的同学唱一首歌送给父母,有的朗诵一首自己创作的诗送给父母,有的画一幅爱的天平,父母的爱永远是最沉的,有的画一幅钟,中间的发条画成爸爸,他说我的爸爸就像这发条一样不停地为家奔波,……最后老师也送一束花给他的妈妈,愿天下所有的父母健康长寿,开心快乐! 我想这一节课关注学生情感体验,实现了知行合一,学生将终生难忘!

2. 发挥自身特长,多学科渗透,凝聚教师集体的教育合力

在课程资源的开发与利用中,教师首先要最大程度地发挥自己的积极性和创造性,根据自己的特点,发挥自己的专长,挖掘自己的潜能,形成自己的教学风格。其次,教师要注意学习其他教师好的教学经验,分享他人的教学成果,做到取长补短和精益求精。最后,教师还要注意发挥群体合力。开发整合相关联的学科知识,极大地发挥教材的最优化。如在进行《文化生活》第六课"一方水土,一方文化"的教学中,思想品德教师与历史、地理教师集体备课,了解他们教学的重点,表征多元知识视角。历史课相关内容的教学重点是探讨一定区域内人类经济、政治、文化生活的历史轨迹,感受一定的经济、政治的变化对文化发展的影响,从人类社会发展的角度来研究"一方水土,一方文化"。地理学科主要是研究不同地域与不同文化特点的关系,从人口、地形、气候、交通等方面探讨对文化的影响,表现出文化典型的地域特征。而思想品德学科主要是了解受历史、地理等因素的影响,各地区的文化带有明显的区域特征;不同区域的文化,长期相互交流、相互借鉴、相互吸收,既渐趋融合,又保持着各自的特色,充分体现出博大精神的中华文化这一核心理念。这种多学科的相互合作,既表征了相关学科的知识,又凸显政治学科的核心理念。只有全体教

师团结合作、共同参与,才能有学校课程资源的合理、有效开发,才能有鲜明的学校特色。

3. 重视学生的课外实践活动

思想品德方面的教育在社会中随处可见,通过课外实践活动,学生可以将自己从学校、课本上学到的知识和技能运用于社会实践,让他们在社会实践中明辨是非,塑造良好个性,形成良好人际关系。如:开展"手拉手"、"献爱心"、"社区服务"等公益活动,让学生学会关心他人,帮助他人,了解社会,奉献社会。组织学生访问革命前辈,采访英雄模范人物,到敬老院、福利院慰问老人、残疾人等,开展义务服务、献爱心等活动。

(四)重视利用校内资源,整合德育资源,增强教育深度

学校课程资源包括学校内的各种场所和设施,包括反映学校文化的各种无形的资源,与教育教学密切相关的各种活动。如:图书室、多功能教室、运动场地;人文资源,如学校的专家型教师、师生关系、校纪校风、校容校貌;各种活动,如文艺演出、社团活动、体育比赛、时事讲座;自然景观,如花草树木。例如,讲授《生命是宝贵的》一课时,教师让学生去仔细观察任课教师备课、判作业及其他工作时的情形,加深了热爱老师的情感。又如在学习"珍爱生命"一课时,教师将课堂搬到学校的草坪树林里,让学生触摸小草,观察小虫,倾听鸟叫,用心感受校园里的生机,这一切比任何生动的语言和绚丽的画面更有感染力。除此之外,教师还可以带领学生参观学校荣誉室,感受学校的变迁,领略学校的光辉历程。组织学生对这一项项的校园新面貌进行参观、调查、访问、了解,能增强学生的爱校情感,使学生对学校自然产生强烈的荣誉感、自豪感,从而形成团队精神。

(五)重视利用校外资源

校外课程资源是校内课程资源的必要补充。思品课程资源的开发过程中要重视利用校外各种资源,使学生多接触社会,了解思想品德与社会和科学技术的关系,以激发学生的学习动机,并在思品知识的学习中有效地培养其实践能力和社会适应能力。

1. 充分挖掘家长资源

陶行知先生曾经说过:"在社会的学校里,人人可以做我们的先生,人人可以做我们的学生,随手抓来都是读书,都是学问,都是本领。"我们要把思想品德课与家庭教育紧密配合起来,形成教育合力,让学生把课堂上的道理逐步内化为日常生活中的自觉行为。例如七年级思想品德课的教学内容大多数都是和家庭教育分不开的,需要取得家长的配合。在教学中通过让学生参与了解家庭生活、与父母经常沟通交流可以让学生了解父母养家的辛苦,从而学会孝敬父母;通过参与家庭管理,可以帮助学生养成科学的生活习惯,培养勤俭节约,艰苦奋斗的精神;在家庭生活中经常参与劳动,可以锻炼独立生活能力,培养良好的生活习惯和良好的品德等。

例如,教师在讲《生命是宝贵的》一课时,教师事先请家长给自己的孩子写一封信,内容是在孩子成长过程中,家长的付出有多少以及母亲十月怀胎时的感受。在上课时,把这些信交给学生,在《感谢你》的背景音乐中,学生们认真读着母亲写的信,有的学生流下了眼泪,告诉我们:母亲是多么的不容易啊。在班会时,将学生的家长请到了课堂上,请学生说说父母爱我们的事例,并随机采访了几位家长。其中一位家长为孩子制作了成长记录册,里面包括照片和文字记录。老师就请这位家长介绍了为孩子制作成长记录的原因。

这位家长的话讲得非常好,这对于在场的孩子和家长都是一次教育。还有一位母亲则讲述了孩子一岁时生病,孩子父亲不在身边,母亲抱着孩子看病的事,讲到激动处是泪流满面。孩子们听得入了神,连我们老师的眼睛也润湿了。

2. 寻找乡土资源

开发和利用乡土资源,联系实际,使教学活动乡土化。我们国家幅员辽阔,人口众多,不同地域、不同民族之间的文化差异很大,一本教科书不可能全国适用。初中思品课所涉及的知识与现实联系紧密,需要学生积累一定的感性材料才能理解。这就需要我们的教师从本地的实际出发,开发和利用好本地资源。如果我们面对的农村学生,农村的风土人情,农民的生产生活状况等多可以作为资源加以利用。本土教育资源是思想品德最肥沃的土壤,俗话说:"一方水土养一方人",因而教育好一方人,就要用好一方水土。如讲到《难报三春晖》,父母给我们爱,尽心尽力抚养我们,有的同学就说到网箱养殖、柑橘种植、养猪、打工挣钱等,让他们体会挣钱的艰辛。

任何地方都有其独特而浓厚的地方特色资源。如淮安,淮阴刘老庄的八十二烈士和码头古镇,楚州的镇淮楼和漕运总督府院旧址,周恩来纪念馆和故居,盱眙的明祖陵和黄花塘新四军军部旧址、金湖的菱角等等,不胜枚举。这些地方特色的资源是我们教科书上没有的宝贵资源,但是我们在教学活动中可以广泛开发的地方或乡土课程资源。用乡土资源在教学时,会产生重要的作用。用大家熟悉的事物不仅自然地导出新课,创设了情境,更主要的是激起了学生热爱家乡的美好感情,从而理解了环境保护的重要性和必要性。淮安不仅有秀丽的山水风光,还有丰富的人文资源。例如在设计有关"爱国主义"为主题的活动课时,就组织学生了解和讲解黄花塘新四军军部旧址和八十二烈士的事迹,将爱国主义思想渗透到学生熟知的具体事例中,大大提高了教学信度。

(六) 营造和谐融洽的教学氛围

在教学过程中,人际关系也是一种课程资源,这种人际关系主要是指教师与教师管理者、教师之间、师生之间以及学生之间的相互结合与情感交流,这种相互合作与情感交流可以营造一种和谐融洽的教学氛围,只有这种和谐融洽的氛围中,"上情"才能更好地"下达",使教师及时了解和准确把握教育教学动态,同时"下情"才能顺利"上传",使领导及时了解教学实际,为制订科学、合理的教育政策提供依据,只有在和谐融洽的教研氛围中,教学研究工作才能顺利开展;只有在和谐融洽的学习氛围中,学生之间才能团结合作、互相帮助、共同提高,因此和谐融洽的教学氛围也是影响新课程实施的一个重要因素,也是需要开发的一种课程资源。

特别是师生的和谐关系是重要的隐性课程资源。和谐的师生关系是激发学生学习积极性、主动性、创造性的原动力,它不仅可以活跃课堂气氛,而且会调动学生参与学习的热情,对提高课堂效率是很重要的。所以,教师要更新教学观念,牢固树立起学生的主体观,把学生视为自己的主人、发展的人、有潜能的人;要热爱每位学生,相信学生通过自己的努力,都可以在原有的基础上得到发展;要把微笑带进课堂,把激励带进课堂,善于发现学生的闪光点,鼓励学生发表自己的见解,为学生的自主学习创设一种轻松愉快的气氛。如,在《经济生活》第九课第一框"税收及其种类"时,教师作为学生中的一员,热烈地参与"能不能卖假发票?""纳税有没有意义?"辩论,用自己的身和心去影响学生,激发其辩论的激情;用自己的热情去感染学生,使其与自己心心相印,协调一致,建立良好的教学情景。通过这样的师生和谐的学习氛围,这节课收到了事半功倍的效果。

(七)借助现代教育技术手段,关注现代信息资源的开发

随着网络和多媒体技术的飞速发展,教材概念的内涵和外延大大扩展,形成以教科书为中心的系列课程信息资源,给学生提供了大量的丰富多彩的感性材料,极大地激发了学生的学习兴趣,由于网络资源具有高度的共享性,充分利用网络信息资源,充实和丰富我们的课堂,激发学生的学习兴趣和求知欲,培养和锻炼学生的自主学习能力、理解能力、创新思维能力和实践能力,从而有效地提高课堂教学质量和效果。例如,在教"民族精神"时,谈到神舟五号、六号是如何实现中国人的载人航天梦时,播放了一段杨利伟出征时的电视片。这段短片非常感人,兴奋、激动、紧张的人们挥动着彩旗、气球,欢送航天勇士出征……随着一声"点火——""起飞——"大漠震颤、烈焰升腾,长二F火箭腾空而起,载着"神舟"号飞船和中国航天员飞向太空,整堂课达到了以情入文的效果。接着我们可以设计一个活动"新时期民族精神具体表现在哪里?"让学生四人小组合作、讨论,对问题进行深入探究,使自己的感知更深刻、更准确,并与其他同学产生共鸣。

【思考题】

1. 作为思想政治课教师,你是如何进行课程资源开发的?对照新课程的要求,你觉得应该如何改进?

2. 你所在的学校在思想政治课程资源建设上有什么具体的做法?这些做法的实效性如何?

3. 有人认为,思想政治课程资源开发就是资源的静态积累,教学与课程资源开发无关,纯粹是资源使用的问题。你是如何看待这个问题的?为什么?

【阅读书目】

1. 韩震,李晓东.思想政治学科知识与教学能力.高等教育出版社,2011年版。

2. 李锋.课程资源开发与利用要有"度"——谈课程资源与有效课堂.中学政治教学参考,2017年第19期。

3. 唐蓓.适合的,才是最好的——例谈政治课堂教学资源的选取策略.中学政治教学参考,2017年第10期。

4. 袁迎燕.思想政治课互联网新闻资源的开发与应用探究.中学政治教学参考,2017年第21期。